Virtuelle Werbung
und Split-Screening

Europäische Hochschulschriften
Publications Universitaires Européennes
European University Studies

Reihe II
Rechtswissenschaft

Série II Series II
Droit
Law

Bd./Vol. 3458

PETER LANG
Frankfurt am Main · Berlin · Bern · Bruxelles · New York · Oxford · Wien

Frauke Petersen

Virtuelle Werbung und Split-Screening

Medien- und wettbewerbsrechtliche Probleme neuer Werbeformen im Fernsehen

PETER LANG
Europäischer Verlag der Wissenschaften

Die Deutsche Bibliothek - CIP-Einheitsaufnahme

Petersen, Frauke:

Virtuelle Werbung und Split-Screening : medien- und wettbewerbsrechtliche Probleme neuer Werbeformen im Fernsehen / Frauke Petersen. - Frankfurt am Main ; Berlin ; Bern ; Bruxelles ; New York ; Oxford ; Wien : Lang, 2002
(Europäische Hochschulschriften : Reihe 2, Rechtswissenschaft ; Bd. 3458)
Zugl.: Berlin, Freie Univ., Diss., 2001
ISBN 3-631-38660-5

D 188
ISSN 0531-7312
ISBN 3-631-38660-5

www.peterlang.de

meinen Eltern

Vorwort

Die vorliegende Arbeit wurde im Sommersemester 2001 von dem Fachbereich Rechtswissenschaften der Freien Universität Berlin als Dissertation angenommen. Mein Dank gilt meinen Doktorvater, Herr Prof. Dr. Helmut Lecheler für die Betreuung der Arbeit sowie Herrn Prof. Dr. Albrecht Randelzhofer, der das Zweitgutachten erstellte.

Die Idee zu dieser Arbeit entstand während meiner Tätigkeit bei Sat.1 in der Wahlstation. Für ihre Anregungen zum Thema möchte ich besonders Herrn Dr. Benno Heussen und Herrn Markus Runde danken. Die Erstellung der Arbeit wurde nicht unerheblich durch die Kanzlei Heuking Kühn Lüer Heussen Wojtek in Berlin erleichtert, die es mir ermöglicht hat, meine erste Anwaltstätigkeit mit der Promotion zu verbinden und mich besonders während der Fertigstellung der Arbeit unterstützt hat. Mein persönlicher Dank geht hierfür an Herrn Markus Schmidt und an Herrn Dr. Roland Hoffmann-Theinert.

Ganz herzlich bedanken möchte ich mich bei allen, die mir in Gesprächen und Diskussionen geholfen haben, das Thema gedanklich zu entwickeln und die mich fachlich und persönlich unterstützt haben und damit zum Entstehen dieser Arbeit und zu ihrem Abschluß beigetragen haben. Dies gilt vor allem Tobias Schmid, ohne den ich das Projekt nicht in Angriff genommen hätte, meinen Eltern und meinen Schwestern Wibke und Swantje, und von den Freunden, Kollegen und Mitstreitern, die mir geholfen und beigestanden, mich kritisiert und ermuntert haben, besonders Birgit Schröder, Kerstin Mauch und Simin Lange.

München, im März 2002 Frauke Petersen

Inhaltsverzeichnis

Abkürzungsverzeichnis

a.F.	alte Fassung
abgedr.	abgedruckt
ABl.	Amtsblatt
Abs.	Absatz
AfP	Archiv für Presserecht
ALM	Arbeitsgemeinschaft der Landesmedienanstalten
AöR	Archiv für öffentliches Recht
Art.	Artikel
Aufl.	Auflage
BB	Betriebsberater
BDZV	Bundesverband Deutscher Zeitungsverleger
BGB	Bürgerliches Gesetzbuch
BGH	Bundesgerichtshof
BVerfG	Bundesverfassungsgericht
bzw.	beziehungsweise
CR	Computer und Recht
d.h.	das heißt
DLM	Direktorenkonferenz der Landesmedienanstalten
DVBl	Deutsches Verwaltungsblatt
EBU	European Broadcasting Union
EG	Europäische Gemeinschaft
EGMR	Europäischer Gerichtshof für Menschenrechte
EGV	EG-Vertrag
Einf.	Einführung
Einl.	Einleitung
EKMR	Europäische Kommission für Menschenrechte
EMRK	Europäische) Konvention zum Schutze der Menschenrechte und Grundfreiheiten
epd	Evangelischer Pressedienst
etc.	et cetera
EuGH	Europäischer Gerichtshof
EuGRZ	Europäische Grundrechte Zeitschrift
EWS	Europäisches Wirtschafts- und Steuerrecht
FAZ	Frankfurter Allgemeine Zeitung
FIFA	Fédération Internationale de Football Association
Fn.	Fußnote
FsÜ	Europäisches Übereinkommen über das grenzüberschreitende Fernsehen
GG	Grundgesetz

GRUR	Gewerblicher Rechtsschutz und Urheberrecht
GRUR Int.	Gewerblicher Rechtsschutz und Urheberrecht - Internationaler Teil
GVBl	Gesetz- und Verordnungsblatt
Hervorh. d. Verf.	Hervorhebung des Verfassers
HRLJ	Human Rights Law Journal
Hrsg.	Herausgeber
HWG	Heilmittelwerbegesetz
i.V.m.	in Verbindung mit
ITC	Independent Television Commission
IuKDG	Informations- und Kommunikationsdienstegesetz
JZ	Juristen Zeitung
K&R	Kommunikation und Recht
KUG	Kunsturhebergesetz
LG	Landgericht
LMBG	Lebensmittel- und Bedarfsgegenständegesetz
m.E.	meines Erachtens
m.w.N.	mit weiteren Nachweisen
MABB	Medienanstalt Berlin-Brandenburg
MDStV	Mediendienstestaatsvertrag
MMR	Multimedia und Recht
MP	Media Perspektiven
NJW	Neue Juristische Wochenschrift
NJW-RR	Neue Juristische Wochenschrift - Rechtsprechungsreport
o.V.	ohne Verfasser
OLG	Oberlandesgericht
OVG	Oberverwaltungsgericht
RÄndStV	Rundfunkänderungsstatsvertrag
RL	Richtlinie
Rn.	Randnummer
RStV	Rundfunkstaatsvertrag
RuF	Rundfunk und Fernsehen
S.	Seite/Satz
SpuRt	Sport und Recht
TDG	Teledienstegesetz
u.a.	und andere
UWG	Gesetz gegen den unlauteren Wettbewerb
VG	Verwaltungsgericht
vgl.	vergleiche
VPRT	Verband Privater Rundfunk und Telekommunikation e.V.

WRP	Wettbewerb in Recht und Praxis
z.B.	zum Beispiel
ZDF	Zweites Deutsches Fernsehen
Ziff.	Ziffer
ZIP	Zeitschrift für Wirtschaftsrecht und Insolvenzpraxis
zit.	zitiert
ZUM	Zeitschrift für Urheber- und Medienrecht
ZUM-RD	Zeitschrift für Urheber- und Medienrecht - Rechtsprechungsdienst

Einführung

In der modernen Gesellschaft hat die Werbung viele Bereiche der Lebenswirklichkeit durchdrungen. Die Werbestrategien haben sich in den letzten Jahren gewandelt. So werden heute nicht nur Aussagen über Qualitätseigenschaften von Produkten transportiert, sondern zunehmend für ein Image oder einen bestimmten Lebensstil geworben. Das Fernsehen spielt neben den anderen Medien für die Vermittlung dieser Botschaften eine wichtige Rolle.

In der ursprünglich rein öffentlich-rechtlich organisierten Rundfunkordnung der Bundesrepublik Deutschland konnte sich die Fernsehwerbung in den sechziger Jahren nur gegen erhebliche politische Widerstände durchsetzen. Seit dem Auftreten und der Zulassung der privaten, rein werbefinanzierten Rundfunkveranstalter ist die Fernsehwerbung in verschiedensten Formen allerdings ein fester Bestandteil der meisten Programme geworden. Während Werbung und Sponsoring im Fernsehen z.B. in den USA, wo das Fernsehen von jeher werbefinanziert war, als wesensimmanent angesehen werden, wird Fernsehwerbung hierzulande eher als Fremdkörper im Gesamtprogramm wahrgenommen, der nur notgedrungen akzeptiert wird, weil die Werbefinanzierung für den privaten Rundfunk nach wie vor die wichtigste Finanzierungsform und für den öffentlich-rechtlichen Rundfunk eine nicht unbeachtliche Ergänzung zur Gebührenfinanzierung darstellt[1].

Nach dem Grundgesetz obliegt dem Rundfunk die Aufgabe einer neutralen und umfassenden Berichterstattung. Diese Aufgabe verträgt sich nur bedingt mit einer notwendigerweise subjektiv geprägten, auf Überzeugung der Konsumenten gerichteten Werbung. Aus diesem Grund wird die Abhängigkeit der Sender von Werbeeinnahmen in der Verfassungsrechtsprechung und Literatur als eine Gefahr für die Unabhängigkeit der Berichterstattung angesehen. Deshalb wird in der deutschen Rundfunkgesetzgebung stets versucht, die Einflußmöglichkeiten der werbetreibenden Unternehmen auf das redaktionelle Programm der Sender (z. B. mit Vorschriften zur Trennung von Werbung und Programm) zu begrenzen.

Dagegen versuchen vor allem die privaten Sender die Werberestriktionen durch neue Werbe- und Finanzierungsformen zu umgehen und die Grenzen zwischen Werbung und Programm durchlässiger zu machen. Die in den letzten Jahren erfolgte Vervielfältigung und Diversifizierung des Programmangebots hat zu einer starken Konkurrenzsituation am Zuschauer- und Werbemarkt sowie beim Erwerb von Sportübertragungsrechten geführt. Um die steigenden Kosten für ein attraktives Programm zu refinanzieren, entwickeln die Sender ständig neue Werbeformen und bemühen sich, teilweise mit der „Strategie der begrenzten Regelverletzung“, die Anwendung der Werberegeln zu lockern und zu erweitern[2].

---

[1] Zum Rundfunk in den USA siehe Volpers u.a., Trennung von Werbung und Programm, S. 169 ff.

[2] Ladeur, ZUM 1999, S. 672 ff. (681).

Vor diesem Hintergrund ist die deutsche Rundfunkordnung im Hinblick auf die Restriktionen der Rundfunkwerbung zu sehen.

Virtuelle Werbung und Split-Screening im Fernsehen berühren wie kaum eine andere Werbeform den Grundsatz der Trennung von Werbung und Programm. Sie haben seit ihrem Aufkommen in den späten neunziger Jahren eine kontroverse medienrechtliche Debatte ausgelöst[3]. Mit dem Split-Screening mußte sich bereits im Jahr 1998 das Verwaltungsgericht Berlin befassen[4]. Zu dem bisher vereinzelten Einsatz virtueller Werbung liegen keine gerichtlichen Entscheidungen vor[5]. Schließlich haben die Bundesländer als Rundfunkgesetzgeber mit entsprechenden Neuregelungen im Rundfunkstaatsvertrag reagiert[6]. Seit Inkrafttreten des Vierten Rundfunkänderungsstaatsvertrages am 1. April 2000 sind diese beiden Werbeformen im Fernsehen nunmehr ausdrücklich, wenn auch unter Einschränkungen, erlaubt.

Unter virtueller Werbung im Fernsehen ist Werbung zu verstehen, die durch eine nachträgliche Bearbeitung in das Fernsehbild eingefügt wird[7]. Diese Einblendungen in aufgezeichnete Bilder oder auch bei Live-Übertragungen werden durch eine neue Technik ermöglicht, die im Zusammenhang mit der Digitalisierung der Bildübertragung entwickelt worden ist. Die Besonderheit der virtuellen Werbung liegt darin, daß den Fernsehzuschauern Werbebotschaften präsentiert werden, die in der abgebildeten Realität nicht vorhanden sind.

Unter Split-Screening oder Split-Screen-Werbung ist eine werbliche Teilnutzung des Bildschirms zu verstehen, die sich von anderen Werbeformen vor allem durch das zeitliche Nebeneinander von werblichen und programmlichen Elementen abhebt[8].

Virtuelle Werbung und Split-Screening sind aufgrund ihrer Besonderheiten nur in einem bestimmten Programmumfeld einzusetzen und werden daher die klas-

---

3 Vgl. Herkströter MP 1998, S. 106 ff.; Volpers u.a., Trennung von Werbung und Programm, S. 157 ff.; Digital oder Original, S. 26 ff.; Ladeur, ZUM 1999, S. 672 ff.; Platho, ZUM 2000, S. 46 ff.; Schaar, ZUM 1998, S. 869 ff.; Hessische Landesanstalt für privaten Rundfunk (Hrsg.), Digital oder Original?; Henning-Bodewig, ZUM 1997, S. 633 ff. (642); Hartstein u.a., Rundfunkstaatsvertrag, § 7 Rn. 60; Volpers, Horizont vom 18.2.1999, S. 46; Herkströter, Horizont vom 18.2.1999, S. 47; AfP (Berichte) 1998, S. 49; epd medien Nr. 72 vom 15.9.1999; epd medien Nr. 29 vom 21.4.1999.

4 Split-Screen-Entscheidung des VG Berlin, ZUM 1999, S. 165 ff.; bestätigt von OVG Berlin, ZUM 1999, S. 500 ff. Zu diesen Entscheidungen siehe 3. Kapitel Ziff. II.1.b.

5 Allerdings hat die Landeszentrale für private Rundunfveranstalter (LPR) Rheinland-Pfalz im Jahr 1999 ein Verfahren zur Prüfung der bei Fußballübertragungen eingesetzten Tormatten, die bei der Übertragung eine dreidimenionale Wirkung erzeugen, eingeleitet, vgl. z.B. epd medien Nr. 72 vom 15. 9.1999.

6 Vierter Rundfunkstaatsvertrag zur Änderung rundfunkrechtlicher Staatsverträge (Vierter Rundfunkänderungsstaatsvertrag) vom 31.8.1999, GVBl Berlin vom 25.3.2000, S. 257. Mittlerweile ist der Rundfunkstaatsvertrag ein weiteres Mal geändert worden. Im Hinblick auf die Regelungen zur virtuellen Werbung und zum Split-Screening sind jedoch keine Änderungen vorgenommen worden. Der Rundfunkstaatsvertrag in der Fassung des 5. RÄndStV ist abgedruckt bei Hartstein u.a., Rundfunkstaatsvertrag, A. 1.1.

7 Näheres zum Begriff der virtuellen Werbung siehe 1. Kapitel Ziff. II.1.

8 Näheres zum Begriff des Split-Screening siehe 1. Kapitel Ziff. II.2.

sische Fernsehwerbung aller Voraussicht nach nicht verdrängen oder ersetzen. Vor allem im Zusammenhang mit Sportübertragungen ist aber künftig mit einem verstärktem Einsatz dieser Werbeformen zu rechnen. Die besondere Bedeutung virtueller Werbung und Split-Screening im Bereich der Sportberichterstattung resultiert aus dem hohen Zuschauerinteresse an diesen Sendungen und den Möglichkeiten, die sich gerade bei Sportveranstaltungen für Werbung ergeben.

Mit virtueller Werbung können bei Sportveranstaltungen beispielsweise die örtlich vorhandenen Werbeaufschriften auf Banden und sonstigen werblich genutzten Flächen ersetzt werden. Die sich aus dem Spiel- oder Regelablauf ergebenden Pausen bei den meisten Sportarten bieten besonders gute Werbemöglichkeiten im Split-Screen-Verfahren, da das Live-Geschehen gleichzeitig mit der Werbung gezeigt werden kann. Bei Veranstaltungen ohne vorgegebene Pausen, wie bei Formel-Eins-Rennen, kann mit dem Split-Screening trotz einer Werbeunterbrechung das Zuschauerinteresse aufrecht erhalten und befriedigt werden.

Viele andere Sonderwerbeformen sind in der Vergangenheit von den Rundfunkveranstaltern teilweise zunächst ohne rechtliche Grundlage eingesetzt worden und haben Diskussionen um ihre Vereinbarkeit mit den rundfunkrechtlichen Bestimmungen über die Fernsehwerbung und schließlich eine gesetzliche Regelung nach sich gezogen, die den Wildwuchs der Werbeformen eindämmen sollte. Der Streit um die Zulassung virtueller Werbung und Split-Screening spiegelt diese immer wiederkehrende Debatte um die Grundsätze der Regulierung der Rundfunkwerbung exemplarisch wieder. Diese neuen Werbeformen verdeutlichen die einfallsreiche Suche der Rundfunkveranstalter nach Werbemethoden außerhalb der Spotwerbeblöcke. Gleichzeitig sind virtuelle Werbung und Split-Screening Ausdruck des Kampfes um Einschaltquoten und Marktanteile, die sich mit der Übertragung wichtiger Sportereignisse, die wiederum teuer erworben werden müssen, steigern lassen. In rechtlicher Hinsicht steht die allmähliche Aushöhlung des Trennungsgebotes durch solche Werbeformen im Vordergrund. Mit den neuen Regelungen zur virtuellen Werbung und zum Split-Screening haben die Länder dem Drängen der Rundfunkveranstalter erneut nachgegeben und ein weiteres Stück des hart umkämpften Terrains der Werberegeln freigegeben.

Das Auftreten von virtueller Werbung und Split-Screening fällt darüber hinaus in eine Zeit, in der das Fernsehen grundlegenden Veränderungen durch die Digitalisierung und die fortschreitende Verknüpfung mit dem Internet unterliegt. Das Internet als Informations- und Unterhaltungsmedium verlangt von den Nutzern mehr Selbständigkeit auch im Umgang mit der Werbung. So sind sie gezwungen, ihre Wahrnehmungsgewohnheiten anzupassen, um aus einer Vielzahl von Angeboten auf dem Bildschirm die von ihnen gewünschte Information aus den werblichen und sonstigen Botschaften herauszufiltern.

Diese Zusammenhänge sind der Hintergrund der vorliegenden Arbeit, deren Anlaß das Inkrafttreten des Vierten Rundfunkänderungsstaatsvertrages ist. Nachdem der Gesetzgeber für virtuelle Werbung und Split-Screening gesetzliche Regelungen erlassen hat, stellt sich die Frage nach deren Eignung und Akzeptanz in der Praxis und den Implikationen, die sich aus dem Zusammenspiel des nationalen Medienrechts mit dem europäischen Medienrecht sowie mit dem Wettbewerbsrecht ergeben.

Drei Aspekte sollen hier schwerpunktmäßig beleuchtet werden: die Einbettung der neuen Vorschriften in das vorhandene System der Werberegulierung im nationalen Medienrecht, die Vereinbarkeit der neuen Regelungen mit den verfassungs- und europarechtlichen Vorgaben und die Fragen und Probleme der praktischen Anwendung der gesetzlichen Regelungen.

Im ersten Kapitel wird die Entwicklung der Fernsehwerbung in der heutigen Medienlandschaft dargestellt; es werden die technischen Voraussetzungen und die praktischen Einsatzmöglichkeiten der virtuellen Werbung und des Split-Screening im einzelnen erläutert und die Situation der Rundfunkveranstalter im Wettbewerb sowie die gegenwärtigen Veränderungen der Rundfunklandschaft aufgezeigt. Das zweite Kapitel soll die rundfunkrechtlichen Vorgaben für Fernsehwerbung mit den Neuerungen des Vierten Rundfunkstaatsvertrages sowie den verfassungsrechtlichen Hintergrund der Werberegeln verdeutlichen. Im dritten Kapitel werden die rundfunkrechtlichen Probleme von virtueller Werbung und Split-Screening besprochen und die verfassungsrechtliche Zulässigkeit der rundfunkstaatsvertraglichen Neuregelungen geprüft. Das vierte Kapitel widmet sich der Frage der Vereinbarkeit der Neuregelungen mit der EG-Fernsehrichtlinie und dem Europäischen Übereinkommen über das grenzüberschreitende Fernsehen. Abschließend wird im fünften Kapitel die wettbewerbsrechtliche Zulässigkeit der virtuellen Werbung und des Split-Screening hinterfragt.

1. Kapitel: Virtuelle Werbung und Split-Screening im Fernsehen vor dem Hintergrund einer sich verändernden Medienlandschaft

Als neue und noch verhältnismäßig wenig bekannte Werbeformen sind virtuelle Werbung und Split-Screening im Zusammenhang mit den technischen und wirtschaftlichen Entwicklungen der heutigen Medienlandschaft zu sehen. In diesem Kapitel wird zunächst die Bedeutung der Fernsehwerbung und die Entstehung der verschiedenen Sonderwerbeformen dargestellt. Im Anschluß werden die Besonderheiten der virtuellen Werbung und des Split-Screening im Einzelnen dargestellt. Schließlich wird auf den Wettbewerb der Rundfunkveranstalter am Zuschauer- und Werbemarkt, sowie auf die bevorstehenden technischen und inhaltlichen Veränderungen des Fernsehens eingegangen.

I. Entwicklung und Bedeutung der Fernsehwerbung

1. Die Anfänge der Fernsehwerbung

Im Hörfunk wurden schon 1924 - ein Jahr nach der Einführung des Unterhaltungsrundfunks in Deutschland - Werbesendungen ausgestrahlt[9]. Die Einnahmen aus der Hörfunkwerbung haben damals allerdings keine besondere wirtschaftliche Bedeutung erlangt[10]. Unter der nationalsozialistischen Diktatur wurde die Rundfunkreklame Anfang 1936 verboten[11]. Nach dem Zweiten Weltkrieg wurde im Hörfunk, angefangen mit Radio Bremen, wieder unbeanstandet Hörfunkwerbung ausgestrahlt und die wirtschaftliche Bedeutung der Werbeeinnahmen nahm schnell zu[12]. Die Einführung der Fernsehwerbung in den fünfziger Jahren war dagegen mit erheblichen Auseinandersetzungen verbunden[13]. Der Bayerische Rundfunk strahlte im November 1956 den ersten Werbespot im bundesweiten deutschen Fernsehen aus, um mit den Einnahmen einen Teil der für den Fernsehbetrieb erforderlichen Investitionen zu decken[14]. Der Bundesverband Deutscher Zeitungsverleger (BDZV) erhob gegen den Bayerischen Rundfunk eine Unterlassungsklage, die jedoch vom OLG München abgewiesen wurde, da die Vorschriften für den bayerischen Rundfunk kein Verbot von Werbesendungen enthielten[15]. Damit war die Zulässigkeit von Werbung im Fernsehen erstmals grundsätzlich gerichtlich anerkannt[16]. In den folgenden Jahren begannen auch die übrigen Rundfunkanstalten mit der Ausstrahlung von Werbung, wobei sie sich freiwillig eine Werbezeitbeschränkung von zwanzig Minuten pro Tag auferlegten[17].

Den Durchbruch für die Werbung im Fernsehen stellte die Aufnahme der Tätigkeit des ZDF dar, da sich das ZDF zu einem großen Teil aus Werbeeinnahmen

---

9 Dengler, Wirtschaftswerbung, S. 24.
10 Dengler, Wirtschaftswerbung, S. 24; Stuiber, Medien in Deutschland, Band 2, S. 943.
11 Heyde, in: Schiwy/Schütz, Medienrecht, S. 171.
12 Herrmann, Rundfunkrecht, S. 75; Stuiber, Medien in Deutschland, Band 2, S. 943.
13 Herrmann, Rundfunkrecht, S. 75; Hoffmann, Möglichkeiten der Finanzierung, S. 74.
14 Hesse, Rundfunkrecht, S. 20; Hoffmann, Möglichkeiten der Finanzierung, S. 74.
15 Hesse, Rundfunkrecht, S. 20; zur Rolle des BDZV und dessen Verhältnis zu den Rundfunkanstalten im einzelnen: Vesting, Prozedurales Rundfunkrecht, S. 162 ff;
16 OLG München, NJW 1958, S. 1298 ff.
17 Hesse, Rundfunkrecht, S. 20; Hoffmann, Möglichkeiten der Finanzierung, S. 74.

finanzieren sollte[18]. Da der BDZV weiterhin den Verlust von Werbeeinnahmen und damit eine Bedrohung für die wirtschaftliche Existenz der Zeitungen befürchtete, wurde auf Initiative des Bundestages im April 1964 eine Sachverständigenkommission zur Untersuchung der Wettbewerbsgleichheit eingesetzt, die in ihrem 1967 vorgelegten Bericht feststellte, daß eine Wettbewerbsverzerrung durch Werbung im Rundfunk zulasten der Presse nicht eintrete[19]. Ein von den Fraktionen der CDU/CSU und FDP im Jahr 1965 eingebrachter Gesetzentwurf zum Verbot von Werbesendungen wurde nach Ablauf der Legislaturperiode fallengelassen[20]. Die Versuche, die Ausstrahlung von Werbesendungen im deutschen Fernsehen gerichtlich oder gesetzlich zu unterbinden, waren endgültig gescheitert.

Die entscheidende Veränderung in der Fernsehlandschaft ist mit der Zulassung der ersten privaten, rein werbefinanzierten Rundfunkveranstalter im sogenannten dualen System eingetreten. Damit gewann die Fernsehwerbung enorm an Bedeutung, was allein angesichts des Werbevolumens deutlich wird. Während im Jahr 1986 162.000 Werbespots im deutschen Fernsehen ausgestrahlt wurden, waren es im Jahr 1994 1.113.000, das Werbevolumen hat sich also mehr als versechsfacht[21]. In den privaten Programmen ist Werbung keine Randerscheinung, sondern ein allgegenwärtiger Bestandteil des Gesamtprogramms. Bei RTL, Sat.1, RTL II, ProSieben werden ca. 15 Prozent der täglichen Sendezeit mit Werbung bestritten.

2. Bedeutung der Werbeeinnahmen im dualen Rundfunksystem

Die Einnahmen aus der Werbung spielen heute für alle Rundfunkveranstalter eine große Rolle. Für die öffentlich-rechtlichen Rundfunkanstalten sind sie neben den Rundfunkgebühren das zweite finanzielle Standbein, da ARD und ZDF aus einem Mischsystem aus Gebühren- und Werbefinanzierung unterhalten werden[22]. Die Werbeumsätze der öffentlich-rechtlichen Anstalten sind in den ersten zehn Jahren nach dem Start des privaten Fernsehens bedingt durch die neue Konkurrenzsituation am Werbemarkt erheblich gesunken[23]. Diese Entwicklung ist inzwischen gestoppt, eine Stabilisierung auf niedrigem Niveau eingetreten, und jüngst sind sogar wieder leichte Zuwächse zu verzeichnen[24]. Der Verlust bei den Werbeumsätzen macht sich auch bei der Ertragslage der öffentlich-rechtlichen Rundfunkanstalten bemerkbar: während sich 1985 der Anteil der Werbeeinnahmen an

---

[18] Hoffmann, Möglichkeiten der Finanzierung, S. 75; Fuhr, ZDF-Staatsvertrag, § 23, Anm. 1.b.aa.

[19] Sog. "Michel-Kommission", Herrmann, Rundfunkrecht, S. 82; Hesse, Rundfunkrecht, S. 21. Siehe auch Leisner, Werbefernsehen und öffentliches Recht.

[20] Hermann, Rundfunkrecht, S. 82; Hesse, Rundfunkrecht, S. 21.

[21] Volpers u.a., Trennung von Werbung und Programm, S. 23.

[22] Neft, Rundfunkwerbung, S. 45.

[23] Vgl. Tabelle bei Stuiber, Medien in Deutschland, Band 2, S. 948/949.

[24] Vgl. Horizont vom 7.1.1999; Stuiber, Medien in Deutschland, Band 2, S. 947.

der Finanzierung der öffentlich-rechtlichen Anstalten auf insgesamt 23,6 Prozent belief, waren es 1995 nur noch 9,1 Prozent[25].

Bei den privaten Veranstaltern haben die Nettowerbeumsätze seit 1985 ständig zugenommen[26]. Die höchsten Nettowerbeeinnahmen erzielte im Jahr 1998 RTL mit 2,3 Mrd. DM, gefolgt von Sat.1 mit 1,8 Mrd. DM und ProSieben mit 1,6 Mrd. DM[27]. Aufgrund der reinen Werbefinanzierung sind die privaten Rundfunkveranstalter naturgemäß an einem hohen Werbevolumen interessiert, was nicht ohne Auswirkungen auf das Programm bleibt[28]. Um möglichst viele Zuschauer als potentielle Konsumenten der beworbenen Produkte ansprechen zu können (und gleichzeitig Produktionskosten zu sparen), muß das Programm auf ein konsensfähiges Niveau gebracht werden[29]. Von Anfang an haben die Privatsender daher massenattraktive Sendeformate nach amerikanischem Vorbild wie Serien, Talkshows oder Comedysendungen übernommen, um eine möglichst hohe Einschaltquote und damit hohe Werbeeinnahmen erzielen zu können[30].

Die existentielle Bedeutung der Werbeeinnahmen für die privaten Rundfunkveranstalter wird besonders angesichts des Streits um die sogenannten Werbeblocker („Fernsehfee") deutlich[31]. Es handelt sich dabei um ein Gerät, mit dessen Hilfe die Zuschauer die Werbung umgehen können, indem bei Beginn eines Werbeblocks automatisch zu einem anderen Programm umgeschaltet und bei Beendigung des Werbeblocks wieder zurückgeschaltet wird. Sat.1, RTL und Vox haben gegen den Vertrieb dieser Geräte gekämpft und versucht, ihn wettbewerbsrechtlich unterbinden zu lassen. Das OLG Frankfurt hat den Antrag von RTL und Vox abgelehnt, da weder ein Wettbewerbsverhältnis noch ein betriebsbezogener Eingriff in den Gewerbebetrieb vorliege[32]. Auch das KG Berlin hat die Klage von Sat.1 abgewiesen[33].

---

25 Stuiber, Medien in Deutschland, Band 2, S. 952. Das ZDF erzielte von 1973 bis 1993 ca. 40 Prozent der Gesamteinnahmen aus Werbung. Seit 1994 liegt der Anteil der Werbeerlöse bei nur noch 17,2 Prozent. Bei der ARD beliefen sich die Werbeeinnahmen 1990 und 1991 auf 13,7 bzw. 11 Prozent der Gesamteinnahmen. 1996 konnten noch 4,2 Prozent der Gesamteinnahmen, im Jahr 1997 nur noch 3,2 Prozent der Gesamteinnahmen aus Werbung erwirtschaftet werden. Weitere Daten zu den Werbeeinnahmen vgl. Stuiber, Medien in Deutschland, Band 2, S. 953; Hesse, Rundfunkrecht, S. 186; Volpers u.a., Trennung von Werbung und Programm, S. 26; Neft, Rundfunkwerbung, S. 46; ARD-Jahrbuch 1998, S. 369.

26 Vgl. Grafik bei Volpers u.a., Trennung von Werbung und Programm, S. 21.

27 Heffler, MP 1999, S. 288 ff. (291)

28 Ausführliche Darstellung der Auswirkungen der Zulassung privater Rundfunkanbieter auf das Programm bei Dengler, Wirtschaftswerbung, S. 171 ff.

29 Dengler, Wirtschaftswerbung, S. 173.

30 Volpers u.a., Trennung von Werbung und Programm, S. 22.

31 Vgl. Ladeur, SpuRt 2000, S. 45, Fn. 3.

32 OLG Frankfurt, ZUM 1999, S. 953 ff.

33 KG, ZIP 2000, S. 334 ff.; Das LG Berlin (ZUM 2000, S. 264) hatte dem Verbotsantrag in erster Instanz stattgegeben, weil eine sittenwidrige Behinderung des Wettbewerbs und ein rechtswidriger Eingriff in den eingerichteten und ausgeübten Gewerbebetrieb vorliege.

3. Die klassische Fernsehwerbung

Die herkömmliche Form der Rundfunkwerbung ist die Spotwerbung[34]. Darunter versteht man die entgeltliche Überlassung von Sendezeit an werbetreibende Unternehmen, Verbände oder Organisationen zur Ausstrahlung kurzer Werbefilme im Fernsehen. Werbespots müssen nicht zwingend der „absatzfördernden Kommunikation", also der Wirtschaftswerbung dienen, sondern können auch Werbung für nicht-wirtschaftliche, ideelle Zwecke oder Eigenwerbung der Sender beinhalten. Im Hinblick auf die Erzielung von Werbeeinnahmen hat die Wirtschaftswerbung allerdings die größere Bedeutung. Ursprünglich wurden Werbespots in Blöcken ausschließlich *zwischen* den einzelnen Sendungen als sogenannte Scharnierwerbung ausgestrahlt. Die Privatsender haben später damit begonnen, die Sendungen zu unterbrechen und sogenannte Werbeinseln einzufügen, weil damit eine höhere Aufmerksamkeit bei den Zuschauern erreicht werden kann[35]. Die Werbeblöcke sind im privaten Fernsehen meist nach folgendem Muster aufgebaut: zunächst erscheint das sendereigene Werbelogo, es folgen die Spots mit Wirtschaftswerbung und anschließend verschiedene Trailer mit Programmankündigungen und in manchen Fällen Werbung für Merchandising-Produkte[36]. Die Sender stimmen, teilweise auf Wunsch der Werbekunden, das Programmumfeld und die Produktwerbung aufeinander ab, indem beispielsweise nach einer Sportsendung Werbung für Sportbekleidung ausgestrahlt wird (*narrow casting*)[37].

Die Kapazitäten für die Ausstrahlung von Werbespots und damit die Erzielung von Einnahmen daraus sind allerdings begrenzt, da die Spotwerbung nach dem Rundfunkstaatsvertrag (RStV) strengen Beschränkungen in inhaltlicher und zeitlicher Hinsicht unterliegt[38]. Dadurch werden einerseits die Preise für die Schaltung von Werbespots in die Höhe getrieben und andererseits die Möglichkeiten der Privatsender, Einnahmen zu erzielen, beschränkt.

Mit dem heute bereits als klassische Werbeform zu bezeichnenden Sponsoring werden diese Nachteile der Spotwerbung teilweise umgangen[39]. Sponsoring ist die direkte oder indirekte Finanzierung einer Sendung zugunsten des Senders (§ 8 RStV)[40]. Die wirtschaftliche Bedeutung des Sendungssponsoring fällt gegen-

---

[34] Dörfler, Product Placement, S. 14; Scherer, Product Placement, S. 13; Neft, Rundfunkwerbung, S. 10.

[35] Volpers u.a., Trennung von Werbung und Programm, S. 58.

[36] Volpers u.a., Trennung von Werbung und Programm, S. 61.

[37] Scherer, Product Placement, S. 13 f.

[38] Vgl. §§ 14, 15, 44, 55 RStV. Zu den werberechtlichen Bestimmungen im einzelnen siehe 2. Kapitel Ziff. III.2.

[39] Das Sendungssponsoring ist vom sogenannten Ereignissponsoring zu unterscheiden. Darunter wird die (finanzielle) Förderung eines bestimmten kulturellen oder sportlichen Ereignisses verstanden, wobei die Einnahmen nicht einem Sender, sondern dem jeweiligen Veranstalter des Ereignisses zufließen, vgl. Henning-Bodewig, ZUM 1997, S. 633 ff. (633); Hartstein u.a., Rundfunkstaatsvertrag, § 8, Rn. 16. Zum Sponsoring allgemein siehe Weiand, NJW 1994, S. 227 ff.; Bruhn/Mehlinger, Rechtliche Gestaltung des Sponsoring; Weiand, Der Sponsoringvertrag; Weiand, Kultur- und Sportsponsoring.

[40] Volpers u.a., Trennung von Werbung und Programm, S. 62; zum Sendungssponsoring siehe Köhler, Rundfunkwerberecht, S. 133 ff.; Bork, Werbung im Programm S. 12 f.; Friccius,

über den Einnahmen aus der Spotwerbung zwar vergleichsweise gering aus, dennoch werden absolut gesehen nicht unerhebliche Einnahmen daraus erzielt[41]. Aus der Sicht der Werbetreibenden liegen die Vorteile des Sponsorings in der Alleinstellung und der Nähe zu einer attraktiven Sendung und der positiven Imagewirkung, die mit dem Sponsoring beim Zuschauer erreicht werden kann. Für die öffentlich-rechtlichen Sender ist das Sponsoring besonders wegen des Werbeverbots nach 20 Uhr, das nicht für das Sponsoring gilt, interessant[42].

Eine gesponserte Sendung ist für den Zuschauer an dem Sponsorhinweis vor und nach der jeweiligen Sendung erkennbar, in dem es dann etwa heißt: „Der Tatort wird präsentiert von TV-Spielfilm" oder „Das Fußball-Länderspiel mit freundlicher Unterstützung von Hasseröder Pils". Neben der Spotwerbung stellt das Sendungssponsoring eine eigenständige Finanzierungsquelle für private und öffentlich-rechtliche Rundfunkveranstalter dar und wird daher nicht zur Werbung im engeren Sinne gezählt[43]. Ob der Sponsor- oder Widmungshinweis primär den Werbezwecken des Sponsors oder der Aufklärung der Zuschauer über die Fremdfinanzierung dient, ist umstritten[44]. Festzustellen ist jedoch, daß sich der Sponsorhinweis in seiner Gestaltung immer mehr einem normalen Werbespot annähert[45].

Eine neuere Variante des Sponsoring ist das Sponsern werbefreier Zeiten. Dabei werden Spielfilme ohne Werbeunterbrechungen gezeigt, wenn der Zeitraum als ganzes gesponsert wird[46]. Die Sender versuchen teilweise, die Möglichkeiten des Sponsoring zu erweitern, indem Sendungen in mehrere Teile unterteilt werden und jeder einzelne Teil gesponsert wird[47]. Eine andere Abwandlung des Sponsoring wird als *Titelsponsoring* bezeichnet. Darunter versteht man die Verbindung der Titel eines Sendeformats mit einem Printtitel[48]. Titelsponsoring wird zumeist bei Informationsmagazinen eingesetzt, die von einer Zeitschrift oder Zeitung initiiert werden und den Namen übernehmen, so z.B. bei den Sendungen SpiegelTV oder SternTV[49]. Teilweise werden auch medienfremde Marken in den Titel einer Sendung eingebunden, so z.B. bei den Sportsendungen des DSF:

ZUM 1996, S. 19019 ff.; Lange, EWS 1998, S. 189 ff.; Bork, ZUM 1988, S. 322 ff.; Henning-Bodewig, Sponsoring, AfP 1991, S. 487 ff.

41 ARD und ZDF erzielten Jahr 1998 jeweils gut 40 Mio. DM aus Sponsoreinnahmen, Hartstein u.a., Rundfunkstaatsvertrag, § 8 Rn. 10.

42 Zu Regelung des Sponsoring im RStV siehe 2. Kapitel Ziff. III.2.f.

43 Hartstein u.a., Rundfunkstaatsvertrag, § 8, Rn. 7; Köhler, Rundfunkwerberecht, S. 134.

44 Henning-Bodewig, ZUM 1997, S. 633 ff. (637 f.); Köhler, Rundfunkwerberecht, S. 134.

45 Mittlerweile dürfen nicht nur der Name des Sponsors selbst, sondern einzelne Marken in Stand- oder auch Bewegtbildern vor und nach der Sendung und in den Werbeunterbrechungen gezeigt werden, Henning-Bodewig, ZUM 1997, S. 633 ff. (633); Volpers u.a., Trennung von Werbung und Programm, S. 64; Bülow, CR 1999, S. 105 ff. (107).

46 Nach diesem Vorbild veranstaltet Sat.1 zum Beispiel die „Kulmbacher Filmnacht", bei der mehrere Spielfilme werbefrei gezeigt werden. Volpers u.a., Trennung von Werbung und Programm, S. 64.

47 So wird seit einiger Zeit in den öffentlich-rechtlichen Programmen die Wettervorhersage aus den Nachrichten herausgenommen und gesondert gesponsort. Vgl. auch Volpers u.a., Trennung von Werbung und Programm, S. 64; Hartstein u.a., Rundfunkstaatsvertrag, § 8, Rn. 26.

48 Zum Titelsponsoring im einzelnen siehe Hackbarth, ZUM 1998, S. 974 ff.

49 Schaar, ZUM 1998, S. 869 ff. (872).

"Paulaner Fußballquiz" oder "Warsteiner Fußballstammtisch". In diesen Sendungen taucht die Marke außer im Titel teilweise auch während der Sendung, z.B. in der Kulisse oder auf Requisiten auf, so daß der Werbezweck offensichtlich wird[50]. Während der RStV keine Regelung zum Titelsponsoring enthält, findet diese Werbeform nun erstmals in den neuen Werberichtlinien der Landesmedienanstalten Berücksichtigung[51].

Werbung soll beim Betrachter ein positives Image für ein bestimmtes Produkt erzeugen und die potentiellen Konsumenten bewußt oder unbewußt zum Erwerb veranlassen. „Voraussetzung für den ökonomischen Erfolg einer Werbung sind (positive) Wirkungen der Werbedarbietung auf der psychologischen Ebene“[52]. Wie sich aus Untersuchungen ergibt, scheinen die Grenzen der Akzeptanz für Spotwerbung - vor allem bei den privaten Anbietern - bei den Zuschauern erreicht, wenn nicht überschritten zu sein[53]. Phänomene wie *Zapping*, *Reaktanz* und *Clutter* wirken sich beeinträchtigend auf die Werbewirkung herkömmlicher Spotwerbung aus. Unter Zapping versteht man das Hin- und Herschalten, mit dem sich die Zuschauer der Werbung entziehen[54]. Die Werbung wird dadurch von weniger Zuschauern verfolgt als die Sendung selbst. Denselben Effekt hat es, wenn die Zuschauer die Werbepause nutzen, um sich mit anderen Dingen zu beschäftigen oder den Raum zu verlassen. Unter Reaktanz versteht die Werbewirkungsforschung eine ablehnende Reaktion der Zuschauer auf Werbung[55]. Die von dem werbetreibenden Unternehmen erwünschte positive, kauflustfördernde Wirkung der Werbung verkehrt sich dabei in ihr Gegenteil[56]. Von den Werbetreibenden wird auch das *Clutter* gefürchtet. Damit ist die Informationsüberflutung der Zuschauer durch eine unstrukturierte Fülle von programmfremdem Material gemeint. Diese führt dazu, daß sich die Zuschauer schlechter an die einzelnen Elemente erinnern können und die Werbung damit an Wirkung verliert[57].

Um diese Verhaltens- und Reaktionsweisen der Zuschauer zu vermeiden, wandeln die werbetreibende Industrie und die Fernsehveranstalter bekannte Werbe- und Sponsoringformen ab und versuchen, neue Formen der Werbung zu etablieren. Den vor diesem Hintergrund entstandenen Sonderwerbeformen ist gemein-

---

50 Volpers u.a., Trennung von Werbung und Programm, S. 75; Hackbarth, ZUM 1998, S. 974 ff. (975).

51 Gemeinsame Richtlinien der Landesmedienanstalten für die Werbung, zur Durchführung der Trennung von Werbung und Programm und für das Sponsoring vom 26.1.1993 in der Neufassung vom 10.2.2000, abgedruckt bei Hartstein u.a., Rundfunkstaatsvertrag, § 7 Rn. 102. Siehe dazu 2. Kapitel III.3.a. Zum Titelsponsoring siehe Engels/Giebel, ZUM 2000, S. 265 ff. (281), Kreile, ZUM 2000, S. 194 ff. (199).

52 Gleich, MP 1998, S. 206 ff. (206) mit einer ausführlichen Darstellung der aktuellen Ergebnisse der Werbewirkungsforschung.

53 Ladeur, SpuRt 2000, S. 45 ff. (45). Fast drei Viertel der bei einer Untersuchung von Horizont und TNS-Emnid Befragten finden, das Werbevolumen im Fernsehen sei zu hoch, vgl. Horizont vom 8.3.2000.

54 Sack, AfP 1991, S. 704 ff. (704); Bork, Werbung im Programm, S. 14; Dörfler, Product Placement, S. 15.

55 Scherer, Product Placement, S. 7 f.; Dörfler, Product Placement, S. 31.

56 Dörfler, Product Placement, S. 31.

57 Volpers u.a., Trennung von Werbung und Programm, S. 24.

sam, daß die Werbeaussage entweder in ihrer Gestaltung dem redaktionellen Programm angenähert oder unmittelbar in das Programm integriert wird[58]. Für den Zuschauer sind die so plazierten Werbeaussagen im Gegensatz zur Spot-Werbung und zum Sponsoring oft nur schwer als gezielte Werbung zu erkennen. Dieses Vorgehen hat aus Sicht der Werbetreibenden und der Fernsehveranstalter den Vorteil, daß Zapping, Reaktanz und Clutter in ihrer Wirkung vermindert werden und daß Werbung unabhängig von Werbezeitregelungen untergebracht werden kann[59].

Bei der Einführung neuer Werbeformen stellt sich die Frage, ob die jeweilige Erscheinung als Werbung im rundfunkrechtlichen Sinne anzusehen ist und ob sie mit den geltenden rundfunkrechtlichen Bestimmungen vereinbar ist. Ihre rechtliche Beurteilung bereitet regelmäßig Schwierigkeiten. Viele ursprünglich neuere Werbeformen haben sich in der Werbepraxis etablieren können, so daß sich der Rundfunkgesetzgeber in manchen Fällen gezwungen sah, auf die Entwicklungen zu reagieren und für alle Sender einheitliche Bedingungen vorzugeben[60].

4. Die Entstehung neuer Werbeformen

Die Rundfunkveranstalter gehen bei der Entwicklung von Sonderwerbeformen mit beachtlicher Phantasie vor. Angesichts der raschen Fortentwicklung der Werbeformen im Fernsehen ist der Gesetzgeber oft gezwungen, faktisch etablierte Werbeformen hinzunehmen und sich darauf zu beschränken, einheitliche Bedingungen zu schaffen, was z.B. anhand des Titelsponsorings, das schon seit Jahren fester Bestandteil vieler privater Programme ist, deutlich wird. Im Folgenden werden die verbreiteten Werbeformen Product Placement, Teleshopping, Hinweise auf Begleitmaterialien und Dauerwerbesendungen exemplarisch erläutert.

Die vielleicht bekannteste und gleichzeitig umstrittenste Sonderwerbeform im Fernsehen ist das schon seit längerem bekannte *Product Placement*[61]. Darunter wird zumeist die werbewirksame Plazierung von Markenprodukten als reale Requisite in der Handlung eines Filmwerkes verstanden, also z.B. die große und deutlich erkennbare „Nesquick“-Dose auf dem Tisch einer Lindenstraßen-Familie oder die Verwendung eines bestimmten Fahrzeugs als Dienstwagen eines Fernsehkommissars[62]. Diese Form des Product Placement wird von den Sendern häufig eingesetzt, um die Produktionskosten eines Beitrags zu senken. Statt bestimmter Marken können auch bestimmte Themen plaziert werden, um die Aufmerksamkeit der Zuschauer auf eine Produktgruppe zu lenken (z.B. Heimwerken

58 Kröner, Titelmerchandising, S. 9; Herkströter, MP 1998, S. 106 ff. (106).
59 Engels/Giebel, ZUM 2000, S. 265 ff. (277).
60 Engels/Giebel, ZUM 2000, S. 265 ff. (277). Zu den aktuellen Änderungen des Rundfunkwerberechts siehe 2. Kapitel Ziff. III.
61 Zum Product Placement im einzelnen siehe Bork, GRUR 1988,S. 264 ff.; Bülow, WRP 1991, S. 9 ff.; Henning-Bodewig, GRUR 1988, S. 867 ff.; dies., AfP 1991, S. 487 ff.; Sack, ZUM Sonderheft 1987, S. 103 ff.; Scherer, Product Placement; Dörfler, Product Placement.
62 Engels/Giebel, ZUM 2000, S. 265 ff. (277).

oder Gesundheit)[63]. Der weite Begriff Product Placement differenziert nicht nach zulässigen und unzulässigen Formen dieser Art der Produkteinbindung in das Programm. Die unterschiedlichen in der Literatur entwickelten Definitionen des Product Placement können außer Betracht gelassen werden, wenn Product Placement als tatsächliche Erscheinung und nicht als Rechtsbegriff aufgefaßt wird[64]. Product Placement ist nicht generell unzulässig. Vielmehr ist in einer Abwägung aller Einzelumstände zu ermitteln, ob das rundfunkrechtliche Verbot der Schleichwerbung gem. § 7 Abs. 6 RStV verletzt ist[65]. Zum Beispiel werden sogenannte Produktionsbeistellungen, also die kostenlose oder günstige Überlassung von Gegenständen für eine Filmproduktion, als zulässig angesehen, soweit die Integration eines Markenprodukts dramaturgisch notwendig erscheint, da die Einbindung von Marken oder bestimmten Themen in eine Sendung für eine realistische Darstellung erforderlich sein kann[66]. Dies gilt auch dann, wenn sich das jeweilige Unternehmen von der Produkteinbindung einen Werbeeffekt erhofft[67].

Eine an Bedeutung immer mehr zunehmende Form der Absatzförderung ist das *Teleshopping*. Darunter versteht man die Verbreitung von Direktangeboten von Waren und Dienstleistungen, die in ein redaktionell gestaltetes Programm eingebettet werden[68]. Inzwischen sind auch reine Teleshopping-Kanäle (H.O.T, QVC) entstanden[69]. Das Teleshopping ist mit der Reform des RStV anerkannt und eigenständig neben Werbung und Sponsoring geregelt worden[70].

Eine früher umstrittene Form der Werbung sind die *Hinweise auf Begleitmaterialien*[71]. Darunter versteht man die Werbung für Produkte, die im Zusammenhang mit einer Sendung stehen (z.B. ein Magazin zu einer Serie, ein Video zu einem Naturfilm oder eine CD-Rom zu einer Wirtschaftssendung)[72]. Diese Hinweise werden in der Regel im Anschluß an die entsprechende Sendung außerhalb des Werbeblocks ausgestrahlt. Nach dem 4. RStV sind solche Hinweise zulässig und werden nicht auf die Werbezeit angerechnet, wenn sie „direkt von diesen

---

63 Zu den verschiedenen Formen des Product Placement vgl. Volpers u.a., Trennung von Werbung und Programm, S. 71 ff. Das Themenplacement wird z.T. als eine eigenständige Werbeform betrachtet und auch als Themensponsoring bezeichnet, siehe dazu Bülow, CR 1999, S. 105 ff.

64 So auch Volpers u.a., Trennung von Werbung und Programm, S. 122. Unterschiedliche Definitionen finden sich z.B. bei Hartstein u.a., Rundfunkstaatsvertrag, § 7, Rn. 47; Dörfler, Product Placement, S. 17 ff.; Platho, ZUM 2000, S. 46 ff. (48).

65 Zu den Kriterien der Abgrenzung z.B. Engels/Giebel, ZUM 2000, S. 265 ff. (278). Zum Schleichwerbeverbot siehe 2. Kapitel Ziff. III.2.b.

66 Engels/Giebel, ZUM 2000, S. 265 ff. (277).

67 Zu kostenlosen Produktionsbeistellungen mit gewolltem Werbeeffekt sagt der BGH in der Entscheidung „Feuer, Eis und Dynamit I", ZUM 1996, S. 146 ff.: „mit solchen Erscheinungen in einem kommerziellen Unterhaltungsmedium muß heute gerechnet werden".

68 Neft, Rundfunkwerbung, S. 14; Zum Teleshopping im einzelnen siehe: Degenhardt, ZUM 1995, S. 353 ff.; Schroeder, ZUM 1994, S. 471 ff; Wellens, Teleshopping.

69 Zu Teleshopping-Kanälen im einzelnen siehe Schippan, NJW 1997, S. 3205 ff.

70 Vgl. § 2 Abs. 2 Nr. 8, §§ 7, 14, 18, 44, 45, 45a RStV.

71 Eine berühmte Entscheidung ist zu einem Werbehinweis im ZDF ergangen, in dem ein Buch beworben wurde, das im Zusammenhang mit einem Kriminalfilm stand, BGH – Wer erschoß Boro, ZUM 1990, S. 291 ff. (293)

72 Köhler, Rundfunkwerberecht, S. 130.

Programmen abgeleitet sind"[73]. Begleitmaterialien sind von Merchandising-Produkten zu unterscheiden. Darunter versteht man Produkte, die unter Verwendung des Namens von Sendungen, Figuren oder Personen hergestellt und vermarktet werden. Werbung für solche Produkte ist gegenüber der übrigen Werbung nicht privilegiert.

Unter *Dauerwerbesendungen* versteht man Sendungen, bei denen in einem redaktionellen Gewand Produkte angepriesen werden, so daß die Sendung insgesamt Werbecharakter hat. Erstmals sind solche Sendungen bei den privaten Veranstaltern als Gewinnspielsendungen aufgetaucht, bei denen die ausgelobten Preise so sehr im Vordergrund standen, daß der werbliche Effekt nicht zu übersehen war[74]. Bekannte Beispiele hierfür sind die Sendungen "Glücksrad" von Sat.1 oder "Der Preis ist heiß" von RTL. Eine neuere Variante sind Comedy-Sendungen, in denen es sich vorwiegend um ein bestimmtes Produkt oder Unternehmen dreht[75]. Der Rundfunkgesetzgeber hat 1991 mit der Einführung einer staatsvertraglichen Regelung reagiert, wonach diese Sendungen als Dauerwerbesendung gekennzeichnet werden müssen[76].

II. Virtuelle Werbung und Split-Screening als neue Werbeformen in der Praxis

1. Begriff und Erscheinungsformen der virtuellen Werbung

Unter virtueller Werbung im Fernsehen sind „Abbildungen von Produkten, Logos, Marken- oder Firmennamen sowie dreidimensionale Animationen zu verstehen, die in der filmisch abgebildeten Realität nicht vorhanden sind, bzw. beim Filmen des Ursprungsmaterials nicht vorhanden waren"[77]. Mit Hilfe einer neuen Bildbearbeitungstechnik können Werbeaussagen sowohl bei aufgezeichnetem Filmmaterial als auch bei Live-Übertragungen in das Fernsehbild integriert werden, indem z.B. Werbeflächen bei Sportereignissen überblendet oder dreidimensionale Figuren eingefügt werden. Die Bezeichnung dieser Art der Werbung als „virtuell" rührt daher, daß etwas als real existierend erscheint, das in der abgebildeten Wirklichkeit nicht vorhanden ist[78]. Es wird also nur der Anschein von Realität erzeugt, da die Werbeaussage für die Zuschauer nicht als *Einblendung* er-

[73] Vgl. §§ 15 Abs. 4, 45 Abs. 3 RStV.

[74] Vgl. Bork, Werbung im Programm, S. 10; Neft, Rundfunkwerbung, S. 13; Volpers u.a., Trennung von Werbung und Programm, S. 66.

[75] Bei Sat.1 hat das Team der populären Comedy-Sendung „Die Wochenshow" Sondersendungen für Birkel und zum Firmenjubiläum von Neckermann produziert, die bei der Ausstrahlung ebenfalls als Werbesendungen gekennzeichnet wurden.

[76] Neft, Rundfunkwerbung, S. 13.

[77] Volpers u.a., Trennung von Werbung und Programm, S. 93.

[78] Das Wort *virtuell* ist in den letzten Jahren stark strapaziert worden. Unter virtueller Werbung wird teilweise auch die Werbung im Internet verstanden, um die es in dieser Arbeit jedoch nicht geht. Statt von virtueller Werbung wird mitunter auch von elektronischem Sponsoring oder digitaler Bildaufbereitung gesprochen, um das Reizwort *virtuell* zu vermeiden. Volpers u.a., Trennung von Werbung und Programm, S. 14.

kennbar ist[79]. Vielmehr entsteht der Eindruck, daß das virtuell eingeblendete Objekt tatsächlich am Ort des Geschehens vorhanden ist.

Der Einsatz virtueller Bildbearbeitung bei Sportereignissen ermöglicht eine zielgruppengenaue Ausrichtung der Werbung. Bei internationalen Veranstaltungen kann die Werbung auf die Zuschauer in verschiedenen Ländern zugeschnitten und für jedes Land andere Werbung eingeblendet werden[80]. Zwar macht es für ein Unternehmen wie *Coca Cola* Sinn, international zu werben, da dieses Produkt weltweit vertrieben wird. Das gilt aber nicht für Unternehmen, deren Erzeugnisse regional beschränkt vertrieben werden und denen bei internationaler Werbung hohe Streuverluste entstehen, die durch einen zielgruppenorientierten Einsatz in bestimmten Ländern vermindert werden können[81]. Wenn auf den Banden eines in Frankreich ausgetragenen Fußballspiels Werbung für die französische Zeitung *Le Monde* zu sehen ist, geht der Werbeeffekt in anderen Ländern ins Leere. Hier könnte stattdessen in Deutschland virtuell Werbung für die *Süddeutsche Zeitung*, in der Schweiz für die *Neue Zürcher Zeitung* und in den Niederlanden für die *Volkskrant* eingeblendet werden.

Bei virtueller Werbung auf den am Spielfeldrand in Stadien angebrachten Banden spricht man von *virtuellen billboards* oder *virtuellen board replacements*[82]. Es kann aber auch jede andere stationäre Werbefläche überblendet werden, also beispielsweise der Mittelkreis beim Handball, die Kurve bei Formel-1-Rennen oder die Zieleinläufe bei Langlauf und Marathon. Technisch möglich ist auch die Integration von animierten dreidimensionalen Objekten in Live-Übertragungen. Beliebige Gegenstände, Logos oder Werbefiguren können für den Fernsehzuschauer sichtbar gemacht werden, so daß der Eindruck erweckt werden kann, daß sich eine Cola-Dose aus dem Spielfeld löst, die Spieler umkreist, über dem Stadion schwebt oder Ähnliches[83]. Bewegliche Bildelemente, wie etwa die Trikots der Sportler, sind dagegen für virtuelle Werbung derzeit (noch) nicht geeignet[84].

Auch in Spielfilmen lassen sich mit den digitalen Bildverarbeitungstechniken Produkteinbindungen zielgruppengenau verändern. Um Streuverluste zu vermeiden, können bestimmte Requisiten virtuell ausgetauscht werden. So waren in dem Film „Demolition Man“ aus dem Jahr 1993 auffallend viele Taco-Bell-Restaurants zu sehen, wofür die Betreiber dieser nur in den USA existierenden Kette einen nicht unerheblichen Preis gezahlt hatten. Für den Export des Films in andere Länder sind die Taco-Bells durch Pizza-Hut-Filialen digital ausgetauscht worden, ohne daß die entsprechenden Szenen hätten neu gedreht werden müssen[85]. So können Produkte unter werblichen Gesichtspunkten gezielt in den

79 Herkströter, MP 1998, S. 106 (107).

80 Volpers u.a., Trennung von Werbung und Programm, S. 94; Volpers in: Digital oder Original, S. 13.

81 Schaar, ZUM 1998, S. 869 ff. (875); Volpers in: Digital oder Original, S. 15.

82 Volpers u.a., Trennung von Werbung und Programm, S. 9.

83 Eckstein in: Digital oder Original, S. 47.

84 Volpers in: Digital oder Original, S. 23. Im Gegensatz zu Hackbarth, ZUM 1998, S. 974, die von der Möglichkeit der Einblendung von Logos auf Kleidungsstücken ausgeht.

85 Volpers u.a., Trennung von Werbung und Programm, S. 94.

Handlungsablauf eingebunden und je nach Zielgruppe verändert werden. Wegen der Ähnlichkeit dieser Art der werblichen Produkteinbindung mit dem herkömmlichen Product Placement spricht man von *virtuellem Placement*[86]. „Beim virtuellen Placement handelt es sich um eine Manipulation des Filmmaterials mit dem Ziel, für Produkte im redaktionellen Programm verdeckt zu werben[87]."

In den USA, in Großbritannien, Australien, Mexiko, Brasilien, Italien und Griechenland kommt virtuelle Werbung seit 1996 zum Einsatz und gehört dort teilweise schon zum Fernseh-Alltag[88]. Die letzte Fußballweltmeisterschaft in Frankreich 1998 wurde noch ohne den Einsatz virtueller Werbetechniken übertragen[89]. Der Durchbruch für die virtuelle Werbung wird für die nächste Fußballweltmeisterschaft im Jahre 2002 in Japan erwartet[90]. In Deutschland ist virtuelle Werbung bisher nur versuchsweise ausgestrahlt worden, so z.B. bei der Übertragung des Fußball-Uefacup-Spiels AC Parma gegen Glasgow Rangers im Jahr 1998 im DSF[91] oder bei der Übertragung der Eishockey-WM beim DSF, bei der sich das Maskottchen der Firma Obi durch das Bild bewegte[92]. Eine Mischung aus realer und virtueller Werbung sind die seit einiger Zeit vor allem bei Spielen der Fußballbundesliga eingesetzten *Cam Carpets*. Es handelt sich dabei um spezielle Matten, die flach neben den Toren ausgelegt werden und auf denen (auch in Wirklichkeit) eine Werbeaufschrift zu sehen ist. Bei der Fernsehübertragung wird diese Fläche digital bearbeitet, so daß für die Fernsehzuschauer ein dreidimensionaler Effekt entsteht, der den Zuschauern den Eindruck vermittelt, die Werbeschrift würde in großen Lettern aufrecht neben dem Tor stehen[93]. Das ZDF setzte bei der Fußball-Europameisterschaft und der Tour de France im Jahr 2000 virtuelle Bildbearbeitungstechniken ein, die jedoch nicht zu Werbezwecken genutzt wurden[94].

Virtuelle Werbung basiert auf digitalen Bildbearbeitungstechniken, kann aber auch beim herkömmlichen anlogen Fernsehen zur Anwendung kommen, da für die Übertragung digital bearbeiteten Bildmaterials weder ein digitaler Fernsehsender noch ein digitales Empfangsgerät erforderlich ist. Technisch funktionieren

---

86 Zum Product Placement siehe Ziff. II.4.

87 Volpers u.a., Trennung von Werbung und Programm, S. 95.

88 Volpers in: Digital oder Original, S. 21; Volpers, Horizont vom 18.2.1999, S. 41.

89 Vgl. Horizont vom 12.11.1997. Die Versuche der französischen Firma *Symah-Vision* bei der Fußballweltmeisterschaft und den französischen Fußballpokalspielen 1998 ihr System *EPSIS* für virtuelle Werbung zum Einsatz zu bringen, sind an medienrechtlichen Bedenken gescheitert, vgl. Volpers, Horizont vom 18.2.1999, S. 46. Siehe dazu auch Ladeur SpuRt 2000, S. 101 ff. (103).

90 Vgl. Volpers, Horizont vom 18.2.1999, S. 46.

91 Volpers in: Digital oder Original, S. 12; Horizont vom 4.3.1999, S. 46.

92 Diese virtuelle Einblendung wurde von der Bayerischen Landesmedienanstalt beanstandet, ein Bußgeld wurde jedoch nicht verhängt.

93 Vgl. epd medien Nr. 72 vom 15. 9.1999; zu Cam Carpets auch Platho, ZUM 2000, S. 46 ff. (53).

94 Beim Freistoß werden z.B. Linien vom Abschlag zum Tor gezogen und der jeweilige Abstand angegeben. Siehe Berliner Zeitung vom 14.6.2000.

die Systeme zur Herstellung virtueller Werbung nach folgendem Prinzip[95]: eine Spezialkamera tastet den Veranstaltungsort ab und sucht nach sogenannten Landmarken. Das sind natürliche, unbewegliche Kennzeichen im Stadion, wie z.B. die Bande. Das System zeichnet einen digitalen Plan der interessierenden Plazierungsflächen und entwirft eine virtuelle Projektionsfläche. Das Objekt wird dann in Form einer Video-Photographie mit dem Markenlogo oder dem Firmenzeichen in diese Fläche eingefügt. Das eingeblendete Material erscheint während der Übertragung wie ein natürlicher Bestandteil des Fernsehbildes, und dies auch dann, wenn es zu Kameraschwenks oder Zoombewegungen kommt. Die Spieler bewegen sich vor dem eingefügten Objekt, als wäre es eine real vorhandene Werbefläche[96].

Das Interesse der Rundfunkveranstalter richtet sich besonders auf den Einsatz virtueller Werbung bei der Live-Übertragung von Sportereignissen, da sich damit für die Sender eine völlig neuartige Form der Werbung eröffnet[97]. Virtuelle Werbung ermöglicht den künstlichen Austausch von am Veranstaltungsort vorhandenen Werbeflächen oder deren zusätzliche Einfügung. Ereignissponsoring, also Werbung am Veranstaltungsort selbst ist bei Sportereignissen seit Jahrzehnten gang und gäbe und beruht auf vertraglichen Beziehungen zwischen den werbetreibenden Unternehmen und dem Veranstalter (in der Regel ein Sportverein oder -verband) über die entgeltliche Bereitstellung von Werbeflächen[98]. Während die Veranstalter erhebliche Erträge durch die Vermietung von Werbeflächen erwirtschaften können, haben die die Veranstaltung übertragenden Sender daran keinen Anteil, obwohl erst die Fernsehübertragung dieser Werbung ihren großen Adressatenkreis zuführt[99]. Bei virtueller Werbung wird die Leistung durch die Rundfunkveranstalter selbst erbracht, so daß die Werbetreibenden ein entsprechendes Entgelt an die Rundfunkveranstalter zahlen müßten. Aufgrund des hohen Zuschauerinteresses an der Übertragung von Spitzensportveranstaltungen erhoffen sich die Rundfunkveranstalter auf diesem Weg zusätzliche Werbeeinnahmen mit denen unter anderem die Kosten für den Erwerb der Sportübertragungsrechte refinanziert werden sollen[100].

Durch virtuelle Werbung entsteht „ein neuer Markt, für den die Usancen der Werbekuchenverteilung noch nicht geregelt sind"[101]. Die Entwicklung der Mög-

---

95 International gibt es derzeit nur vier Hersteller marktreifer Systeme zur Herstellung virtueller Werbung: in Frankreich die Firma *Symah Vision* mit dem System *EPSIS*, in den Vereinigten Staaten die Firma Princeton *Video Image* mit dem System *L-Vis*, in Israel die Firmen *ORAD* und *SciDel* mit den Systemen *IVS* und *SciDel*. Mit dem amerikanischen System L-Vis wurden bis zum Frühjahr 1998 bereits 500 Live-Übertragungen von Sportveranstaltungen mit virtueller Werbung ausgestattet. Volpers u.a., Trennung von Werbung und Programm, S. 93.

96 Eckstein in: Digital oder Original, S. 43 ff.

97 Eckstein in: Digital oder Original, S. 43.

98 Volpers u.a., Trennung von Werbung und Programm, S. 159. Zur Werbung am Veranstaltungsort siehe Greffenius/Fikentscher, ZUM 1992, S. 526 ff. (533).

99 Zur Gestaltung der Verträge über die Fernsehverwertung von Sportereignissen siehe Fritzweiler/Pfister/Summerer, Sportrecht, S. 313.

100 Vgl. Horizont vom 18.2.1999, S. 41. Zu den explosionsartig steigenden Sportrechtekosten siehe Westerloo, MP 1996, S. 514 ff.

101 Volpers in: Digital oder Original, S. 16.

lichkeiten der virtuellen Werbung werden von den Beteiligten und Betroffenen mit Interesse verfolgt, aber durchaus unterschiedlich beurteilt[102]. Sportvereine, Sportrechtevermarkter und Rundfunkveranstalter wie das DSF sehen in virtueller Werbung vor allem die Chance auf einen Zuwachs an Werbeeinnahmen[103]. Andere Rundfunkveranstalter bezweifeln den wirtschaftlichen Nutzen der virtuellen Werbung, da noch nicht abzusehen sei, ob die Sender durch eigene Vermarktung der virtuellen Werbung tatsächlich zusätzliche Werbeeinnahmen erwirtschaften können oder ob die Preise damit für die Sportübertragungsrechte sinken werden[104]. Soweit nicht die Sender selbst, sondern Sportrechteagenturen die virtuelle Werbung vermarkten, haben die Sender nur dann einen Vorteil, wenn die Preise entsprechend den Mehreinnahmen der Agenturen durch den Verkauf virtueller Werbung sinken[105]. Ob sich dies auf dem hart umkämpften Markt der Sportübertragungsrechte erreichen läßt, ist allerdings zweifelhaft[106].

Das Thema virtuelle Werbung ruft Stimmen auf den Plan, die medienethische und rechtliche Bedenken gegenüber dieser neuen Werbeform äußern[107]. Dabei stehen Fragen der Glaubwürdigkeit des Mediums Fernsehen und die Gefahr der Täuschung der Zuschauer über den Realitätsgehalt der Sendungen im Vordergrund. Es sei zu befürchten, daß das Programm von virtueller Werbung "unterwandert" und durch die Manipulation des Filmmaterials eine veränderte Wirklichkeit erzeugt werde, die für den Zuschauer nicht als solche erkennbar sei[108].

In der Debatte um virtuelle Werbung wird darüber hinaus oft darauf hingewiesen, daß sich die technischen Entwicklungen für die Sponsoren von Sportveranstaltungen aus der Alkohol- und Tabakbranche als problematisch herausstellen könnten. Da Werbung für alkoholische Getränke und Tabakerzeugnisse in manchen Ländern grundsätzlich verboten ist, sei es denkbar, daß die Fernsehsender verpflichtet würden, die Logos dieser Firmen zu überblenden[109].

---

[102] Vgl. die Dokumentation des 11. Hessischen Gesprächsforums Medien der Hessischen Landesanstalt für privaten Rundfunk „Digital oder Original? – Virtuelle Werbung bei Sportübertragungen im Fernsehen", 1999.

[103] So z. B. für das DSF Eckstein in: Digital oder Original, S. 43 ff.; für den Verein Werder Bremen Lemke in: Digital oder Original, S. 53; für die Sportrechteagentur Global Sportnet, Horizont vom 4.3.1999. Das DSF schätzt die Einnahmen aus virtueller Werbung bis zum Jahr 2002 auf 50 Millionen DM. Der Profit entstehe durch sinkende Kosten für den Erwerb der Übertragungsrechte, wenn die Sportrechteagenturen virtuelle Werbung einsetzen. Eine eigene Vermarktung virtueller Werbung sei allerdings nicht vorgesehen, vgl. Horizont, 18.2.1999, S. 41.

[104] So z.B. Sat.1 vgl. Horizont vom 18.2.1999, S. 41; Berliner Morgenpost vom 8.3.2000; siehe auch Interview mit dem Geschäftsführer des DSF, Horizont vom 18.2.1999, S. 41.

[105] So erwartet das DSF Mehreinnahmen bei der Übertragung der Tennis Masters Serie ATP im Jahr 2000, bei der der Schweizer Sportrechtevermarkter ISL und der Hersteller ORAD eine Kooperation zur Integration virtueller Werbung eingegangen sind.

[106] Zu den Sportübertragungsrechten siehe unten Ziff. III.2.

[107] Henning-Bodewig, ZUM 1997, S. 633 ff. (642); Volpers in: Digital oder Original, S. 21; Herkströter, MP 1998, S. 106 ff. (112).

[108] Herkströter, MP 1998, S. 106 ff. (112).

[109] Volpers in: Digital oder Original, S. 20; Horizont vom 18.2.1999, S. 41.

Die Frage der rechtlichen Zulässigkeit virtueller Werbung war in der Bundesrepublik bis April 2000, dem Zeitpunkt des Inkrafttretens des 4. RStV, nicht ausdrücklich geregelt. Im Vorfeld der Neufassung des RStV wurde in der Literatur teilweise die Forderung nach einem Verbot der virtuellen Werbung erhoben[110]. Virtuelle Werbung verstoße gegen das Prinzip der Trennung von Werbung und Programm und schon eine auf den Sportbereich beschränkte Zulassung könne ein Einfallstor für deren Einsatz in anderen Bereichen der Fernsehberichterstattung werden[111]. Die Bundesländer sind dieser Forderung jedoch nicht gefolgt, sondern haben in den Vierten Rundfunkänderungsstaatsvertrag eine Regelung aufgenommen, wonach virtuelle Werbung in bestimmten Fällen erlaubt ist (§ 7 Abs. 6 S. 2 RStV). Die Debatte um die virtuelle Werbung ist mit dem Inkrafttreten des 4. RStV noch nicht verstummt, denn auch die neue staatsvertragliche Regelung, die zusammen mit weiteren Änderungen des Rundfunkwerberechts eingeführt wurde, hat in der juristischen Literatur und in der Praxis Kritik hervorgerufen[112]. Dabei geht es sowohl um die Einzelheiten der Regelung und ihre praktische Handhabung, als auch um die Frage nach deren Vereinbarkeit mit dem Grundgesetz und dem europäischem Recht[113].

2. Begriff und Erscheinungsformen des Split-Screening

Unter Split-Screening oder Split-Screen-Werbung ist die Teilbelegung des Fernsehbildschirms mit Werbung zu verstehen[114]. Das ausgestrahlte Bild wird graphisch aufgeteilt: während in einem Bildausschnitt Werbung zu sehen ist, läuft in dem anderen Teil das redaktionelle Programm. Es kommt dadurch zu einer zeitgleichen Ausstrahlung redaktioneller und werblicher Kommunikationsinhalte[115]. Im Gegensatz zur virtuellen Werbung ist Split-Screening in Deutschland bereits systematisch und regelmäßig eingesetzt worden. Es sind zwei Varianten zu unterscheiden, die im folgenden der Verständlichkeit halber als *Split-Screening im Werbeblock* und *Split-Screening im Programm* bezeichnet werden sollen.

Split-Screening im Werbeblock liegt vor, wenn während eines normalen Werbeblocks in einem Fenster die unterbrochene Sendung oder Übertragung (stumm) weiter läuft. RTL hat im Jahr 1999 erstmals im deutschen Fernsehen das Split-Screening im Werbeblock erprobt: während der Live-Übertragung eines Boxkampfes wurden die in den Wettkampfpausen eingespielten Werbespots mit einem Ausschnitt in der linken oberen Bildschirmecke versehen, in dem die Zuschauer das Pausengeschehen im Ring weiter verfolgen konnten. Dabei belegte die Werbung ca. 80 Prozent des Bildes. Nach dem gleichen Prinzip wurde der

110 Volpers u.a., Trennung von Werbung und Programm, S. 166.

111 Herkströter in: Digital oder Original, S. 37; Henning-Bodewig, ZUM 1997, S. 633 ff. (642).

112 Ladeur, ZUM 1999, S. 672 ff. (678); ders. SpuRt 2000, S. 45 ff. (48); Herkströter, MP 1998, S. 106 ff.

113 Zu den rechtlichen Problemen siehe 3., 4. und 5. Kapitel.

114 Vgl. Herkströter, MP 1998, S. 106 ff. (107); Volpers u.a., Trennung von Werbung und Programm, S. 91; Kröner, Titelmerchandising, S. 9; Dörfler, Product Placement, S. 15; Hackbarth, ZUM 1998, S. 974 ff. (974).

115 Vgl. Herkströter, MP, 1998, S. 106 ff. (107).

Bildschirm bei der Übertragung eines Formel-1-Rennens bei RTL geteilt[116]. Außerhalb des Sportumfeldes plant RTL den Bildschirm im Werbeblock während der Talk-Sendung „Bärbel Schäfer" zu teilen. Während der Werbung sollen das Geschehen hinter den Kulissen und die neuen Gäste beobachtet werden können[117]. Auch bei Sat.1 wurde der Werbeblock im Mai 2000 bei der „Harald-Schmidt-Show" mit einem Programmfenster versehen, in dem der auf einem Laufband joggende Moderator zu sehen war[118].

Split-Screening im Programm liegt vor, wenn während einer laufenden Sendung in einem Bildausschnitt Werbung eingeblendet wird. In die Kategorie Split-Screening im Programm fällt beispielsweise die sogenannte Ticker-Werbung beim Nachrichtensender n-tv. Dort wird während der Nachrichtensendungen und Reportagen im unteren Bildschirmbereich ein Laufband mit den Börsenkursen eingeblendet, in das von Zeit zu Zeit Werbeslogans eingestreut werden[119]. Das ZDF hat diese Form des Split-Screening eine Zeit lang im Frühstücksfernsehen übernommen[120]. Bei dem Wirtschaftsinformationssender BloombergTV wird der Bildschirm sogar mehrfach geteilt: zeitgleich zum Hauptprogramm werden in verschiedenen Fenstern Börsenberichte, Wettermeldungen oder eben Werbung ausgestrahlt (*Multi-screening*)[121]. Strenggenommen sind auch nur kurze Einblendungen von Marken *werbliche* Teilnutzungen des Bildschirms und damit Split-Screening im Programm: der Hinweis für ein von einer Autofirma gesponsertes Gewinnspiel, den Sat.1 in einer Serie als Laufband einblendete, ist ebenfalls eine werbliche Teilnutzung des Bildschirms. Das gilt auch für das schon seit längerem bekannten *Graphik-Sponsoring*, bei dem ein Bildschirmausschnitt für werbliche Zwecke verwendet wird. Dabei werden - vor allem in der Sportberichterstattung - Markennamen im Zusammenhang mit bestimmten Informationen (z.B. Zeitmessungen, Ergebnisleisten, etc.) eingeblendet[122]. Auf einem Bildausschnitt mit den errechneten Zeiten erscheint dann z.B. der Name eines Uhren- oder Computerherstellers[123]. Als Split-Screening im Programm läßt sich die ebenfalls schon seit einiger Zeit eingesetzte vertikale Teilung des Bildschirms (*Half-screening*) einordnen, bei der z.B. in einer Hälfte der Abspann einer Sendung und in der anderen eine Programmankündigung läuft. Wird in dem Abspann der Ausstatter des Moderators genannt, handelt es sich dabei um einen werblichen Hinweis, so daß auch in diesem Fall eine Teilbelegung des Bildschirms mit Werbung vorliegt und somit von Split-Screening gesprochen werden kann[124].

---

[116] Vgl. Horizont vom 27.9.1999.
[117] Vgl. Horizont vom 31.5.2000.
[118] Vgl. Horizont vom 15.5.2000.
[119] Vgl. zur Laufbandwerbung Herkströter, MP 1998, S. 106 ff. (107); Volpers u.a., Trennung von Werbung und Programm, S. 92.
[120] Vgl. VG Berlin, ZUM 1999, S. 165 ff. (166).
[121] Vgl. Kreile, ZUM 2000, S. 194 ff. (196); epd medien Nr. 61 vom 8.8.1998.
[122] Vgl. Kreile, ZUM 2000, S. 194 ff. (196).
[123] Vgl. Platho, ZUM 2000, S. 46 ff. (50). So zum Beispiel auch im Ersten Programm der ARD beim Wetterbericht: auf der Wetterkarte erfolgt ein Hinweis auf die "Datenquelle FuldaNet".
[124] Volpers u.a., Trennung von Werbung und Programm, S. 75. Sowohl das Grafik-Sponsoring als auch die Ausstatterhinweise werden nach den neuen Werberichtlinien unter bestimmten

Das Interesse der Fernsehveranstalter am Split-Screening gründet sich auf die Hoffnung, auf diese Weise eine größere Zuschauerbindung an die Werbung zu erzielen. Die Gefahr, daß die Zuschauer während des Werbeblocks in andere Programme „zappen" ist geringer, wenn sie gleichzeitig die Sendung weiterverfolgen können. Beim Split-Screening im Programm wird das Interesse der Zuschauer an einer bestimmten Sendung genutzt, um ihn mit Werbeaussagen zu konfrontieren, die er zwangsläufig wahrnimmt. Die Grenzen eines sinnvollen Einsatzes von Split-Screening dürften allerdings erreicht werden, wenn die Zuschauer durch die Vielzahl der gleichzeitigen Informationen auf dem Bildschirm überfordert sind und es dadurch zu negativen Reaktionen der Zuschauer gegenüber der Werbung (*Reaktanz*) oder zu einer Informationsüberflutung (*Clutter*) kommt[125].

Das Split-Screening ist, ähnlich wie die virtuelle Werbung, von den Rundfunkveranstaltern und den Werbetreibenden mit großem Interesse aufgenommen, hingegen in der juristischen Literatur kritisch betrachtet worden[126]. Eine vom Sat.1-Werbevermarkter Media1 durchgeführte Zuschauerbefragung ergab eine positive Aufnahme des ersten Split-Screenings bei der Harald-Schmidt-Show[127]. Ob Split-Screening tatsächlich eine bessere Werbewirkung als normale Werbung erzielt, ist jedoch noch nicht erwiesen. Das verhältnismäßig große öffentliche Interesse am Split-Screening dürfte zum Teil auf die Neuheit dieser Werbeform und die begleitenden Berichte in der Presse zurückgehen.

Als neue Erscheinung im Bereich der Fernsehwerbung war die Zulässigkeit des Split-Screenings heftig umstritten. Die Kritik am Split-Screening bezieht sich vor allem auf die Gefahr der Unübersichtlichkeit des Bildes und auf die Umgehung des Grundsatzes der Trennung von Werbung und Programm sowie der Werbezeitrestriktionen des RStV[128]. Die Tickerwerbung bei n-tv war Gegenstand eines vielbeachteten Urteils des VG Berlin[129]. RTL ist wegen des Split-Screenings bei der Box-Weltmeisterschaft von der Landesmedienanstalt Niedersachsen abgemahnt worden[130].

Die Frage der rundfunkrechtlichen Zulässigkeit von Split-Screening ist mit der Änderung des RStV erstmals geregelt worden. Nach dem neuen § 7 Abs. 4 RStV ist Split-Screening grundsätzlich zulässig, wird aber voll auf die Werbezeit angerechnet. Auch bezüglich der neuen Regelung ist Kritik geäußert geworden. Die

Voraussetzungen nicht dem Split-Screening zugerechnet, vgl. Ziff. 19 der Gemeinsamen Richtlinien der Landesmedienanstalten für die Werbung, zur Durchführung der Trennung von Werbung und Programm und für das Sponsoring im Fernsehen in der Neufassung vom 10.2.2000.

125 Volpers u.a., Trennung von Werbung und Programm, S. 93. Zu den Begriffen Reaktanz und Clutter siehe oben Ziff. I.3.

126 Volpers u.a., Trennung von Werbung und Programm, S. 163, Ladeur ZUM 1999, S. 672 ff.

127 Vgl. Horizont vom 9.6.2000.

128 Volpers u.a., Trennung von Werbung und Programm, S. 163.

129 VG Berlin, ZUM 1999, S. 165 ff; OVG Berlin, ZUM 1999, S. 500. Im Einzelnen dazu siehe 3. Kapitel Ziff. II.1.b.

130 Ein Bußgeld wurde nicht verhängt, nachdem RTL bekannt gab, bis zum 1.4.2000 kein Split-Screening mehr zu schalten.

saarländische und die Hamburger Landesmedienanstalt fordern eine Nachbesserung der Regelung. Split-Screening solle für Nachrichtensendungen und Sendungen zum politischen Zeitgeschehen sowie Sendungen mit religiösem Inhalt untersagt werden[131]. Die Rundfunkveranstalter bemängeln in erster Linie die Anrechnung des Split-Screening auf die Werbezeit[132]. So fordert die Organisation Werbungtreibende im Markenverband (OWM) eine nur anteilige Anrechnung der Split-Screen-Werbung auf die Werbezeit[133].

III. Die Rundfunkveranstalter im Wettbewerb um die Zuschauer

1. Die Vervielfältigung des Programmangebots

Derzeit sind in der Bundesrepublik über 33 Millionen und damit über 98 Prozent aller Haushalte mit Fernsehanschluß ausgestattet, die durchschnittlich 33 verschiedene Programme empfangen können[134]. In den achtziger und neunziger Jahren hat sich das Programmangebot in der Bundesrepublik vervielfältigt und ausdifferenziert. Allein die öffentlich-rechtlichen Sender bieten neben ARD, ZDF und den Dritten die Programme Arte, 3Sat, Kinderkanal und Phoenix an[135]. ARD und ZDF bieten darüber hinaus digitale Programme (1-MuXx, 1-Plus und 1-Festival sowie Infobox) an[136]. Daneben gibt es über 20 Privatsender: Sat.1, RTL, RTL II, ProSieben, Kabel 1 und Vox als Vollprogramme, den Pay-TV-Sender Premiere, das Unterhaltungsprogramm Super RTL, die Spartensender n-tv, DSF, Viva, Viva II, Onyx-TV, VH-1, Nickelodeon, tm3, BloombergTV sowie N24, die Teleshoppingsender H.O.T. und QVC sowie die digitalen Programme DF-1 und multiThématiques[137]. Die Tendenz zur Ausdifferenzierung der Programme zeigt sich auch an dem stärker werdenden Trend zu regionalen und lokalen Programmen[138]. Schließlich sind in der Bundesrepublik eine Reihe ausländischer Programme zu sehen. Dazu gehören NBC Superchannel, La Cinq, MTV, CNN und Euronews sowie Eurosport[139].

All diese Programme konkurrieren um die Zuschaueranteile und die meisten von ihnen sind auf Werbeeinnahmen angewiesen[140]. Die öffentlich-rechtlichen Programme mußten in den ersten Jahren nach der Zulassung der Privatsender deutliche Verluste bei den Quoten hinnehmen, während die privaten Programme ihre

[131] Vgl. Berliner Zeitung vom 18.11.1999; Horizont vom 27.3.2000.
[132] Vgl. Tagesspiegel vom 10.2.2000.
[133] Stellungnahme der Organisation Werbungtribende im Markenverband (OWM), abzurufen unter www.markenverband.de/presse/stell_290.200.html, vgl. Horizont vom 1.3.2000.
[134] Volpers u.a., Trennung von Werbung und Programm, S. 17.
[135] Vgl. ARD-Jahrbuch 1998, S. 232. Die Deutsche Welle veranstaltet ein eigenes Auslandsfernsehprogramm, über dessen Zukunft und Finanzierung derzeit medienpolitischer Streit herrscht, vgl. Süddeutsche Zeitung vom 5.10.1999.
[136] ARD-Jahrbuch 1997, S. 52; FAZ vom 24.8.1999.
[137] Stuiber, Medien in Deutschland, Band 2, S. 594 f.
[138] So z.B. die auf Ballungsräume orientierten Sender TVBerlin oder TVMünchen. In den letzten Jahren sind auch türkischsprachige Programme auf Sendung gegangen, die sich speziell an Türken und türkischstämmige Deutsche in der Bundesrepublik wenden.
[139] Stuiber, Medien in Deutschland, Band 2, S. 593, Fn. 56.
[140] Werbefrei sind Arte, Kinderkanal, Phoenix, 3Sat und die Dritten Programme der ARD.

Stellung auf dem Zuschauermarkt etabliert haben[141]. Inzwischen hat sich die Verteilung der Marktanteile stabilisiert[142]. RTL, Sat.1, ARD und ZDF erreichten zusammen in den letzten Jahren einen Zuschaueranteil von etwa 60 Prozent, die Dritten Programme der ARD und ProSieben jeweils etwa 10 Prozent[143]. Im Jahr 1998 erlangte die ARD mit dem Ersten Programm die Marktführerschaft mit 15,4 Prozent, gefolgt von RTL mit 15,1 Prozent, dem ZDF mit 13,6 Prozent, den Dritten mit 12,3 Prozent sowie Sat.1 mit 11,8 Prozent[144].

Der Vervielfältigung des Programmangebots steht eine nur gering ansteigende Nachfrage gegenüber. Der Fernsehkonsum der Bevölkerung steigt zwar stetig, in den letzten Jahren aber nur noch geringfügig an[145]. Die Vermehrung der Kanäle führt offenbar nicht automatisch zu einem steigenden Konsum. Die durchschnittliche Sehdauer bei Erwachsenen ist zwar von 149 Minuten täglich im Jahr 1986 auf 178 Minuten im Jahr 1994 gestiegen[146]. Im Verhältnis zum Anstieg der Zahl der Werbespots ist dies aber nur eine geringe Steigerung. Für neue rein werbefinanzierte Programmangebote ist der Markteintritt schwierig geworden. Das gilt insbesondere für Vollprogramme, die das gesamte Spektrum (Unterhaltung, Information, Kultur, Sport, etc.) abzudecken versuchen. In den letzten Jahren sind daher vermehrt sogenannte Spartenkanäle entstanden, deren Programm sich an spezielle Interessen der Zuschauer richtet[147]. Entsprechend der Zielgruppe wird spezifische Werbung gesendet, die sich für die werbetreibenden Unternehmen in den Vollprogrammen nicht lohnen würde[148]. Unabhängiger von Werbeeinnahmen sind Pay-TV Programme, da die Gebühren der Zuschauer ein im wesentlichen werbefreies Programm ermöglichen[149]. Die Markteinführung erweist sich jedoch wegen der den Zuschauern zusätzlich entstehenden Kosten einerseits und dem großen Angebot an entgeltfreien Programmen andererseits als problematisch[150].

---

[141] Neft, Rundfunkwerbung, S. 46; vgl. auch Grafik bei Stuiber, Medien in Deutschland, Band 2, S. 634 und S. 636.

[142] Stuiber, Medien in Deutschland, Band 2, S. 630.

[143] Volpers u.a., Trennung von Werbung und Programm, S. 17.

[144] Gerhards/Grajczyk/Klingler, MP 1999, S. 390 ff.

[145] Volpers u.a., Trennung von Werbung und Programm, S. 19; vgl. die Statistik zur Sehdauer im ARD-Jahrbuch 1998, S. 421.

[146] Volpers u.a., Trennung von Werbung und Programm, S. 23.

[147] Die Zulässigkeit der Veranstaltung von Spartensendern durch die öffentlich-rechtlichen Rundfunkanstalten war lange umstritten. Siehe hierzu Holznagel/Vesting, Sparten- und Zielgruppenprogramme im öffentlich-rechtlichen Rundfunk, insbesondere im Hörfunk, 1999; Bleckmann/Pieper/Erberich, AfP 1997, S. 417 ff.

[148] Das zeigt sich deutlich bei der Werbung bei n-tv: dort wird in erster Linie für Geldanlagen, Banken, Versicherungen, Aktienfonds, Mobilfunk etc. geworben, während bei Sat.1 oder der ARD Werbung für Lebens- und Putzmittel, Autos und sonstige allgemeine Verbrauchsgüter dominiert.

[149] Die deutschen Pay-TV-Sender Premiere und DF-1 wurden in den neunziger Jahren gegründet und sind mittlerweile fusioniert. Seit dem 1.10.1999 wird das digitale Programmpaket Premiere World ausgestrahlt, vgl. Süddeutsche Zeitung vom 4.10.1999; Horizont vom 26.8.1999, S. 44.

[150] Gleich, MP 1999, S. 430 ff. (431; 435); Volpers u.a., Trennung von Werbung und Programm, S. 18 f.; Stuiber, Medien in Deutschland, Band 2, S. 619.

Die Rundfunkveranstalter müssen also verstärkt um Zuschauer werben. Dafür werden neben den klassischen Methoden, wie die Ausstrahlung bekannter Spielfilme oder beliebter Showsendungen auch immer öfter spektakuläre Aktionen eingesetzt. Jüngstes Beispiel für eine solche quotensteigernde und imagefördernde Sendung ist die Reality-Show „Big-Brother" bei RTL II, mit der sich der Sender einen beachtlichen Teil des jungen Publikums erobert hat. Dasselbe gilt für Showsendungen mit enorm hohen Gewinnen wie „Wer wird Millionär" bei RTL. Auch die Übertragung von bestimmten Sportereignissen ist nach wie vor ein Garant für hohe Einschaltquoten. Kaum ein anderer Sendebestandteil bringt eine so große Zuschauergruppe vor das Fernsehgerät[151].

2. Die Entwicklung des Sportrechtemarktes

Während die öffentlich-rechtlichen Rundfunkanstalten auch auf diesem Sektor bis Mitte der achtziger Jahre eine Monopolstellung innehatten, ist die „Ware" Sport seit dem Auftreten der Privatsender heiß begehrt und wird teuer bezahlt. Die Marktstellung der Rundfunkveranstalter wird daher nicht unerheblich vom Erwerb von Sportübertragungsrechten beeinflußt[152]. Bis Mitte der achtziger Jahre fand ein Wettbewerb um die Übertragungsrechte in Deutschland praktisch nicht statt, vielmehr handelten ARD und ZDF mit den Verbänden Lizenzgebühren für die Übertragungsrechte aus, die in moderaten Schritten erhöht wurden[153]. In den letzten zehn Jahren sind die Preise für die Sportübertragungen dagegen explosionsartig gestiegen, da die Privatsender bereit sind, für die Übertragungsrechte im Spitzen-Fußball, in der Formel-1, im Tennis oder Boxen enorme Summen zu zahlen[154]. Die öffentlich-rechtlichen Rundfunkanstalten konnten bei diesem Wettbewerb zum Teil nicht mehr mithalten[155]. Ein Grund dafür ist, daß die öffentlich-rechtlichen Rundfunkanstalten die Vermarktungsmöglichkeiten des Sports im Fernsehen - unter anderem wegen der speziellen Werbezeitbeschränkungen des öffentlich-rechtlichen Rundfunks - nicht voll ausschöpfen können[156].

Die Preise für Sportrechte sind unter anderem auch durch die Beteiligung von Sportrechteagenturen und deren Wettbewerb untereinander gestiegen[157]. Die Privatsender haben für die Verhandlungen um den Sportrechteerwerb Sportrechteagenturen eingesetzt, die mit hoher Investitionsbereitschaft Übertragungsrechte im Auftrag der Sender erwerben und an diese weitergeben. ARD und ZDF haben 1995 eine eigene Sportrechteagentur gegründet[158]. Teilweise er-

[151] Vgl. Salamanca, MP 1997, S. 73 ff. (73); Amsinck MP 1997, S. 62 ff. (62 f.).
[152] Ladeur, SpuRt 1998, S. 54 ff. (54).
[153] Amsinck, MP 1997, S. 62 ff. (62).
[154] Siehe dazu Westerloo, MP 1996, S. 514 ff. mit ausführlichem Zahlenmaterial. Teilweise betragen die Steigerungsraten mehrere Hundert bis weit über 1000 Prozent.
[155] Die öffentlich-rechtlichen haben z.B. die (Live)Übertragungsrechte für die Fußballbundesliga und die Championsleague verloren.
[156] Westerloo, MP 1996, S. 514 ff. (S. 515).
[157] Amsinck, MP 1997, S. 62 ff. (64; 66).
[158] Amsinck, MP 1997, S. 62 ff. (62). Die Agentur von ARD und ZDF heißt SportA. Für RTL tritt die UfA Sports, für die Sender mit Kirch-Beteiligung (u.a. Sat.1, DSF) die ISPR auf. Zu den Sportrechteagenturen siehe auch Fritzweiler/Pfister/Summerer, Sportrecht, S. 305.

werben die Agenturen nicht nur die Rundfunkverwertungsrechte, sondern auch die sonstigen Marketingrechte an einer Veranstaltung (Merchandising, Banden-, Trikotwerbung, etc.)[159].

Die Vermarktung von Sportereignissen kennt jedoch auch Grenzen. Am Beispiel Tennis wird deutlich, wie das Interesse an einer Sportart, die einst enorme Einschaltquoten brachte und für die entsprechend hohe Lizenzgebühren gezahlt wurden, aufgrund des Ausscheidens der beiden erfolgreichsten deutschen Spieler (Graf und Becker) erlahmen und ein Überangebot zu einer Übersättigung der Zuschauer führen kann. Darauf reagieren auch die Sportsponsoren und machen ihre Investitionen nicht nur von den Übertragungsvolumina, sondern auch von den Zuschauermarktanteilen abhängig[160].

Einen weiteren Preissprung haben die Pay-TV-Vermarktung und die Aussichten auf digitale Vermarktungsmöglichkeiten im pay-per-view und pay-per-channel-Verfahren bewirkt[161]. Dort liegt ein Potential, das die Möglichkeiten der Sender, an der Vermarktung der Sportübertragungen zu verdienen, erheblich übersteigt, da die Kosten für den Rechteerwerb direkt auf die Zuschauer abgewälzt werden können[162]. Da für die Pay-TV-Vermarktung spektakuläre Sportereignisse als Anreiz für den Erwerb von Decodern und Abonnements besonders geeignet sind, ist hier ein weiterer Preisanstieg zu erwarten.

Für die Rundfunkveranstalter wird die Refinanzierung der Rechtekosten durch Werbung immer schwieriger und ist für die öffentlich-rechtlichen Sender in bestimmten Bereichen schon nicht mehr möglich. Die Verantwortung dafür liegt einerseits bei den Rundfunkveranstaltern und deren Agenturen selbst, da sie im Wettbewerb die Preise in die Höhe treiben. Andererseits sind auch die Verbände und Veranstalter dafür mitursächlich, die ihre Entscheidung für die Vergabe der Übertragungsrechte oft allein nach dem höchsten Angebot richten[163].

3. Die Digitalisierung der Fernsehübertragung

Die meisten deutschen Haushalte empfangen heute nach wie vor analoges Fernsehen[164]. Die analoge Technik wird jedoch zunehmend von der digitalen Übertragung verdrängt[165]. Eine vollständige Umstellung vom analogen auf das digitale

---

[159] Amsinck, MP 1997, S. 62 ff. (68).

[160] Amsinck, MP 1997, S. 62 ff. (69).

[161] Westerloo, MP 1996, S. 514 ff. (S. 518).

[162] Westerloo, MP 1996, S. 514 ff. (S. 517 f.).

[163] Im Gegensatz dazu steht die Vergabeentscheidung der Rechte für die Olympischen Spiele durch das IOC an die öffentlich-rechtlichen Rundfunkanstalten, das eine maximale Verbreitung in den Vordergrund stellte, vgl. Amsinck, MP 1997, S. 62 ff. (70).

[164] Die analoge Technik basiert auf dem Prinzip der Umwandlung von Ton- und Bildwerten in elektrische Spannungen, die in Form von Schwingungen verbreitet werden, vgl. Ricker, AfP 1998, S. 437 ff. (437); siehe auch Herrmann, Rundfunkrecht, S. 21 f. Pro Kanal kann nur ein analoges Programm zu einem bestimmten Zeitpunkt gesendet und empfangen werden, vgl. Holznagel, ZUM 1999, S. 425 ff. (425); Pieper/Wiechmann, ZUM 1995, S. 82 ff. (83).

[165] Dabei wird jede Informationsquelle (Wort, Schrift, Ton oder Bild) in eine Folge binärer Zeichen mit den Werten Eins und Null umgewandelt. Heute ist die Digitalisierung des gesamten rundfunktechnischen Ablaufs einschließlich der Übertragung und des Empfangs technisch

Fernsehen soll nach einem Beschluß der Ministerpräsidenten der Bundesländer am 22./24. Oktober 1997 bis zum Jahr 2006 erfolgen[166]. Die digitale Technik verbessert die Übertragungsqualität und benötigt gleichzeitig weniger Übertragungskapazität[167]. Auf der Bandbreite eines analogen Programms können vier bis zehn digitale Programme übertragen werden[168]. Die freiwerdenden Kapazitäten der Breitbandkabelnetze können für Rückkanäle oder für andere Kommunikationsdienste (*pay-per-view, pay-per-channel*) genutzt werden[169]. Schließlich können bei digitaler Übertragung preiswerte Verschlüsselungstechniken eingesetzt werden[170].

Für die Übertragung digitaler Daten werden diese mit einem speziellen Verfahren zunächst reduziert und komprimiert[171]. Das sogenannte Multiplex-Verfahren verwandelt die komprimierten Daten zu einem kontinuierlichen Datenfluß. Beim Empfänger müssen die Daten mit Hilfe eines Decoders wieder in analoge Signale umgewandelt werden[172]. Die Übertragung digitaler Pay-TV-Angebote erfordert zudem ein System der Zugangskontrolle (conditional access), das sich in den Codierungsvorgang vor Übertragung und den Decodierungsvorgang beim Empfänger zerlegen läßt[173].

Die digitale Technik ermöglicht auch das sogenannte interaktive Fernsehen. Dabei können Zuschauer und Veranstalter durch die Einrichtung eines permanenten Rückkanals über die Fernbedienung direkt miteinander kommunizieren, so daß die Zuschauer über einen zentralen Server des Rundfunkveranstalters die digital übertragenen Inhalte steuern oder beeinflussen können[174]. Bei einem interaktiv aufbereiteten Programm stehen dem Zuschauer mehr Auswahlmöglichkeiten als beim herkömmlichen Fernsehen zur Verfügung[175]. Möglich ist zum Beispiel die individuelle Auswahl von Kameraperspektiven bei Sportübertragungen oder die Auswahl bestimmter Themenschwerpunkte bei einer Nachrichtensendung[176]. Derzeit laufen in Deutschland Versuche mit interaktivem Fernsehen, mit denen die Akzeptanz bei den Zuschauern ermittelt werden sollen[177]. Ob sich diese Form des Fernsehens durchsetzen kann, muß abgewartet werden. Aufgrund des

---

möglich, vgl. Holznagel/Daufeldt, CR 1998, S. 151 ff. (151); Wagner, Rechtsfragen digitalen Kabelfernsehens, S. 13; Gersdorf, Digitalisierung der Telekommunikation, S. 17.

166 Hesse, Rundfunkrecht, S. 278.

167 Rosenthal, Informationsgesellschaft, S. 25; Wagner, Rechtsfragen digitalen Kabelfernsehens, S. 13.

168 Hesse, Rundfunkrecht, S. 79.

169 Rosenthal, Informationsgesellschaft, S. 27 ff. Beim pay-per-channel kann der Zuschauer einen einzelnen Kanal, beim Pay-per-view eine einzelne Sendung gegen Entgelt empfangen.

170 Holznagel, ZUM 1999, S. 425 ff. (425).

171 Zum Verfahren siehe Gersdorf, Digitalisierung der Telekommunikation, S. 17 ff.

172 Rosenthal, Informationsgesellschaft, S. 25.

173 Wagner, Rechtsfragen digitalen Kabelfernsehens, S. 14.

174 Rosenthal, Informationsgesellschaft, S. 27..

175 Gersdorf, Digitalisierung der Telekommunikation, S.32.

176 Volpers u.a., Trennung von Werbung und Programm, S. 35.

177 Zum Beispiel hat die Bertelsmann Broadband Group im April 2000 versuchsweise ein interaktives Angebot gestartet, bei dem Filme über den PC als Empfangsgerät abgerufen werden können, vgl. epd medien Nr. 30 vom 15. April 2000.

Vordringens des Internets mit seinen interaktiven Möglichkeiten, hat das Interesse am interaktiven Fernsehen allerdings nachgelassen[178].

Im digitalen Fernsehen können neue und individualisierte Werbeformen eingesetzt werden. Geplant ist die Einführung von sogenannten Werbeunterkanälen, auf denen Werbetreibende ausführliche Werbesendungen oder produktaffine Programme anbieten könnten[179]. Beim Pay-per-view und Pay-per-channel könnte auch ein individuelles Sponsoring stattfinden, bei dem der Werbetreibende anbietet, den Zuschauer von dem Entgelt für die jeweilige Sendung zu befreien, wenn er sich die Werbung des Sponsors ansieht[180]. Ob und wie sich tatsächlich spezifische Werbeformen im digitalen Fernsehen entwickeln und etablieren werden, ist derzeit noch nicht abzusehen. Spezielle interaktive Werbespots sind bisher kaum produziert worden[181].

Ein im Zusammenhang mit der Digitalisierung häufig verwendeter Begriff ist die *Konvergenz*. Konvergenz der Medien bezeichnet die Überwindung der technischen Grenzen zwischen den Medien des Rundfunks und der Telekommunikation; letzteres auch das Internet einschließend[182]. Fernsehsignale werden herkömmlich über das sogenannte Breitbandkabel, Telekommunikationssignale über schmalbandige Kabel verbreitet. Die Übertragungswege und die Empfangsgeräte für die verschiedenen Kommunikationsformen werden mit Hilfe der digitalen Technik vereinheitlicht (technische Konvergenz)[183]. So können beispielsweise Fernsehprogramme über den PC empfangen und das Internet über das Fernsehgerät bedient werden. Ob die Konvergenz auch in inhaltlicher Hinsicht zu einer vollständigen Verschmelzung der Angebote führt, wird unterschiedlich beurteilt[184]. Jedenfalls dürften in den nächsten Jahren die Rundfunk- und Telekommunikationsangebote in der bisherigen Form bestehen bleiben[185]. Die Grenzen werden aber mehr und mehr verwischen[186].

Die Europäische Gemeinschaft hat sich des Themas der Konvergenz mit einem Grünbuch angenommen, das einen Aktionsplan der Mitgliedstaaten vorbereiten soll[187]. Es beschreibt den Begriff und das Phänomen der Konvergenz, stellt die Problemfelder wie Netzzugang, Preisbildung oder Zusammenschaltung dar und soll die Diskussion für einen Ordnungsrahmen in Gang setzen[188]. Bisher sind daraus allerdings noch keine konkreten Richtlinien- oder Verordnungsvorschläge entstanden.

---

[178] ZAW-Jahrbuch, Werbung in Deutschland 1997, S. 242; Volpers u.a., Trennung von Werbung und Programm, S. 103.
[179] Volpers u.a., Trennung von Werbung und Programm, S. 98.
[180] Volpers u.a., Trennung von Werbung und Programm, S. 100.
[181] Volpers u.a., Trennung von Werbung und Programm, S. 99 f.
[182] Knothe, K&R 1998, S. 95 ff. (97).
[183] Knothe, K&R 1998, S. 95 ff. (97); Scheja, CR 1998, S. 358 ff. (359).
[184] Volpers u.a., Trennung von Werbung und Programm, S. 32.
[185] So auch Flechsig, CR 1999, S. 327 ff. (327); Hesse, Rundfunkrecht, S. 277.
[186] Vgl. Lecheler, Jura 1998, S. 225 ff. (227).
[187] EG-Grünbuch zur Konvergenz der Branchen Telekommunikation, Medien und Informationstechnologie vom 3.12.1997, KOM 97, 623. Siehe dazu Scheja, CR 1998, S. 358 ff. (358).
[188] Vgl. Schmittmann/Stolz, AfP 1998, S. 40 ff. (43).

Die Einführung des digitalen Fernsehens hat derzeit noch keine direkten Auswirkungen auf die Entwicklung der Fernsehwerbung. Durch die Digitalisierung wird eine Aufweichung der bisherigen Trennung der verschiedenen Medien, insbesondere der Grenze zwischen Individual- und Massenkommunikation (mit) bedingt. Das Beispiel Split-Screening zeigt, wie eine Werbeform, die zunächst im Internet entstanden ist und an die die Internetnutzer sich gewöhnt haben[189], für das Fernsehen weiterentwickelt wird. Diese Entwicklungen sollte bei der Beurteilung neuer Werbeformen im Fernsehen berücksichtigt werden, indem die Werbung im Rundfunk nicht unnötig, also über den Grundsatz der Trennung von Werbung und Programm hinaus, strengeren Bestimmungen als in anderen Kommuniktionsformen unterstellt wird. *Holznagel* betont zu Recht, daß durch die Einführung digitaler Techniken „eine Reihe von Rechtfertigungen für traditionelle Werbebeschränkungen" entfallen. Auch die „allgemeinen Zeitgrenzen, die dem Schutz des klassischen Vollprogramms vor ‚allzuviel' Werbung dienen", seien in einer Rundfunklandschaft, die von einer Vielzahl von Themen- und Spartenkanälen dominiert wird, nicht mehr zeitgemäß[190]. Gleichzeitig haben die Verbraucher im Umgang mit den neuen Kommunikationsformen, die weniger strengen Werberestriktionen unterliegen, eine größere Autonomie gegenüber der Werbung erlangt, so daß ein niedrigeres Schutzniveau im Bereich der Rundfunkwerbung gerechtfertigt sein könnte[191].

4. Die Verbindung von Fernsehen und Internet

Während eine vollständige inhaltliche Verschmelzung von Fernsehen und Internet jedenfalls in den nächsten Jahren nicht zu erwarten ist, läßt sich dennoch schon eine enge Kopplung der beiden Medien beobachten. Immer mehr Rundfunkveranstalter nutzen die Möglichkeiten des Internets, indem auf der jeweiligen Homepage im Internet ein komplettes Begleitangebot präsentiert wird[192]. Die Online-Angebote enthalten in der Regel allgemeine Informationen zu den Institutionen und Programmen, Service und Merchandising, Audio- und live-Audio Bereiche sowie Möglichkeiten der Interaktion[193]. Teilweise können auch vollständige Sendungen oder Programme abgerufen oder live empfangen werden[194]. Ein aktuelles Beispiel ist die Sendung „Big Brother" von RTL II, bei der im Internet rund um die Uhr das Geschehen in dem Wohncontainer live beobachtet werden konnte. Die ARD überträgt z. B. die *Tagesschau* und die *Tagesthemen* im Internet und das ZDF bietet über *ZDF.online* Hintergrundinformationen zu bestimm-

---

[189] Im Internet ist die sogenannte Bannerwerbung weit verbeitet.

[190] Vgl. Holznagel, Rundfunkrecht in Europa, S. 376.

[191] Ricker, AfP 1997, S. 589 ff. (598). Siehe auch Hofsümmer/Horn, MP 1999, S. 446 ff., die von einer größeren Souveränität im Umgang der Bevölkerung mit Werbung sprechen.

[192] Schröter/Ewald, MP 1996, S. 478 ff. (478). Ein Vorläufer der Online-Diensten im Internet war der Bildschirmtext (Datex-J), der 1984 von der Bundespost gestartet wurde, vgl. Schröter/Ewald, MP 1996, S. 478 ff. (478).

[193] Schröter/Ewald, MP 1996, S. 478 ff. (479).

[194] Volpers u.a., Trennung von Werbung und Programm, S. 38; Engel-Flechsig/Maennel/Tettenborn, NJW 1997,S. 2981 ff. (2983); Das Programm des Nachrichtensenders n-tv beispielsweise wird zeitgleich mit der Rundfunkausstrahlung über das Internet gesendet.

ten Sendungen, Chat-rooms und Produkte aus dem ZDF-Shop an[195]. Eine Zeitlang hat das ZDF einen rein werbefinanzierten Nachrichtendienst im Internet (*heute.online*) angeboten[196]. Die Betätigung der öffentlich-rechtlichen Rundfunkanstalten in einem nicht dem klassischen Rundfunk zuzurechnenden Medium hat die Frage nach deren Zulässigkeit im Hinblick auf die gesetzliche Aufgabenzuweisung und den Funktionsauftrag der Rundfunkanstalten aufgeworfen[197]. Mittlerweile wurde der Streit durch die Unterzeichnung des 4. RÄndStV entschärft[198]. Nach der neuen Regelung dürfen ARD, ZDF und das Deutschlandradio Online-Dienste nur mit programmbezogenen Inhalten und ohne Werbung und Sponsoring veranstalten[199]. Den öffentlich-rechtlichen Rundfunkanstalten ist damit das Medium Internet für Werbezwecke verschlossen.

Für die privaten Rundfunkveranstalter stellt das Internet einen interessanten neuen Werbemarkt dar[200]. In diesem Zusammenhang taucht die Frage auf, ob Internetseiten, die von Rundfunkveranstaltern gestaltet und ins Netz gestellt werden, den gleichen Regeln unterliegen, wie Rundfunkprogramme und ob die Werbung im Internet den Anforderungen des RStV entsprechen muß[201]. Das Problem wird deutlich, wenn man sich die im Internet übliche Bannerwerbung vor Augen hält: es handelt sich dabei um kleine Ausschnitte im Bild, die mit Werbung belegt werden, eine Werbeform die also stark dem Split-Screening ähnelt[202]. Nach der bisher wohl herrschenden Meinung unterfallen Internetangebote der Rundfunkveranstalter nicht dem Rundfunkbegriff und somit nicht den Werberegeln des RStV[203]. Es fragt sich aber, warum Fernsehzuschauer mehr Schutz vor Werbung als Internetnutzer benötigen sollen. Besonders problematisch wird die Abgrenzung, wenn das Internet auch über das Fernsehgerät und das Fernsehprogramm über den PC empfangen werden kann.

Ein weiterer Schritt auf dem Weg der Verschmelzung von Fernsehen und Computer ist das sogenannte WebTV. Es handelt sich dabei um einen Online-Dienst

---

195 Kreile/Neuenhahn, K&R 1998, S. 41 ff. (41); Holznagel/Daufeldt, CR 1998, S. 151 ff. (151).

196 Volpers u.a., Trennung von Werbung und Programm, S. 38; Ricker, AfP 1998, S. 437 ff. (442). Eine ausführliche Darstellung der Online-Angebote der Rundfunkveranstalter bei Schröter/Ewald, MP 1996, S. 478 ff.

197 Kreile/Neuenhahn, K&R 1998, S. 41 ff. (45).

198 Im Zusammenhang mit den Online-Diensten der öffentlich-rechtlichen Rundfunkanstalten ist die Forderung aufgetreten, Computer mit Internet-Anschluß, mit denen die Online-Dienste der ARD und des ZDF empfangen werden können, der Rundfunkgebührenpflicht zu unterwerfen. Die Ministerpräsidenten haben sich aber im neuen Rundfunkstaatsvertrag darauf verständigt, bis zum 31. Dezember 2003 vorläufig keine Gebühr auf internetfähige Computer zu erheben (Art. 5a des Vierten Rundfunkänderungsstaatsvertrages), vgl. Kreile/Neuenhahn, K&R 1998, S. 41 ff. (47), m.w.N.

199 Art. 4 des Vierten Rundfunkänderungsstaatsvertrages. Mit dem Werbeverbot in Online-Diensten korrespondiert das Verbot der Werbung in den Videotext-Angeboten bei ARD und ZDF, auf das sich die Länder mit Beschluß vom 19.5.2000 geeinigt haben, vgl. epd medien Nr. 41 vom 24.5.2000.

200 Volpers u.a., Trennung von Werbung und Programm, S. 102.

201 Zu den Erscheinungsformen und den Rechtsfragen der Werbung im Internet siehe Gummig, ZUM 1996, S. 573 ff.

202 Vgl. zur Gestaltung und Wahrnehmung von Internetwerbung, Gleich, MP 1998, S. 367.

203 Gummig, ZUM 1996, S. 573 ff. (579).

mit Internetzugang, bei dem nicht der PC sondern das Fernsehgerät als Endgerät genutzt wird. WebTV-Angebote sind vor allem auf Haushalte ausgerichtet, die nicht mit PC und Internet-Zugang ausgestattet sind. Computerunerfahrenen Nutzern soll auf diese Weise die Nutzung des Internet ermöglicht werden[204]. In Deutschland wird seit 1998 von der Telekom zusammen mit der Firma Microsoft ein Pilotprojekt zum WebTV durchgeführt. Als problematisch haben sich hierbei in Deutschland die Telefongebühren herausgestellt, die durch die notwendige Verbindung mit dem lokalen Server entstehen, während in den USA die Kosten für Ortsgespräche in der Regel mit den Grundgebühren abgegolten werden. Daher ist eine kurzfristige Markteinführung aufgrund der Kosten in der Bundesrepublik derzeit nicht zu erwarten[205].

IV. Zusammenfassung

Aufgrund der Bedeutung des Rundfunks für die Meinungsvielfalt unterliegt das Rundfunkwesen in der Bundesrepublik seit jeher einer strengen Regulierung. Das gilt besonders für die Fernsehwerbung, die als Finanzierungsmittel für den privaten aber auch für den öffentlich-rechtlichen Rundfunk große Bedeutung hat. Trotz anfänglicher Widerstände konnte sich die Fernsehwerbung in den sechziger Jahren etablieren und ist durch das Auftreten der privaten Rundfunkveranstalter seit Mitte der achtziger Jahre ein nicht wegzudenkender Bestandteil der meisten Programme.

Neben der traditionellen Spotwerbung und dem Sponsoring sind andere Werbeformen, wie z.B. das Teleshopping, Titelsponsoring oder Productplacement entstanden. Der starke Werbedruck regt die Phantasie der Werbetreibenden und der Rundfunkveranstalter ständig zur Entwicklung neuer Formen der Fernsehwerbung an. Diese Werbemethoden bewegen sich oft zumindest an der Grenze des nach dem Rundfunkstaatsvertrag Zulässigen. Der Rundfunkgesetzgeber sieht sich gezwungen, auf diese neuen Erscheinungen zu reagieren. Ehemals neue Werbeformen wie Sponsoring und Teleshopping sind vom Gesetzgeber akzeptiert worden und gehören inzwischen zum Fernsehalltag.

Die bis vor kurzem in Deutschland unbekannten Werbeformen der virtuellen Werbung und des Split-Screening haben die Problematik des Umgangs mit dem Grundsatz der Trennung von Werbung und Programm in der heutigen Fernsehrealität erneut in die Diskussion gebracht, da virtuelle Werbung und Split-Screening den Trennungsgrundsatz besonders stark strapazieren. Virtuelle Werbung ist eine auf neuen digitalen Bildbearbeitungstechniken basierende Werbeform, die vor allem im Bereich der Übertragung von Sportveranstaltungen im Fernsehen interessant ist. Ihre Besonderheit liegt darin, daß die nachträgliche Veränderung des Bildes zu Werbezwecken dem Fernsehzuschauer verborgen bleibt. Vielmehr entsteht der Eindruck einer real vorhandenen Werbung. Beim Split-Screening

---

[204] Einsatzbereite WebTV-Angebote gibt es bisher fast nur in den USA, wo Microsoft das bekannteste WebTV-Projekt "Microsofts WebTV" betreibt, vgl. Beckert/Kubicek, MP 1999, S. 128 ff. (136).

[205] Beckert/Kubicek, MP 1999, S. 128 ff. (138).

wird der Bildschirm geteilt und ein Teil zu Werbezwecken verwendet. Man kann zwei Grundformen unterscheiden: Split-Screening im Werbeblock, bei dem während herkömmlicher Werbespots das Programm in einem Bildschirmfenster zu sehen ist, und Split-Screening im Programm, bei dem z.B. ein Laufband mit Werbung während einer redaktionellen Sendung gezeigt wird. Die Neuheit des Split-Screening ist die Gleichzeitigkeit von Werbung und Programm. Im 4. RStV wurden Regelungen für diese beiden Werbemethoden eingeführt.

In den letzten Jahren sind viele neue Programmanbieter an den Markt gegangen, wodurch sich der Wettbewerb um die Zuschauer verschärft hat. Gleichzeitig wird im Programm- und besonders im Sportrechtemarkt um attraktive Sendebestandteile gerungen, mit der Folge, daß die Kosten für deren Erwerb stetig steigen und die Refinanzierung über die Werbeeinnahmen schwieriger wird. Die Digitalisierung des Fernsehens wird zu einer noch weiteren Ausdifferenzierung der Programme und möglicherweise auch zu neuen Werbeformen führen. Trotz dieser Entwicklung und der zunehmenden Bedeutung des Internets spielt aber das klassische Fernsehen derzeit unverändert eine wichtige Rolle in der Medienlandschaft.

2. Kapitel: Die Rundfunkwerberegeln im Rahmen der neuen Medienordnung

Die medienrechtliche Diskussion um virtuelle Werbung und Split-Screening und die Fragen, die der gesetzgeberische Kompromiß, der sich in den neuen Vorschriften niederschlägt, aufwirft, erschließen sich nur vor dem Hintergrund der medien- und verfassungsrechtlichen Grundlagen der Rundfunkwerbung. Im Folgenden werden daher der rechtliche Rahmen der Medienregulierung, die Regelungen zur Rundfunkwerbung im RStV mit Schwerpunkt auf den Neuerungen sowie die verfassungsrechtlichen Grundlagen dargestellt und erläutert.

I. Die Medienregulierung in der Bundesrepublik Deutschland

1. Die Regulierungskonzeption

Das Rundfunkwesen in der Bundesrepublik unterliegt seit der Entstehung des Rundfunks einer staatlichen Regulierung[206]. Auf die Anforderungen der neueren Entwicklungen in der Medienlandschaft hat der Gesetzgeber in den letzten Jahren mit einer neuen Regulierungsordnung reagiert. Während sich der Rundfunk früher durch die technische Art der Verbreitung von anderen Angeboten abgrenzen ließ, ist dieses Kriterium angesichts der fortschreitenden Digitalisierung nicht mehr zur Unterscheidung geeignet[207]. Die Medienregulierung unterscheidet daher heute drei Dienstekategorien in inhaltlicher Hinsicht: Rundfunk, Mediendienste und Teledienste.

Das Rundfunkrecht ist in den Landesrundfunk- und Landesmediengesetzen der einzelnen Bundesländer sowie dem bundesweit geltenden Rundfunkstaatsvertrag geregelt[208]. Die Veranstaltung von Rundfunk ist zulassungspflichtig und unterliegt vielerlei Anforderungen an den Inhalt (z.B. Jugend- und Persönlichkeitsschutz, Gewährleistung der Meinungsvielfalt). Im Jahre 1997 wurde das Rundfunkrecht durch den Mediendienstestaatsvertrag (MDStV) der Länder ergänzt[209]. Mediendienste sind wie der Rundfunk an die Allgemeinheit gerichtet, unterliegen aber weniger strengen inhaltlichen Anforderungen und sind nicht zulassungspflichtig. Schließlich hat der Bund mit dem Teledienstegesetz auch die indivi-

---

206 Vgl. Holznagel, ZUM 1999, S. 425 ff. (426). Die ersten deutschen Radio-Unterhaltungssendungen wurden 1923 ausgestrahlt. Während der Weimarer Republik stand das Rundfunkwesen unter der Aufsicht der Reichspost. Die Nationalsozialisten nutzten den Rundfunk von Anfang an als Propagandainstrument und stellten ihn vollständig unter staatliche Kontrolle. Nach dem Zweiten Weltkrieg wurde das Rundfunksystem in der Bundesrepublik unter Leitung der Alliierten mit der bis heute vorhandenen föderalen Struktur aufgebaut. Siehe zur Geschichte des Rundfunks Herrmann, Rundfunkrecht, S. 57 ff.; Hesse, Rundfunkrecht, S. 1 ff.; Vesting, Prozedurales Rundfunkrecht, S. 135 ff..

207 Vgl. Hochstein, NJW 1997, S. 2977 ff. ((2978); zum Rundfunkbegriff siehe auch Jarass, AfP 1998, S. 133 ff.; Hoffmann-Riem, AfP 1996, S. 9 ff.

208 Derzeit gilt der Staatsvertrag über den Rundfunk im vereinten Deutschland in der Fassung des Fünften Rundfunkänderungsstaatsvertrages, in Kraft getreten am 01.01.2001, abgedruckt bei Hartstein u.a., Rundfunkstaatsvertrag, A 1.

209 Mediendienste-Staatsvertrag vom 1.8.1997, GVBl Berlin vom 1.7.1997, S. 361 ff., abgedruckt bei Ring, Medienrecht, G-II 1.01.

dualkommunikativen Dienste einer Regelung unterzogen, die im Vergleich zum Rundfunk und zu den Mediendiensten den niedrigsten Regulierungsanforderungen unterliegen[210].

Die Länder sind mangels Kompetenzzuweisung an den Bund gem. Art. 70 Abs. 1 GG für den Rundfunk und für die dem Rundfunk ähnlichen Mediendienste zuständig. Teledienste fallen dagegen als Individualkommunikationsmittel unter Art. 73 Nr. 7 GG, wonach dem Bund die ausschließliche Gesetzgebungszuständigkeit für Telekommunikation zusteht[211].

2. Der Rundfunkstaatsvertrag und die Landesmediengesetze

Die Rundfunklandschaft in der Bundesrepublik unterlag in den achtziger Jahren durch das Auftreten der Privatsender einem tiefgreifenden Wandel. Ab Mitte der achtziger Jahre verabschiedeten die Bundesländer Landesgesetze zur Zulassung privater Rundfunksender und schufen damit die Grundlage für das duale Rundfunksystem[212]. Die Landesrundfunkgesetze erwiesen sich bald als nicht ausreichend, um den neuen Aufgaben im Rundfunkbereich bundesweit gerecht werden zu können, so daß die Bundesländer im Jahr 1984 Verhandlungen über die Verabschiedung eines Rundfunkstaatsvertrages aufnahmen, der im April 1987 unterzeichnet wurde[213]. Den privaten Rundfunkprogrammen wurden darin einheitliche Mindestanforderungen zur Vielfaltssicherung, den Programmgrundsätzen, dem Jugendschutz und der Werbung auferlegt sowie Aufbau- und Fortentwicklungsmöglichkeiten zugesichert[214]. Zur Sicherung des öffentlich-rechtlichen Rundfunks wurde eine Bestands- und Entwicklungsgarantie aufgenommen und die Rundfunkgebühr als vorrangige Finanzierungsquelle bestätigt[215]. Die Werbung

---

[210] Vgl. Holznagel, ZUM 1999, S. 425 ff. (427). Das Teledienstegesetz gehört zum Informations- und Kommunikationsdienstegesetz des Bundes (IuKDG), vom 22.07.1997, BGBl. I S. 1870 ("Multimediagesetz"), abgedruckt bei Ring, Medienrecht, G-I 1.1. IuKDG ist eine Sammelbezeichnung für ein Gesetzespaket, das neben dem Teledienstegesetz das Signaturgesetz und das Teledienstedatenschutzgesetz enthält, zum IuKD siehe Engel-Flechsig/Maennel/Tettenborn, NJW 1997, S. 2981 ff.

[211] Engel-Flechsig/Maennel/Tettenborn, NJW 1997, S. 2981 ff. (2982); Kuch, ZUM 1997, S. 225 f. (228).

[212] Duales System bezeichnet das Nebeneinander von privatem und öffentlich-rechtlichem Rundfunk. Niedersachsen: Landesrundfunkgesetz vom 23.05.1984, GVBl. 1984, 147; Berlin: Kabelpilotprojektgesetz vom 17.07.1984, GVBl. 1984, 964; Bayern: Medienerprobungs- und -entwicklungsgesetz vom 22.11.1984, GVBl. 1984, 445; Schleswig-Holstein: Rundfunkgesetz vom 27.11.1984, GVBl. 1984, 214; Saarland: Rundfunkgesetz vom 28.11.1984, ABl. 1984, 1249; Rheinland-Pfalz: Versuchsgesetz vom 4.12.1980, GVBl. 1980, 229, GVBl. 1984, 241; Hamburg: Mediengesetz vom 3.12.1985, GVBl. 1985, 315; Baden-Württemberg: Landesmediengesetz vom 16.12.1985, GVBl. 1985, S. 533; Nordrhein-Westfalen: Landesrundfunkgesetz vom 19.12.1986, GVBl. 1987, 22; Hessen: Gesetz über den privaten Rundfunk in Hessen vom 30.11.1988, GVBl. 1988, 385; Bremen: Bremisches Landesmediengesetz vom 14.2.1989, GVBl. 1989, 77.

[213] "Staatsvertrag über die Neuordnung des Rundfunkwesens", vgl. Hesse, Rundfunkrecht, S. 32. Zu den Verhandlungen siehe Hartstein u.a., Rundfunkstaatsvertrag, B 1, Entstehungsgeschichte, Rn. 40 ff.

[214] Vgl. Präambel zum RStV 1987, Bayerisches Gesetz- und Verordnungsblatt 1987, S. 249 ff..

[215] Vgl. Präambel zum RStV 1987 sowie § 3 RStV 1987, Bayerisches Gesetz- und Verordnungsblatt 1987, S. 249 ff..

im öffentlich-rechtlichen Rundfunk wurde auf dem bis dahin erreichten Stand eingefroren[216].

Der Rundfunkstaatsvertrag von 1987 wurde durch den am 31. August 1991 unterzeichneten "Staatsvertrag über den Rundfunk im vereinten Deutschland" ersetzt und damit das einheitliche Rundfunkrecht auf die neuen Bundesländer ausgedehnt[217]. Gleichzeitig wurden die Vorgaben der EG-Fernsehrichtlinie[218] und des Fernseh-Übereinkommens des Europarates (FsÜ)[219] umgesetzt. Der Staatsvertrag von 1991 wurde im Jahre 1996 durch den Dritten Rundfunkänderungsstaatsvertrag geändert. Die Änderung war u.a. erforderlich, um Rechtsgrundlagen für die Ermittlung des Finanzbedarfs des öffentlich-rechtlichen Rundfunks sowie für zwei weitere öffentliche Spartensender zu schaffen[220]. Der RStV ist im Jahr 1999 durch den Vierten Rundfunkänderungsstaatsvertrag geändert worden, mit dem die Regelungen zur virtuellen Werbung und zum Split-Screening eingeführt worden sind[221]. Der Fünfte Rundfunkänderungsstaatsvertrag, der unter anderem ein Werbe- und Sponsoringverbot für Textdienste und Online-Angebote von ARD und ZDF enthält, ist seit 1.1.2001 in Kraft[222].

Der Anwendungsbereich des RStV umfaßt alle Angebote, die unter den Rundfunkbegriff fallen. Der verfassungsrechtliche Rundfunkbegriff ist durch die Rechtsprechung des BVerfG geprägt. Das BVerfG bezeichnet den Rundfunk als „Medium und Faktor" der individuellen und öffentlichen Meinungsbildung[223]. Die einfachgesetzliche Ausgestaltung des Rundfunkbegriffs in § 2 Abs. 1 RStV wird am Begriff der „Darbietung" festgemacht:

> *„Rundfunk ist die für die Allgemeinheit bestimmte Veranstaltung und Verbreitung von Darbietungen aller Art in Wort, in Ton und in Bild unter Benutzung elektromagnetischer Schwingungen ohne Verbindungsleitung oder längs oder mittels eines verschlüsselten Leiters. Der Begriff schließt Darbietungen ein, die verschlüsselt verbreitet werden oder gegen besonderes Entgelt empfangbar sind."*

Eine Darbietung in diesem Sinne liegt vor, wenn der Informationsgehalt eines elektronischen Angebots bestimmt und geeignet ist, die individuelle oder öffent-

216 Vgl. Hesse, Rundfunkrecht, S. 32 f. ARD (Das Erste) und ZDF durften (und dürfen bis heute) nur werktags bis 20 Uhr und höchstens 20 Minuten täglich Werbung ausstrahlen, vgl. § 15 RStV.

217 In dem Artikel-Staatsvertrag waren der Rundfunkstaatsvertrag, ARD- und ZDF-Staatsvertrag, Rundfunkgebühren-, Rundfunkfinanzierungs und der Bildschirmtextstaatsvertrag zusammengefaßt.

218 EG-Richtlinie zur Koordinierung bestimmter Rechts- und Verwaltungsvorschriften der Mitgliedstaaten über die Ausübung der Fernsehtätigkeit, abgedruckt in Europäisches Medien- und Telekommunikationsrecht, 1998, S. 63 ff. Zur Richtlinie im Einzelnen siehe 4. Kapitel Ziff. I.1.

219 Europäisches Übereinkommen über das grenzüberschreitende Fernsehen vom 5.5.1989, abgedruckt in Europäisches Medienrecht S. 441 ff. Zum FsÜ siehe auch 4. Kapitel Ziff. II.1.

220 Begründung zu Art. 1 des 3. RÄndStV, abgedruckt bei Hartstein u.a., Rundfunkstaatsvertrag, A 2.1.

221 Der 4. RStV ist seit 1.4.2000 in Kraft. Zur Reform des RStV durch den Vierten Rundfunkänderungsstaatsvertrag siehe unten Ziff. III.

222 § 4 Abs. 1 S. 2 ARD-Staatsvertrag, § 4 Abs. 1 S. 2 ZDF-Staatsvertrag.

223 BVerfGE 12, S. 205, 260-„Fernsehurteil"-.

liche Meinungsbildung zu beeinflussen[224]. Die Abgrenzung von Rundfunk und anderen Kommunikationsdiensten kann trotz vieler Definitionsversuche des Rundfunkbegriffs in Literatur und Rechtsprechung Schwierigkeiten aufwerfen[225].

Der RStV enthält eine Vielzahl von Regelungen über die Werbung in Hörfunk und Fernsehen betreffend die Inhalte, die Kennzeichnung, die Einfügung von Werbung in Sendungen sowie die Werbezeitbeschränkungen (§§ 7, 8, 14, 15, 44, 45, 45a, 45b RStV). Die Neufassung des RStV im Jahr 2000 hat sich besonders im Bereich der Werberegeln ausgewirkt. Einige Vorschriften sind gelockert und neue Bestimmungen, unter anderem zur virtuellen Werbung und zum Split-Screening, eingefügt worden.

Als landesrechtliche Regelungen stehen sich die Landesrundfunk-/Landesmediengesetze und der RStV grundsätzlich gleichrangig gegenüber. Nach § 1 Abs. 2 RStV verdrängt der RStV früheres entgegenstehendes (Landes-)Recht. Soweit keine anders lautenden Regelungen im RStV bestehen, gilt das Landesrecht dagegen fort[226]. Die landesgesetzlichen Bestimmungen kommen also nur zur Anwendung, soweit der RStV keine eigenen Bestimmungen enthält[227]. Nahezu alle Landesmedien- und Landesrundfunkgesetze enthalten Regelungen für die Werbung, die mit den Formulierungen im RStV weitgehend identisch sind, so daß es derzeit nicht zu Kollisionen kommt[228]. Der RStV regelt darüber hinaus die Fragen der Rundfunkwerbung erschöpfend, so daß ein Rückgriff auf die Landesgesetze nicht erforderlich ist[229].

3. Der Mediendienstestaatsvertrag

Zweck des Mediendienstestaatsvertrages (MDStV) ist es, einheitliche Rahmenbedingungen für elektronische, rundfunkähnliche Kommunikations- und Informationsdienste aufzustellen[230]. Mediendienste werden zwar wie Rundfunk verbreitet, ihnen fehlt aber das Element der Darbietung, bzw. bei Textdiensten die Suggestivkraft der bewegten Bilder. Sie haben daher eine geringere Relevanz für

---

224 Vgl. Hoffmann-Riem, AfP 1996, S. 9 ff. (11) sowie Erstes Strukturpapier über die Zuständigkeit der Landesmedienanstalten im Grenzbereich zwischen Rundfunk und Mediendiensten und die Unterscheidung von Rundfunk und Mediendiensten vom 16. Dezember 1997, abgedruckt bei Hartstein u.a., Rundfunkstaatsvertrag, § 2 Rn. 9.

225 Zum Rundfunkbegriff siehe Engel-Flechsig/Maennel/Tettenborn, NJW 1997, S. 2981 ff. (2983 f.); Hochstein, NJW 1997, S. 2977 ff.; Kuch, ZUM 1997, S. 225 ff. (225 ff.); Hoffmann-Riem, AfP 1996, S. 9 ff.

226 Nimmt ein Bundesland Änderungen an den Landesgesetzen vor, die im Widerspruch zu der staatsvertraglichen Regelung stehen, stellt dies eine Verletzung des RStV dar und löst Ansprüche der übrigen Länder aus, Hartstein u.a., Rundfunkstaatsvertrag, § 1 Rn. 12.

227 Vgl. Lecheler, Jura 1998, S. 225 ff. (229).

228 Zum Beispiel Landesmediengesetz Baden-Württemberg §§ 14,33-36; Bayerisches Mediengesetz Art. 8 und 9; Staatsvertrag Berlin-Brandenburg §§ 50-53; Hessisches Privatfunkgesetz §§ 32-35, Hamburgisches Mediengesetz §§ 20, 21; Niedersächsisches Landesrundfunkgesetz §§ 32-34; Rundfunkgesetz für das Land Nordrhein-Westfalen §§ 22-22c; Landesrundfunkgesetz Rheinland-Pfalz §§ 26-29; Rundfunkgesetz Saarland §§ 15, 16, 42, 43, 56, 57; Rundfunkgesetz Schleswig-Holstein §§ 43-46.

229 Vgl. Köhler, Rundfunkwerberecht, S. 44; Volpers u.a., Trennung von Werbung und Programm, S. 114.

230 Vgl. Art. 1, 23 Abs. 3 MDStV; Hochstein, NJW 1997, S. 2977 ff. (2978).

die Meinungsbildung, weshalb sie dem Rundfunkrecht entzogen und dem MDStV mit seiner geringeren Regelungsdichte unterstellt worden sind[231]. Der Anwendungsbereich des MDStV erstreckt sich gemäß § 2 Abs. 1 auf:

> *„das Angebot und die Nutzung von an die Allgemeinheit gerichteten Informations- und Kommunikationsdiensten (Mediendienste) in Text, Ton oder Bild, die unter Benutzung elektromagnetischer Schwingungen ohne Verbindungsleitung oder längs oder mittels eines Leiters verbreitet werden."*

§ 2 Abs. 2 MDStV listet die einzelnen Dienste auf, die in seinen Anwendungsbereich fallen. Das sind nach Ziff. 1 bis 3 zum einen sogenannte *Verteildienste*, die nach der Art ihrer Verbreitung Fernsehen sind (Fernseheinkauf, Datendienste und Textdienste)[232]. Nach § 2 Abs. 2 Ziff. 4 fallen auch sogenannte *Abrufdienste* in den Anwendungsbereich des MDStV. Dazu gehören Angebote wie Video-on-demand oder Near-video-on-demand, sowie Online-Angebote (Internetseiten), wenn sie an die Allgemeinheit gerichtet sind[233]. Ausdrücklich ausgenommen sind Dienste, bei denen der individualkommunikative Charakter oder die Übermittlung von Dateninformationen im Vordergrund steht, sowie Telespiele[234].

Die Veranstaltung von Mediendiensten ist grundsätzlich zulassungsfrei. Stellt sich heraus, daß ein Mediendienst inhaltlich dem Rundfunk zuzuordnen ist, muß der Anbieter entweder einen Zulassungsantrag stellen oder das Angebot inhaltlich auf die zulässigen Inhalte eines Mediendienstes beschränken, § 20 Abs. 2 S. 2 RStV[235].

Der Mediendienstestaatsvertrag enthält in § 9 MDStV Regelungen zu den Bereichen Werbung und Sponsoring, wonach in inhaltlicher Hinsicht (Jugendschutz, Schleichwerbeverbot, Trennungsgebot) im wesentlichen dieselben Anforderungen wie für die Rundfunkwerbung gelten. Im Unterschied zum RStV enthält der Mediendienstestaatsvertrag jedoch keine Zeitgrenzen und keine Vorschriften über die Plazierung von Werbung. Für das Sponsoring bei Fernsehtext wird in § 9 Abs. 3 MDStV auf die Regelung im RStV verwiesen[236].

4. Das Teledienstegesetz

Unter Telediensten versteht man Dienste der Individualkommunikation (Datendienste) mit publizistisch nicht relevanten Inhalten[237]. Nach der Definition in

---

[231] Vgl. Holznagel, ZUM 1999, S. 425 ff. (427); Kuch, ZUM 1997, S. 225 ff. (228 f.); Begründung zum MDStV zu § 2, abgedruckt bei Ring, Medienrecht, G-II 1.300.

[232] Ein solcher Verteildienst ist beispielsweise der Teleshoppingsender H.O.T.

[233] Vgl. Kuch, ZUM 1997, S. 225 ff. (229). Beim Video-on-demand können Filme individuell abgerufen und gespeichert, beim Near-video-on-demand aus einer Programmschleife ausgewählt werden.

[234] Kreile/Neuenhahn, K&R 1998, S. 41 ff. (45).

[235] Da die Abgrenzung zum Rundfunk im Einzelfall schwierig sein kann, kann sich der Anbieter nach § 20 Abs. 2 S. 3 RStV von der zuständigen Landesmedienanstalt eine Unbedenklichkeitsbescheinigung ausstellen lassen.

[236] Sponsoring im ARD/ZDF-Fernsehtext soll nach dem Entwurf des 5. RÄndStV verboten werden.

[237] Hochstein, NJW 1997, S. 2977 ff. (2979).

§ 2 Abs. 1 TDG sind Teledienste alle elektronischen Informations- und Kommunikationsdienste, die

> *„für eine individuelle Nutzung von kombinierbaren Daten wie Zeichen, Bilder oder Töne bestimmt sind und denen eine Übermittlung mittels Telekommunikation zugrunde liegt".*

Telediensten fehlt das für Mediendienste und Rundfunkangebote charakteristische Merkmal der Ausrichtung an die Allgemeinheit[238]. Im Gegensatz zum Rundfunk sind Teledienste individuell, autonom und interaktiv gestaltete Abrufangebote, die durch stückweise Verbreitung von Informationen gekennzeichnet sind[239].

Als Teledienste einzuordnen sind zum Beispiel das Telebanking, die Übertragung von Verkehrs-, Wetter-, und Börsendaten, Informationen über Waren- und Dienstleistungsangebote (z.B. elektronische Bestell- und Buchungsdienste) oder Telespiele[240]. Die bundesgesetzliche Regelung beschränkt sich im wesentlichen auf die Normierung der Zulassungs- und Anmeldefreiheit (§ 4 TDG), die Impressumspflicht (§ 6 TDG) und den Daten- und Jugendschutz (Art. 2 und 6 IuKD[241]). Das TDG enthält im Unterschied zu den relevanten Regelungen zum Rundfunk und zu den Mediendiensten keine Regelung über die Werbung.

II. Allgemeines zum Rundfunkwerberecht

1. Die Reform des Rundfunkstaatsvertrages

Der RStV wurde aus Anlaß der Änderung der EG-Fernsehrichtlinie, deren Umsetzungsfrist bereits Ende 1998 abgelaufen war, geändert[242]. Aufgrund erheblicher Meinungsverschiedenheiten bei den Verhandlungen kam es erst im April 1999 zu einer Einigung auf die endgültige Fassung des Vierten Rundfunkänderungsstaatsvertrages. Besonders die Fragen des Jugendschutzes, die Lockerung der Werberegeln und die Ermächtigungsgrundlage für digitale Angebote von ARD und ZDF waren Gegenstand heftiger medienpolitischer Diskussionen[243]. Im Bereich der Werbung waren neben der Anerkennung des Bruttoprinzips und der Lockerung der Abstandsregelung die hier in erster Linie interessierenden Regelungen zur Zulassung von virtueller Werbung und Split-Screening in § 7 RStV umstritten[244]. Der 4. RStV ist am 1. April 2000 in Kraft getreten[245].

In der novellierten Fernsehrichtlinie wird das Teleshopping als besondere Werbeform anerkannt, eine Kennzeichnungspflicht für jugendgefährdende Sendungen

---

238 Vgl. Holznagel, ZUM 1999, S. 425 ff. (427).

239 Engel-Flechsig/Maennel/Tettenborn, NJW 1997, S. 2981 ff. (2983).

240 § 2 Abs. 2 TDG; vgl. Hochstein, NJW 1997, S. 2977 ff. (2979).

241 Informations- und Kommunikationsdienestegesetz des Bundes vgl. oben Ziff. I.1., Fn. 5.

242 Richtlinie 97/36/EG vom 30.7.1997 zur Änderung der Richtlinie 89/552/EWG, abgedruckt in: Europäisches Medien- und Telekommunikationsrecht, S. 41; vgl. Begründung zum 4. RÄndStV, unter „Allgemeines", abgedruckt bei Hartstein u.a., Rundfunkstaatsvertrag, A.2.2.

243 Ring, ZUM 2000, S. 177 ff. (177); Dörr/Eckl, NJW 1999, S. 1925 ff. (1933).

244 Siehe Herkströter, Media Perspektiven 1998, S. 106 ff. (106).

245 Im Folgenden beziehen sich die mit RStV gekennzeichneten Vorschriften auf die Fassung des Vierten Rundfunkstaatsvertrages. Soweit sich die Ausführungen auf die alte Fassung beziehen, wird dies mit dem Zusatz „1996" deutlich gemacht.

eingeführt und die Ausstrahlung von Großereignissen im frei empfangbaren Fernsehen geregelt. Neben der Umsetzung dieser Vorgaben enthält der 4. RStV Regelungen über eine Verbesserung des Jugendschutzes, die Belegung von Kabelnetzen mit digitalen Programmen, Ergänzungen zu den Regelungen über den diskriminierungsfreien Zugang zu Decodern und Navigatoren, digitale Programmermächtigungen für den öffentlich-rechtlichen Rundfunk sowie die Regelungen zu virtueller Werbung und Split-Screening als neuen Werbeformen[246].

Die bisherige Konzeption der Werberegeln ist im 4. RStV beibehalten worden: im Ersten Abschnitt befinden sich die grundlegenden Vorschriften zu den Werbeinhalten (§ 7) und zum Sponsoring (§ 8), die sowohl für den öffentlich-rechtlichen als auch für den privaten Rundfunk gelten. Der Zweite Abschnitt enthält die besonderen Regeln für den öffentlich-rechtlichen Rundfunk, darunter in §§ 14 und 15 die Bestimmungen zur Dauer und Einfügung der Werbung. Die Vorschriften zu den Werbezeiten für den privaten Rundfunk befinden sich im Dritten Abschnitt (§§ 44, 45 RStV). Gemäß § 49 RStV werden Verstöße privater Rundfunkveranstalter gegen bestimmte Werbevorschriften als Ordnungswidrigkeiten geahndet.

2. Die Anpassung der Werberichtlinien

§§ 16 und 46 RStV ermächtigen ARD und ZDF sowie die für die privaten Rundfunkveranstalter zuständigen Landesmedienanstalten zum Erlaß von Richtlinien zur Durchführung einzelner staatsvertraglicher Vorschriften, insbesondere den Vorschriften über die Werbung und das Sponsoring[247]. Damit soll der Gefahr einer uneinheitlichen Anwendung der Werberegeln begegnet werden[248]. Die Werberichtlinien orientieren sich am Wortlaut der einschlägigen Vorschrift des RStV und konkretisieren bzw. erläutern die jeweilige Regelung unter Berücksichtigung der Verwaltungspraxis und der Rechtsprechung[249]. ARD, ZDF und die Landesmedienanstalten sind verpflichtet, die Richtlinien inhaltlich möglichst aufeinander abzustimmen[250].

Die Richtlinien der öffentlich-rechtlichen Rundfunkanstalten dienen der Auslegung der gesetzlichen Bestimmungen und darüber hinaus der Regelung von

---

[246] Ring, ZUM 2000, S. 177 ff. (177); Kreile, ZUM 2000, S. 194 ff. (194); siehe zu den Änderungen aus der Sicht des öffentlich-rechtlichen Rundfunks Hesse, ZUM 2000, S. 183 ff.

[247] Richtlinien der ARD für die Werbung, zur Durchführung von Trennung von Werbung und Programm und für das Sponsoring vom 24.6.1992 in der Neufassung vom 27.6.1995; ZDF-Richtlinien für Werbung und Sponsoring vom 19. März 1993 in der Fassung vom 7. Oktober 1994; Gemeinsame Richtlinien der Landesmedienanstalten für die Werbung, zur Durchführung der Trennung von Werbung und Programm und für das Sponsoring vom 26.1.1993 in der Neufassung vom 10.2.2000, abgedruckt bei Hartstein u.a., Rundfunkstaatsvertrag, § 7 Rn. 100, 101, 102.

[248] Vgl. Engels, Fernsehwerbung für Kinder, S. 200. Die Richtlinien der Landesmedienanstalten werden in der Arbeitsgemeinschaft der Landesmedienanstalten (ALM) beschlossen und in der Direktorenkonferenz der Landesmedienanstalten (DLM) ausgearbeitet und verabschiedet.

[249] Vgl. Präambel zu den Gemeinsamen Richtlinien der Landesmedienanstalten.

[250] Hartstein u.a., Rundfunkstaatsvertrag, § 16 Rn. 3; Engels, Fernsehwerbung für Kinder, S. 201.

Vorschriften zur Programmgestaltung mit Weisungscharakter gegenüber den Mitarbeitern[251]. Diese Befugnis ist Ausfluß des Selbstverwaltungsrechts der Anstalten und des Rechts der zuständigen Organe, die Programmgestaltung inhaltlich zu bestimmen (Intendantenprinzip)[252].

Die Richtlinien der Landesmedienanstalten (DLM-Richtlinien) dürfen dagegen nur den Vollzug und die Gesetzesanwendung regeln[253]. Die Bindungswirkung und Rechtsnatur der DLM-Richtlinien ist im einzelnen umstritten[254]. Jedenfalls entfalten die Richtlinien Außenwirkung, wenn sich die Landesmedienanstalten durch ihre Verwaltungspraxis gegenüber den Rundfunkveranstaltern selbst binden[255].

Ebenfalls umstritten ist die Frage der verwaltungsgerichtlichen Überprüfbarkeit der Richtlinien. Nach *Hartstein u.a.* unterliegen die Richtlinien der vollen gerichtlichen Überprüfbarkeit[256]. Nach *Herkströter* ist die gerichtliche Kontrolle auf die Prüfung von Beurteilungsfehlern beschränkt[257]. Überzeugend differenziert dagegen *Engels* zwischen „ausgestaltungsnachvollziehenden Ausformungen und Konkretisierungen des Gesetzestextes der Werberegelungen", für die den Landesmedienanstalten ein gerichtsfreier Beurteilungsspielraum zustehe und dem Bereich der schrankensetzenden Bestimmungen, die wegen ihrer Grundrechtsrelevanz weitgehend überprüfbar seien[258]. Einigkeit besteht darüber, daß die Werberichtlinien die gesetzlich erlaubten Werbemöglichkeiten nicht erweitern können. Eine „zusätzliche Einschränkung des grundsätzlichen Werbeverbots" ist aufgrund des Gesetzesvorbehalts für Vorschriften, die für die Rundfunkfreiheit wesentlich sind, nicht zulässig[259].

Die Gemeinsamen Richtlinien der Landesmedienanstalten in der Fassung vom 16.12.1997 sind nach der Novellierung des RStV geändert worden und im Juni 2000 in Kraft getreten. Neben den Durchführungsbestimmungen zu den geänderten Werberegeln des RStV enthalten die Richtlinien erstmals detaillierte Re-

---

[251] Engels, Fernsehwerbung für Kinder, S. 201; Hartstein u.a., Rundfunkstaatsvertrag, § 46 Rn. 2; BGH NJW 1992, S. 2089 ff. (2091).

[252] Engels, Fernsehwerbung für Kinder, S. 201; zum Weisungsrecht des Intendanten siehe Neft, Rundfunkwerbung, S. 19 f.

[253] Vgl. BGH NJW 1992, S. 2089 ff. (2091); Henning-Bodewig, ZUM 1997, S. 633 ff. (636); Bumke, Landesmedienanstalten, S. 419; Hartstein u.a., Rundfunkstaatsvertrag, § 7 Rn. 99.

[254] Umstritten ist, ob die Richtlinien „normausfüllenden" oder „normsetzenden" bzw. „normkonkretisierenden" oder „norminterpretierenden" Charakter haben. Siehe dazu Engels, Fernsehwerbung für Kinder, S. 205 f.; Henning-Bodewig, ZUM 1997, S. 633 ff. (636); Bumke, Landesmedienanstalten, S. 419.

[255] Engels, Fernsehwerbung für Kinder, S. 206; Hartstein u.a., Rundfunkstaatsvertrag, § 7 Rn. 99; VG Neustadt a.d. Weinstraße, ZUM 1992, S. 382 ff. (384).

[256] Hartstein u.a., Rundfunkstaatsvertrag, § 46 Rn. 2.

[257] Herkströter, ZUM 1992, S. 395 ff. (396 f.).

[258] Engels, Fernsehwerbung für Kinder, S. 208 f.

[259] BGH NJW 1992, S. 2089 ff. (2091); BGH ZUM 1993, S. 92 ff. (95); Hartstein u.a., Rundfunkstaatsvertrag, § 46 Rn. 2.

gelungen zum Titel- und Grafiksponsoring, Verlags-TV und Eigenwerbekanälen[260].

3. Der rundfunkrechtliche Werbebegriff

Eine Reihe von Reglementierungen des Rundfunkwerberechts knüpfen an den Begriff der Werbung an, so daß für die Beurteilung eines Sachverhalts Werbung und übriges Programm voneinander abgegrenzt werden müssen. Programm im engen Sinne liegt vor, wenn „der betreffende kommunikative Inhalt aufgrund eines unabhängigen und eigenverantwortlich verfolgten Interesses des Rundfunkveranstalters vermittelt wird, das aus der Rundfunkaufgabe legitimiert werden kann"[261]. Der Werbebegriff wird in § 2 Abs. 2 Nr. 4 RStV definiert:

„Werbung [ist] jede Äußerung bei der Ausübung eines Handels, Gewerbes, Handwerks oder freien Berufs, die im Rundfunk von einem öffentlich-rechtlichen oder privaten Veranstalter entweder gegen Entgelt oder eine ähnliche Gegenleistung oder als Eigenwerbung gesendet wird mit dem Ziel, den Absatz von Waren oder die Erbringung von Dienstleistungen, einschließlich unbeweglicher Sachen, Rechte und Verpflichtungen, gegen Entgelt zu fördern. § 7 Abs. 8 bleibt unberührt"

Werbung setzt also eine Äußerung bei der Ausübung einer gewerblichen Tätigkeit voraus, die im Rundfunk gesendet wird, um den Absatz von Waren oder Dienstleistungen zu fördern. Weitere Voraussetzung ist die Zahlung eines Entgelts oder einer sonstigen Leistung an den Rundfunkveranstalter, soweit es sich nicht um dessen eigene Werbung handelt[262]. Damit wurde der Werbebegriff der EG-Fernsehrichtlinie übernommen. Werbung im rundfunkrechtlichen Sinne ist demnach nur Wirtschaftswerbung, nicht die ideelle, nicht-wirtschaftliche Werbung[263]. In der Praxis kommt der Werbung zu gewerblichen Zwecken die größte (finanzielle) Bedeutung zu[264].

Werbung ist nach der neuen Definition auch das, was „als Eigenwerbung" gesendet wird[265]. Die Werbung in eigener Sache und die Schaffung eines unverwechselbaren Erscheinungsbildes wird für die Sender im Zuge der Vervielfältigung

---

260 Zum Inhalt der Werberichtlinien im Hinblick auf virtuelle Werbung und Split-Screening siehe 2. Kapitel Ziff. III.3.

261 Engels/Giebel, ZUM 2000, S. 265 ff. (268); Engels, Fernsehwerbung für Kinder, S. 214.

262 Umstritten war, ob nur Werbung für wirtschaftliche oder auch solche für ideelle Zwecke darunter fallen solle, siehe dazu Hartstein u.a., Rundfunkstaatsvertrag, § 7 Rn. 3; Herkströter, ZUM 1992, S. 395 ff. (398); Köhler, Rundfunkwerberecht, S. 41; Schwarz/Eichler, AfP 1996, S. 228 ff.; Neft, Rundfunkwerbung, S. 7; Engels, Fernsehwerbung für Kinder, S. 212.

263 Die Legaldefinition mit der Beschränkung auf Werbung zu gewerblichen Zwecken ist enger als die sog. rundfunkspezifische Definition, wonach jede Sendung Werbung ist, mit der ein Rundfunkveranstalter oder ein die Rundfunkveranstaltung nutzender Dritter werbend auf den Rezipienten einwirken will, Engels, Fernsehwerbung für Kinder, S. 214.

264 Vgl. Reidt, Rundfunkwerbung im lokalen Rundfunk, S. 39, ders., AfP 1990, S. 101 ff. (101).

265 Ob die Eigenwerbung in den Begriff der Werbung einzuschließen sei, war bisher umstritten, vgl. Neft, Rundfunkwerbung, S. 5; Bork, ZUM 1990, S. 11 ff. Nach der 39. Begründungserwägung zur EG-Fernsehrichtlinie handelt es sich bei Eigenwerbung um eine besondere Form der Werbung, bei der der Veranstalter „seine eigenen Produkte, Dienstleistungen, Programme oder Sender vertreibt". Programmtrailer werden dagegen dem Programm zugerechnet.

der Programmangebote immer wichtiger[266]. Die verschiedenen Formen der Eigenwerbung sind nur mit Mühe auseinanderzuhalten.

Nach §§ 45 Abs. 3 und 15 Abs. 4 RStV gelten „Hinweise der Rundfunkanstalten auf eigene Programme und auf Begleitmaterialien, die direkt von diesen Programmen abgeleitet sind, sowie unentgeltliche Beiträge im Dienst der Öffentlichkeit einschließlich von Spendenaufrufen zu Wohlfahrtszwecken" nicht als Werbung im Sinne der Werbezeitbeschränkungen. Das bedeutet, diese Hinweise werden nicht auf die Werbezeit angerechnet[267]. Aus Ziff. 15 der DLM-Richtlinien ergibt sich, daß unter „eigene Programme" nur die für einen Rundfunkveranstalter zugelassenen *anderen* Programme zu verstehen sind (Eigenpromotion)[268]. Werbliche Hinweise auf Programme eines *anderen Rundfunkveranstalters* (Fremdpromotion), gelten wiederum als Werbung (vgl. Ziff. 15 Abs. 3 DLM-Richtlinien). Auch Werbung für Merchandising-Produkte werden dagegen wie normale Werbung behandelt und voll auf die Werbezeit angerechnet. Etwas anders sind *Programmtrailer:* dabei handelt es sich um Hinweise auf bestimmte Sendungen im *selben* Programm. Da bei Programmtrailern das programmliche Element überwiegt, unterfallen sie gar nicht dem Werbebegriff.

In Literatur und Rechtsprechung werden vielfach die Begriffe *mediale* und *instrumentale* Werbung verwendet. Mit Hilfe dieser Begriffe soll die Werbewirkung, die von Werbung in Form von Werbespots ausgeht, von der Werbewirkung des redaktionell verantworteten Programms (einzelner Bilder, Worte, Szenen oder ganzer Beiträge) unterschieden werden[269]. Mit instrumentaler Werbung sind in erster Linie klassische Werbespots, mit medialer Werbung werbliche Aussagen, die unmittelbar in das Programm eingebunden sind, gemeint[270]. Die Frage, ob auch mediale Werbung von den rundfunkrechtlichen Bestimmungen erfaßt wird, hat der BGH in Übereinstimmung mit der Literatur in seiner "Boro"-Entscheidung aus dem Jahr 1990 im Hinblick auf das Trennungsgebot bejaht[271]. Diese Entscheidung schlug sich im Anschluß an diese Entscheidung im RStV von 1991 nieder: die Länder haben mit der Aufnahme des Schleichwerbeverbotes klargestellt, daß auch die vom Programm ausgehende Werbung von den

---

266 Vgl. Tagesspiegel vom 2.10.1999, S. 39.

267 Vgl. auch Engels/Giebel, ZUM 2000, S. 265 ff. (279 f.).

268 A.A. Engels/Giebel, ZUM 2000, S. 265 ff., die unter Hinweisen auf eigene Programme im Sinne von §§ 15 Abs. 4 und 45 Abs. 3 RStV Programmtrailer verstehen und die Regelung daher im Widerspruch zur Legaldefinition der Werbung sehen. M.E. sind in den genannten Vorschriften jedoch nicht Programmtrailer, sondern Hinweise auf eigene (andere!) Programme desselben Rundfunkveranstalters gemeint. Nur dann macht es Sinn, diese, dem Werbebegriff unterfallenden Werbeformen aus der Werbezeitberechnung auszunehmen. (Programmtrailer würden, da sie nicht als Werbung gelten, ohnehin nicht auf die Werbezeit angerechnet werden).

269 Neft, Rundfunkwerbung, S. 7. Eingeführt wurde die Unterscheidung von instrumentaler und medialer Werbung von Krause-Ablaß in RuF 1962, S. 113 ff. (116); vgl. Bork, ZUM 1990, S. 11 ff. (12).

270 Neft, Rundfunkwerbung, S. 9.

271 Bork, ZUM 1990, S. 11 ff. (12); Scherer, Product Placement, S. 110; Sack, AfP 1991, S. 704 ff. (704); BGH ZUM 1990, S. 291 ff. (294 f.) -„Wer-erschoß-Boro?"-.

Werberegelungen erfaßt wird[272]. Das Begriffspaar medial/instrumental wird aus diesem Grund im neueren Schrifttum als mißverständlich und nicht weiterführend beurteilt[273].

III. Die Neuregelungen im Rundfunkwerberecht

1. Die Grundsätze der Rundfunkwerbung

a. Der Verbraucherschutz

§ 7 Abs. 1 S. 1 RStV enthält Grundsätze des Rundfunkwerberechts zum Verbraucherschutz, die auch für das Teleshopping gelten. Danach dürfen Werbung und Teleshopping nicht irreführen, den Verbraucherinteressen nicht schaden und nicht Verhaltensweisen fördern, die die Gesundheit oder die Sicherheit der Verbraucher sowie den Schutz der Umwelt gefährden. Es sind also die spezialgesetzlichen Werbeverbote und –beschränkungen zu beachten. Das sind zum einen die Bestimmungen des Wettbewerbsrechts (§§ 1, 3 UWG)[274], zum anderen das Verbot der Tabakwerbung (§ 22 Lebensmittel- und Bedarfsgegenständegesetz (LMBG))[275] oder die Spezialregelungen der Werbung für Arzneimittel nach dem Heilmittelwerbegesetz (HWG)[276]. Bei Alkoholwerbung müssen nach den DLM-Richtlinien die Verhaltensregeln des Deutschen Werberats beachtet werden[277].

b. Der Kinder- und Jugendschutz

Nach § 7 Abs. 1 S. 2 RStV dürfen Werbung und Teleshopping, die sich auch an Kinder und Jugendliche richten oder bei denen Kinder eingesetzt werden, nicht ihren Interessen schaden oder deren Unerfahrenheit ausnutzen. Neu angefügt wurde Satz 3, wonach Teleshopping Minderjährige nicht dazu anhalten darf, Kauf- oder Miet- bzw. Pachtverträge für Waren oder Dienstleistungen zu schließen. Ziff. 4 der DLM-Richtlinien enthält detaillierte Anforderungen an Werbesendungen, die sich an Minderjährige richten[278]. Der Jugendschutz wird durch die Regelung in § 44 Abs. 1 RStV ergänzt, wonach Sendungen für Kinder nicht durch Werbung unterbrochen werden dürfen. Gleichzeitig gilt auch für Werbesendungen die Vorschrift des § 3 RStV, wonach Sendungen unzulässig sind,

---

[272] Vgl. Herkströter, ZUM 1992, S. 395 ff. (402).

[273] Scherer, Product Placement, S. 110; Volpers u.a., Trennung von Werbung und Programm, S. 123.

[274] Zum Wettbewerbsrecht siehe 5. Kapitel.

[275] Zum Tabakwerbeverbot siehe Hartstein u.a., Rundfunkstaatsvertrag, § 7 Rn. 72.

[276] Zum Heilmittelwerbegesetz siehe Hartstein u.a., Rundfunkstaatsvertrag, § 7 Rn. 75ff.

[277] Zur Alkoholwerbung siehe Hartstein u.a., Rundfunkstaatsvertrag, § 7 Rn. 73; Köhler, Rundfunkwerberecht, S. 102.

[278] Werbung darf u. a. nicht die Aufforderung enthalten, Eltern oder Dritte zum Kauf der Waren zu bewegen oder das Vertrauen zu Vertrauenspersonen ausnutzen, Kinder und Jugendliche nicht in gefährlichen Situationen zeigen oder strafbare Handlungen als nachahmenswert darstellen, aleatorische Werbemittel (Gratisverlosungen etc.) einsetzen oder Kinder als Sexualobjekte darstellen. Für den öffentlich-rechtlichen Rundfunk gelten die Verhaltensregelungen des Deutschen Werberates für die Werbung mit und vor Kindern in Werbefunk und Werbefernsehen, abgedruckt bei Hartstein u.a., Rundfunkstaatsvertrag, § 7 Rn. 19.

wenn sie zum Rassenhaß aufstacheln, eine Verherrlichung oder Verharmlosung von Gewalt darstellen, den Krieg verherrlichen, pornographisch sind oder offensichtlich geeignet sind, Kinder oder Jugendliche sittlich schwer zu gefährden.

c. Das Beeinflussungsverbot

Nach § 7 Abs. 2 RStV dürfen Werbung und Werbetreibende das übrige Programm inhaltlich und redaktionell nicht beeinflussen. Der Anwendungsbereich dieser Regelung wurde auf Teleshopping-Spots, Teleshopping-Fenster und deren Anbieter erweitert[279]. Zweck der Vorschrift ist die Sicherung der Unabhängigkeit der Programmgestaltung[280]. Das Beeinflussungsverbot ist eine grundlegende Norm des Rundfunkwerberechts, die sich auch in anderen Werbevorschriften, z.B. im Schleichwerbeverbot (§ 7 Abs. 6 S. 1 RStV), widerspiegelt. Das Programm soll nicht den Wünschen und Vorstellungen der Werbetreibenden angepaßt werden. Verhindert werden soll auch, daß Werbetreibende Einfluß auf die Plazierung von Sendungen im Umfeld der Werbung nehmen[281]. Es wäre zum Beispiel unzulässig, wenn ein Autohersteller einen Werbeauftrag nur unter der Bedingung vergibt, daß der Sender eine Zeitlang keine Sendungen über Tempolimits zeigt. Der Sender müßte einen solchen Werbeauftrag bei entsprechenden Beeinflussungsversuchen ablehnen. Mit dem Beeinflussungsverbot kommen auch sog. Barter-Geschäfte in Konflikt. Dabei handelt es sich um den Tausch von Werbezeit gegen ein vom Werbekunden produziertes Programm[282]. Beim Bartering wird dem Werbekunden ein optimales Umfeld für seine Werbung geboten. Faktisch liegt damit eine verbotene Programmbeeinflussung vor, die jedoch in der Regel schwer nachzuweisen ist[283].

d. Das Trennungs- und Kennzeichnungsgebot

§ 7 Abs. 3 S. 1 und S. 2 RStV enthalten den Grundsatz der Trennung von Werbung und Programm sowie die Kennzeichnungspflicht für Werbung. Das Trennungsgebot ist eine der grundlegenden Normen des deutschen Rundfunkwerberechts[284]. Alle neuen Werbeformen müssen sich am Trennungsgebot messen lassen. Ein Verstoß gegen das Trennungsgebot kann als Ordnungswidrigkeit gemäß § 49 Abs. 1 Nr. 14 RStV geahndet werden. Der 4. RStV dehnt auch diese Vorschrift auf das Teleshopping aus[285]. § 7 Abs. 3 RStV lautet:

---

[279] Vgl. Begründung zum 4. RÄndStV zu § 7 RStV.

[280] Vgl. Bork, Werbung im Programm, S. 18; Bremer u.a., Rundfunk in der Verfassungs- und Wirtschaftsordnung, S. 144; Preißler, Ideelle Werbung, S. 26; Hartstein u.a., Rundfunkstaatsvertrag, § 7 Rn. 23; Köhler, Rundfunkwerberecht, S. 90.

[281] Hartstein u.a., Rundfunkstaatsvertrag, § 7 Rn. 25; Herkströter, ZUM 1992, S. 395 ff. (400).

[282] Zum Bartering siehe Paesler, Bartering; Herkströter, ZUM 1992, S. 395 ff. (400); Engler, Kooperationen im Rundfunk, S. 89.

[283] Herkströter, ZUM 1992, S. 395 ff. (400).

[284] Bork, Werbung im Programm, S. 17; Köhler, Rundfunkwerberecht, S. 75 f.; Volpers u.a., Trennung von Werbung und Programm, S. 116; Hartstein u.a., Rundfunkstaatsvertrag, § 7 Rn. 26.

[285] Vgl. Begründung zum 4. RÄndStV zu § 7 RStV.

„Werbung und Teleshopping müssen als solche klar erkennbar sein. Sie müssen im Fernsehen durch optische Mittel, im Hörfunk durch akustische Mittel eindeutig von anderen Programmteilen getrennt sein. In der Werbung und im Teleshopping dürfen keine unterschwelligen Techniken eingesetzt werden."

Das Trennungsgebot verfolgt einen doppelten Zweck: zum einen soll der Zuschauer vor Irreführung geschützt werden, die von getarnter, mit dem redaktionellen Programm vermischter Werbung ausgeht[286]. Der Grund hierfür liegt in dem besonderen Vertrauen, das die Zuschauer dem redaktionellen, zur Unabhängigkeit und Neutralität verpflichteten Programm entgegenbringen, weil der Äußerung eines neutralen Dritten, der keine Absatzinteressen verfolgt, in aller Regel mehr Glauben geschenkt wird, als der Angabe eines Werbetreibenden über sein Produkt[287]. Der Zuschauer soll sich daher stets darüber im Klaren sein, ob er mit einer neutralen oder einer werblichen Aussage konfrontiert wird. Zum anderen soll das Trennungsgebot die Unabhängigkeit der Rundfunkveranstalter vor Einflußnahmen der Werbetreibenden schützen und ist insofern eine Ausprägung des Grundsatzes des Beeinflussungsverbots. Es soll verhindert werden, daß die Interessen der Werbung im Programm berücksichtigt werden und eine (auch verfassungsrechtlich gebotene) unabhängige Berichterstattung nicht mehr gewährleistet wäre[288].

Das Kennzeichnungsgebot fordert eine deutliche Markierung von Werbesendungen, um dem Zuschauer Klarheit über den Charakter einer Sendung zu verschaffen[289]. Die Abgrenzung zwischen Programm und Werbeblock erfolgt in der Praxis durch Einblendung eines sogenannten Werbetrenners, dessen Gestaltung in Ziff. 6 DLM-Richtlinien näher geregelt ist[290]. Danach muß das Werbelogo deutlich vom Senderlogo zu unterscheiden sein und mindestens 3 Sekunden lang den gesamten Bildschirm ausfüllen. Die laufende Sendung oder Elemente der laufenden Sendung dürfen nicht Bestandteil des Werbelogos sein. Am Ende eines Werbeblocks ist ein Werbetrenner in der Regel entbehrlich[291].

Nach § 7 Abs. 3 S. 3 RStV sind unterschwellige (subliminale) Werbetechniken unzulässig. Damit ist Werbung gemeint, die der Zuschauer nur unterbewußt wahrnimmt, weil sie unterhalb der Schwelle der bewußten Wahrnehmung liegen. Die Vorschrift wurde ebenfalls auf Teleshopping ausgedehnt. Unterschwellige Werbung ist dadurch gekennzeichnet, daß der Zuschauer kurze, nur Bruchteile von Sekunden dauernde Werbeeinblendungen in Filmen zwar optisch, aber nicht

---

286 Köhler, Rundfunkwerberecht, S. 77.

287 Köhler, Rundfunkwerberecht, S. 77; Engels/Giebel, ZUM 2000, S. 265 ff. (269); Greffenius/Fikentscher, ZUM 1992, 526 ff. (528).

288 BGHZ 110, 278, 286 - Boro; BGH ZUM 1993, S. 92 ff. (95) -„Ereignis-Sponsorwerbung"; Köhler, Rundfunkwerberecht, S. 78; Greffenius/Fikentscher, ZUM 1992, 526 ff. (528); Engels, Fernsehwerbung für Kinder, S. 128; Ricker, AfP 1997, S. 589 ff. (592).

289 Hartstein u.a., Rundfunkstaatsvertrag, § 7 Rn. 28.

290 Köhler, Rundfunkwerberecht, S. 90. Bekanntestes Beispiel für einen Werbetrenner sind die Mainzelmännchen, die beim ZDF die Werbung an- und abkündigen. Bei den Privatsendern wird in der Regel am Anfang eines Werbeblocks ein Werbelogo und ein Schriftzug mit dem Hinweis auf die nachfolgende Werbung gezeigt, Vgl. Bork, Werbung im Programm, S. 17.

291 Vgl. Engels/Giebel, ZUM 2000, S. 265 ff. (270).

bewußt wahrnimmt[292]. Davon sind suggestive Werbeformen zu unterscheiden, bei denen die Werbeaussage bewußt wahrgenommen, aber nur unterbewußt verarbeitet wird[293]. Ob mit unterschwelliger Werbung tatsächlich eine Werbewirkung erzielt werden kann ist allerdings nicht erwiesen[294].

2. Die Änderungen des Rundfunkstaatsvertrages zur Umsetzung der Fernsehrichtlinie

a. Regelungen zum Umfang und zur Einfügung der Werbung

(1) Die Werbezeitbeschränkungen

§§ 14, 15 RStV enthalten Bestimmungen über die Dauer und die Einfügung für den öffentlich-rechtlichen, §§ 44, 45 RStV die entsprechenden Bestimmungen für den privaten Rundfunk. Während der Gesetzgeber zugunsten des privaten Rundfunks die von der Fernsehrichtlinie eröffneten Möglichkeiten voll ausschöpft, ist der öffentlich-rechtliche Rundfunk nach wie vor auf Werbung an Werktagen bis 20.00 Uhr und höchstens 20 Minuten täglich beschränkt. Die Schlechterstellung des öffentlich-rechtlichen Rundfunks gegenüber dem privaten Rundfunk im Bereich der Werbung rechtfertigt sich aus der Gebührenfinanzierung des öffentlich-rechtlichen Rundfunks[295].

Im privaten Rundfunk darf nach § 45 Abs. 1 RStV insgesamt bis zu 20 Prozent der täglichen Sendezeit Werbung und Teleshopping ausgestrahlt werden. Die frühere Beschränkung auf 15 Prozent der täglichen Sendezeit für Spotwerbung ist im 4. RStV weggefallen. Sowohl im privaten als auch im öffentlich-rechtlichen Rundfunk darf gem. §§ 15 Abs. 3, 45 Abs. 2 RStV höchstens 12 Minuten pro Stunde geworben werden, wobei der Stundenzeitraum nach dem Wortlaut von § 45 Abs. 2 RStV jeweils ab der vollen Stunde gerechnet wird[296].

(2) Das Blockwerbegebot und die Abstandsregelung

§ 14 Abs. 2 S. 1 und § 44 Abs. 2 S. 1 RStV enthalten das Gebot, Werbung nur in Blöcken zwischen den einzelnen Sendungen auszustrahlen. Sinn der Regelung ist, den Zuschauer nicht mit einzelnen Werbeaussagen zu konfrontieren[297]. Wie viele Werbespots einen Werbeblock bilden, besagt die Bestimmung im RStV

---

[292] Hartstein u.a., Rundfunkstaatsvertrag, § 7 Rn. 31.

[293] Hartstein u.a., Rundfunkstaatsvertrag, § 31. Zur Suggestivwerbung siehe Loewenheim, GRUR 1975, S. 99 ff.;

[294] Vgl. Hartstein u.a., Rundfunkstaatsvertrag, § 7 Rn. 31.

[295] Vgl. Starck in: v. Mangoldt/Klein/Starck, Bonner Grundgesetz, Art. 5 Abs. 1, 2, Rn. 151. Dennoch sind die Werbevorschriften für den öffentlich-rechtlichen Rundfunk Gegenstand ständiger medienpolitischer Auseinandersetzungen, in denen die privaten Veranstalter teilweise ein Werbe- bzw. Sponsoringverbot im öffentlich-rechtlichen Fernsehen fordern; Vgl. Stellungnahme des VPRT zum 4. RÄndStV vom 18.2.1999, dort Punkt 13.

[296] Über die Auslegung dieser Regelung ist noch vor dem Inkrafttreten des 4. RStV Unklarheit aufgekommen. Die Rundfunkveranstalter sollen den Beginn der „Werbestunde" entgegen dem Wortlaut weiterhin selbst festlegen können (also z.B. eine Werbestunde von 20.14 bis 21.13 Uhr laufen zu lassen); siehe dazu epd medien Nr. 10 vom 9.2.2000.

[297] Hartstein u.a., Rundfunkstaatsvertrag, § 14 Rn. 12.

nicht[298]. Nach Ziffer 13 Abs. 3 der DLM-Richtlinien besteht ein Werbeblock aus mindestens zwei unmittelbar aufeinanderfolgenden Werbe- oder Teleshoppingspots. Der 4. RStV weicht diesen Grundsatz auf, indem den o.g. Vorschriften jeweils ein Satz 2 angefügt wird, wonach einzeln gesendete Werbe- und Teleshoppingspots die Ausnahme bleiben müssen[299].

Eine weitere Änderung betrifft den Mindestabstand zwischen den einzelnen Werbeunterbrechungen. Während nach § 44 Abs. 3 S. 2 RStV 1996 zwingend ein Abstand von zwanzig Minuten eingehalten werden mußte, ist der neue § 44 Abs. 3 S. 2 RStV eine Sollbestimmung geworden. In Ziff. 13 Abs. 5 der DLM-Richtlinien werden die Voraussetzungen für die Zulässigkeit der Verringerung des Abstandes aufgestellt. Danach ist ein kürzerer Abstand als zwanzig Minuten zulässig, wenn bei Sendungen, die aus eigenständigen Teilen bestehen, Sportsendungen oder Darbietungen mit Pausen, Einschnitte bestehen, die für Werbung genutzt werden können, um dramaturgisch zusammenhängende Elemente nicht zu unterbrechen und sich die Summe der bei der Einhaltung des Zwanzig-Minuten-Abstandes zulässigen Werbeunterbrechungen innerhalb einer Sendung nicht durch die Verkürzung erhöht[300].

(3) Das Bruttoprinzip

Mit der Änderung der Vorschriften zur Berechnung der zulässigen Anzahl von Werbeunterbrechungen (§§ 44 Abs. 4, 14 Abs. 3 S. 3 RStV) hat sich der Gesetzgeber für das sog. Bruttoprinzip entschieden. Die Berechnung der Dauer einer Sendung, von der die Zahl der zulässigen Werbeeinschaltungen abhängt, richtet sich nunmehr nach deren "programmierter Sendezeit"[301]. Mit dieser Regelung wird ein jahrelanger Streit um die Frage beendet, ob bei der Berechnung der Dauer einer Sendung die Werbeeinschaltungen mitgerechnet werden, oder nicht[302]. Im Oktober 1999 hatte der EuGH aufgrund der Mehrdeutigkeit der zugrundeliegenden Vorschrift der Fernsehrichtlinie festgestellt, daß die Berechnung nach dem Brutto-Prinzip zulässig sei, der nationale Gesetzgeber aber auch die

---

[298] Das LG Hamburg sah in einer Entscheidung aus dem Jahr 1993 einen Verstoß gegen das Blockwerbegebot bei der ARD, die damit begonnen hatte, vor den 20.00-Uhr-Nachrichten einen einzelnen Werbespot zu zeigen (sogenannte best-minute); LG Hamburg, AfP 1993, S. 664 ff.

[299] Die mit dieser Regelung einhergehende „Lockerung“ der Werberegeln ist allerdings minimal. Denn nach der alten Rechtslage war nicht verbindlich festgelegt, wie viele Werbespots einen Werbeblock bilden, so daß die Sender schon bei einem Werbeblock bestehend aus drei, vielleicht sogar zwei Spots nicht mit Schwierigkeiten zu rechnen hatten. Ein werbetreibendes Unternehmen, dem es auf eine Alleinstellung ankommt, kann auch Sendungssponsor auftreten. Ein Werbespot in Alleinstellung dürfte außerdem im Preis deutlich über einem Spot im Werbeblock liegen, da der Sender ja die ihm sonst für mehrere Spots zur Verfügung stehende Zeit nur an einen Werbekunden verkauft. Die Vermarktungsunternehmen der privaten Rundfunkveranstalter stehen daher der Möglichkeit der Schaltung von Einzelspots zurückhaltend gegenüber; vgl. epd medien Nr. 24, vom 25.3.2000.

[300] Vgl. Engels/Giebel, ZUM 2000, S. 265 ff. (275).

[301] Zur Problematik des Wortlauts der Vorschrift des RStV und der entsprechenden Vorschrift der Fernsehrichtlinie siehe Lercara/Scheuer, ZUM 1999, S. 719 ff.

[302] Vgl. Engels/Giebel, ZUM 2000, S. 265 ff. (275); Kreile, ZUM 2000, S. 194 ff. (202).

Anwendung des Netto-Prinzips vorschreiben kann[303]. Die öffentlich-rechtlichen Rundfunkanstalten hatten sich bei den Verhandlungen zum 4. RÄndStV für das Netto-Prinzip ausgesprochen, bei dem nur die Dauer der Sendung an sich berücksichtigt wird, ohne mit dieser Forderung durchzudringen[304].

b. Das Schleichwerbeverbot

Nach § 7 Abs. 6 S. 1 RStV sind Schleichwerbung und entsprechende Praktiken im Teleshopping verboten. Die Legaldefinition des Begriffs der Schleichwerbung ist in die Liste der Begriffsbestimmungen in § 2 Abs. 2 RStV aufgenommen worden:

> *„die Erwähnung oder Darstellung von Waren, Dienstleistungen, Namen, Marken oder Tätigkeiten eines Herstellers von Waren oder eines Erbringers von Dienstleistungen in Programmen, wenn sie vom Veranstalter absichtlich zu Werbezwecken vorgesehen ist und die Allgemeinheit hinsichtlich des eigentlichen Zwecks dieser Erwähnung oder Darstellung irreführen kann. Eine Erwähnung oder Darstellung gilt insbesondere dann als zu Werbezwecken beabsichtigt, wenn sie gegen Entgelt oder eine ähnliche Gegenleistung erfolgt."*

Schleichwerbung setzt also eine Erwähnung zu Werbezwecken voraus, die geeignet ist, den Zuschauer über den Werbezweck zu täuschen. Im Vergleich zum alten RStV wird nun deutlicher betont, daß der Rundfunkveranstalter im Hinblick auf die Werbewirkung absichtlich gehandelt haben muß. Im RStV 1996 hieß es

> *„Schleichwerbung ist die Erwähnung oder Darstellung von Waren, Dienstleistungen, Namen, Marken oder Tätigkeiten eines Herstellers von Waren oder eines Erbringers von Dienstleistungen in Programmen, wenn sie zu **Werbezwecken** vorgesehen ist [...]".* (Hervorheb. d. Verf.)

Auch die alte Regelung verlangte ein Handeln zu Werbezwecken. Darunter ist nichts anderes als direkter Vorsatz zu sehen. Somit handelt es sich bei der neuen Formulierung nur um eine unwesentliche Änderung, bzw. Klarstellung[305]. Dennoch haben die privaten Rundfunkveranstalter gegen die Umsetzung dieser Änderung in den DLM-Richtlinien protestiert[306]. M.E. liegt in der Änderung eher eine Besserstellung der Rundfunkveranstalter gegenüber der alten Regelung. Denn nach der neuen Definition der Schleichwerbung ist der Nachweis der Werbeabsicht des *Rundfunkveranstalters* erforderlich, während es nach dem Wortlaut der alten Regelung auch eine Werbeabsicht eines Dritten ausreichte. Die Rundfunkveranstalter müssen sich die Werbeabsicht eines Dritten nicht mehr „zurechnen" lassen. Vielmehr ist nunmehr der Nachweis erforderlich, daß der Rundfunkveranstalter sich im Falle von Schleichwerbung durch Dritte die Werbeabsicht zu eigen macht (weil er etwa eigene wirtschaftliche Interessen damit verfolgt).

---

[303] EuGH, K&R 1999, S. 562 ff. Eine strengere nationale Regelung, die bei inländischen Veranstaltern das Netto-Prinzip anwende, ist zulässig.
[304] Dörr/Eckl, NJW 1999, S. 1925 ff. (1933); Kopp, K&R 1998, S. 513 ff. (515).
[305] Platho, ZUM 2000, S. 46 ff. (48, Fn. 35); Kreile, ZUM 2000, S. 194 ff. (198).
[306] Hartstein u.a., Rundfunkstaatsvertrag, § 7 Rn. 46.

In der Praxis kann sich der Nachweis der Werbeabsicht für die Landesmedienanstalten schwierig gestalten. Eine gesetzliche Vermutung, die bei einer entgeltlichen Plazierung werblicher Aussagen eingreift, soll die Beweisführung für die Landesmedienanstalten erleichtern (§ 7 Abs. 6 S. 2 RStV). Allerdings ist auch die Entgeltlichkeit für die Landesmedienanstalten schwer nachzuweisen, wenn ihnen nicht entsprechende Unterlagen vorliegen. In manchen Fällen kann allerdings auch schon aufgrund der Intensität der Darstellung eines Produkts oder aufgrund der Dramaturgie der Sendung von einer werblichen Absicht des Rundfunkveranstalters ausgegangen werden[307].

Häufigster Anwendungsfall des Schleichwerbeverbots ist das Product Placement[308]. Mit der Frage der Irreführung der Zuschauer durch werbliche Darstellungen, die im Programm „versteckt" werden, hatte sich das VG Berlin in seiner Entscheidung zu dem Film „Feuer, Eis & Dynamit" zu befassen. In diesem ursprünglichen Kinospielfilm wurden auf plakative Weise verschiedene bekannte Marken (Milka, Chiquita, usw.) in die Handlung eingebunden. Da dem Zuschauer die Werbewirkung nicht verborgen bleibe, sondern sie vielmehr offen zutage liege, sah das VG den Tatbestand der Schleichwerbung nicht als erfüllt an[309]. Dem Verwaltungsgericht ist zuzustimmen: eine Verletzung des Schleichwerbeverbots war zu verneinen, da eine Irreführung der Zuschauer über den Werbecharakter der betreffenden Elemente nicht eintreten dürfte[310]. Auch wenn das Ergebnis paradox anmutet: je deutlicher die Werbung als solche zu erkennen ist, umso weniger läuft der Rundfunkveranstalter Gefahr, in den Bereich der verbotenen Schleichwerbung zu geraten, sofern er keine eigenen Werbezwecke verfolgt. Die Entscheidung des VG macht deutlich, daß werbliche Darstellungen oder Äußerungen nur dann gegen das Schleichwerbeverbot verstoßen, wenn die Absicht des Rundfunkveranstalters, eine werbende Aussage zu kommunizieren, nicht erkennbar ist.

Unklar ist, welche „Praktiken im Teleshopping" mit dieser Formulierung gemeint sind. Näheres dazu läßt sich weder dem RStV noch der amtlichen Begründung entnehmen. Da Teleshopping selbst auf den Warenabsatz gerichtet ist, kann kaum eine „schleichende" Werbung für das Produkt betrieben werden, das verkauft werden soll. Allenfalls wäre denkbar, daß in einer Teleshopping-Sendung Schleichwerbung für ein *anderes* Produkt, als das „offiziell" beworbene betrieben würde. Allerdings ist selbst bei diesem konstruierten Fall fraglich, ob der Zuschauer vor solchen „Praktiken" tatsächlich geschützt werden muß, da ihm aufgrund des offensichtlich werbenden Charakters einer Teleshopping-Sendung bewußt sein dürfte, daß in diesem Zusammenhang gerade keine objektiven Aussagen oder neutrale Werturteile über Produkte verbreitet werden. Der Zuschauer

---

[307] Vgl. Kreile, ZUM 2000, S. 194 ff. (199) mit Hinweis auf die Entscheidung des Nds. OVG, ZUM 1999, S. 347 ff.. In diesem Verfahren ging es um eine Sendung zum Jubiläum der Barbie-Puppe, in der häufig anpreisend auf die Barbie-Puppe und das Zubehör hingewiesen wurde.

[308] Zum Productplacement siehe 1. Kapitel Ziff. I.4.

[309] VG Berlin, ZUM 1999, S. 742 ff.

[310] So auch Hartel, ZUM 1999, S. 742 ff. (751).

dürfte auch einer versteckten Werbung innerhalb einer Teleshopping-Sendung durchaus ohnehin mit der angemessenen Skepsis gegenüber stehen, so daß die neue Verbotsnorm mangels Schutzbedürftigkeit der Zuschauer über ihr Ziel hinausschießt.

c. Teleshopping

Der 4. RStV enthält umfassende Bestimmungen für das zuvor nur rudimentär geregelte Teleshopping. Der Begriff Teleshopping ersetzt den früheren „Fernseheinkauf“ und wird in § 2 Abs. 2 Nr. 8 RStV definiert[311]. Es wird unterschieden zwischen Teleshopping-Spots (§§ 14, 44), Teleshopping-Fenstern (§ 45, 45a) und Teleshopping-Kanälen, die als Mediendienste im Sinne von § 2 Abs. 2 Nr. 1 MDStV nicht dem Rundfunkrecht unterstellt sind[312]. Im öffentlich-rechtlichen Rundfunk ist Teleshopping nach wie vor grundsätzlich unzulässig, wovon nunmehr allerdings Teleshopping-Spots ausgenommen sind (§ 18 RStV).

Teleshopping-Spots werden wie Werbespots behandelt und auf die Werbezeiten angerechnet. Sogenannte Teleshopping-Fenster sind nach der neuen Regelung in § 45 a RStV zulässig, wenn sie eine Mindestdauer von 15 Minuten ohne Unterbrechung haben (Abs. 1). Acht solcher Fenster mit einer Gesamthöchstdauer von drei Stunden sind höchstens zulässig (Abs. 2 S. 1). Umstritten ist, ob Teleshopping-Sendungen von mehr als 90 Sekunden und weniger als 15 Minuten Dauer eine eigene, zulässige Form des Teleshoppings sind[313]. Teleshopping-Fenster müssen optisch und akustisch als solche gekennzeichnet sein (Abs. 2 S. 2).

d. Eigenwerbung und soziale Appelle

In den 4. RStV sind mit § 15 Abs. 4 für den öffentlich-rechtlichen und § 45 Abs. 3 für den privaten Rundfunk Bestimmungen über die Behandlung von Hinweisen auf eigene Programme und Begleitmaterialien sowie unentgeltliche Beiträge im Dienst der Öffentlichkeit aufgenommen worden[314]. Damit soll der bisherige Streit um diese Hinweise beendet werden[315].

Hinweise auf Begleitmaterial sind nur dann nicht auf die Werbezeit anzurechnen, wenn sie direkt vom Programm abgeleitet sind. Die DLM-Richtlinien konkretisieren den Begriff der Begleitmaterialien in Ziff. 15 Abs. 4 und 5. Darunter fallen Hinweise auf Bezugsmöglichkeiten von Sendungen des Veranstalters auf Audio- und Videokassetten und ähnliche Bild- und Tonträger sowie andere Pu-

---

[311] Teleshopping ist danach *"die Sendung direkter Angebote an die Öffentlichkeit für den Absatz von Waren oder die Erbringung von Dienstleistungen, einschließlich unbeweglicher Sachen, Rechte und Verpflichtungen, gegen Entgelt."*

[312] Zu Mediendiensten siehe oben Ziff. I.3.

[313] Siehe dazu Kreile, ZUM 2000, S. 194 ff. (201) Der Streit rührt daher, daß die DLM-Richtlinien für Werbesendungen von mehr als 90 Sekunden Dauer eine Kennzeichnung als Dauerwerbesendung vorsehen (Ziff. 8 Abs. 1), siehe dazu eingehend Castendyk, MMR 2000, S. 82 ff.

[314] Zur Eigenwerbung siehe oben Ziff. II.3.

[315] Engels/Giebel, ZUM 2000, S. 265 ff. (275). Zur wettbewerbsrechtlichen Auseinandersetzung um den werblichen Hinweis auf ein Buch im ZDF siehe BGH ZUM 1990, S. 291 ff. -„Wer erschoß Boro“-.

blikationen, wie z.B. Spiele, sowie deren Bezugsquelle, wenn dadurch der Inhalt der Sendung erläutert, vertieft oder nachbearbeitet wird. Die Hinweise dürfen nur im Zusammenhang mit der Sendung oder mit Programmankündigungen von einzelnen Sendungen bzw. Sendereihen am jeweiligen Sendetag erscheinen (Ziff. 15 Abs. 6 der DLM-Richtlinien).

Werbung und Teleshopping politischer, weltanschaulicher und religiöser Art ist gemäß § 7 Abs. 8 S. 1 und 2 RStV im Rundfunk unzulässig. Davon ausgenommen sind nach Satz 3 unentgeltliche Beiträge im Dienst der Öffentlichkeit einschließlich Spendenaufrufen zu Wohlfahrtszwecken (soziale Appelle). Nach §§ 45 Abs. 3, 15 Abs. 4 RStV gelten diese Aufrufe in Übereinstimmung mit Art. 18 Abs. 3 der Fernsehrichtlinie nicht als Werbung[316]. Nach den DLM-Richtlinien fallen darunter z.B. Aufrufe, die die Gesundheit der Verbraucher oder den Schutz der Umwelt fördern sowie für wohltätige Zwecke.

e. Eigenwerbekanäle

Der neue § 45 b RStV enthält in Übereinstimmung mit Art. 18 b der Fernsehrichtlinie eine Regelung zu sogenannten Eigenwerbekanälen, ohne diesen Begriff zu erläutern. Nach Ziff. 17 der DLM-Richtlinien sind Eigenwerbekanäle eigenständig lizenzierte Angebote, deren Inhalt der Eigendarstellung eines Unternehmens in der Öffentlichkeit und nicht der unmittelbaren Förderung des Absatzes von Waren oder Dienstleistungen dienen. Sie müssen als solche zu erkennen sein. Eigenwerbekanäle sind von Teleshopping-Kanälen zu unterscheiden, die *unmittelbar* dem Warenabsatz dienen[317]. Noch gibt es keine praktischen Beispiele für Eigenwerbekanäle.

f. Sponsoring

Sendungssponsoring ist im öffentlich-rechtlichen und im privaten Rundfunk zulässig[318]. Die im wesentlichen unveränderte Legaldefinition des Begriffs Sponsoring befindet sich jetzt statt in § 8 RStV 1996 in § 2 Abs. 2 Nr. 7 RStV. Danach ist Sponsoring

> *"jeder Beitrag einer natürlichen oder juristischen Person oder einer Personenvereinigung, die an Rundfunktätigkeiten oder an der Produktion audiovisueller Werke nicht beteiligt ist, zur direkten oder indirekten Finanzierung einer Sendung, um den Namen, die Marke, das Erscheinungsbild der Person, ihre Tätigkeit oder ihre Leistungen zu fördern."*

Die Regelungen zum Sponsoring in § 8 Abs. 1 bis 3 RStV entsprechen der bisherigen Rechtslage[319]. Abs. 1 wurde nur insofern verändert, daß die Nennung des

---

[316] Vgl. Begründung zum 4. RÄndStV zu § 7 RStV.

[317] Vgl. Engels/Giebel, ZUM 2000, S. 265 ff. (274).

[318] Vgl. Hartstein u.a., Rundfunkstaatsvertrag, § 8 Rn. 1; Platho, ZUM 2000, S. 46 ff. (50, Fn. 54). Im RStV 1987 waren die Regelungen in diesem Bereich für den öffentlich-rechtlichen Rundfunk noch stark eingeschränkt; Bremer u.a., Rundfunk in der Verfassungs- und Wirtschaftsordnung, S. 146.

[319] Zum Sponsoring siehe Henning-Bodewig, ZUM 1997, S. 633, dies. AfP 1991, S. 487 ff.; Bork, Werbung im Programm, S., ZUM 1988, S. 322 ff.; Friccius, ZUM 1996, S. 1019 ff. Lange, EWS 1998, S. 189 ff.; Weiand, NJW 1994, S. 227 ff.; v. Wallenberg, ZUM 1994, S.

Sponsors am Anfang *oder* am Ende einer Sendung ausreicht, während nach der alten Rechtslage am Anfang *und* am Ende auf den Sponsor hingewiesen werden mußte. Die zweifache Nennung bleibt allerdings zulässig. Damit wird der RStV dem Wortlaut der Fernsehrichtlinie angepaßt (Art. 17 Abs. 1 b). Was sich auf den ersten Blick wie eine Lockerung der Vorschriften ausnimmt, ist auf den zweiten Blick für die Rundfunkveranstalter und die Werbetreibenden praktisch unerheblich: da der Hinweis aus Sicht des Sponsors werbenden Charakter hat, dürfte dieser kaum daran interessiert sein, auf einen zulässigen Hinweis zu verzichten[320].

Da die Werbezeitbeschränkungen nicht für das Sponsoring gelten, kann auch im öffentlich-rechtlichen Rundfunk nach 20.00 Uhr von dieser Finanzierungsmöglichkeit Gebrauch gemacht werden; eine Möglichkeit, die die Rundfunkanstalten ausgiebig nutzen. So wurde z.B. bei Übertragungen von gesponserten Fußballspielen der Europameisterschaft 2000 der Sponsorhinweis direkt vor und nach dem Spiel eingeblendet, obwohl unmittelbar vor und nach dem Spiel eine Vor- und Nachberichterstattung stattgefunden hat. Die Landesmedienanstalten sind in der Handhabung des Sponsorings großzügig geworden und erachten mittlerweile Sponsorhinweise innerhalb der gesponsorten Sendungen und im Zusammenhang mit Programmankündigungen für zulässig[321].

Nach dem neuen § 8 Abs. 4 RStV unterliegen Zigarettenhersteller einem Sponsorverbot, wenn ihre Haupttätigkeit die Herstellung von Zigaretten und anderen Tabakerzeugnissen ist[322]. Arzneimittelherstellern wird künftig das Sponsoring insofern erlaubt, als sie in dem Sponsorhinweis für den Namen oder das Image des Unternehmens werben dürfen (§ 8 Abs. 5 RStV). Verschreibungspflichtige Arzneimittel dürfen dagegen nicht im Sponsorhinweis genannt werden.

3. Die weiteren Neuregelungen im Rundfunkstaatsvertrag und den Werberichtlinien

a. Titelsponsoring, Verlags-TV und Grafiksponsoring

Unter Titelsponsoring ist nach Ziff. 12 Abs. 8 der DLM-Richtlinien das Einsetzen von Unternehmen, Produkten oder Marken als Sendungstitel zu verstehen[323]. Es ist zulässig, wenn die allgemeinen Sponsoringregeln (§§ 2 Abs. 2 Nr. 7, 8 Abs. 2 bis 6 RStV) eingehalten werden und bei der Erwähnung des Namens im Titel der Sendung keine werblichen Effekte in den Vordergrund rücken. Eine Sonderregelung findet sich in Ziff. 20 zum sog. Verlags-TV, womit Sendungen wie SpiegelTV, SternTV etc. gemeint sind. Aus dieser Unterscheidung zwischen Titelsponsoring und Verlags-TV ergibt sich, daß es beim Titelsponsoring um

---

293 ff.; Volpers/Herkströter/ Schnier, Trennung von Werbung und Programm, S. 151 ff.; speziell zum Themensponsoring Bülow, CR 1999, S. 105 ff.

[320] Engels/Giebel, ZUM 2000, S. 265 ff. (272).

[321] Engels/Giebel, ZUM 2000, S. 265 ff. (272).

[322] Diese Formulierung berücksichtigt die Tendenz der Zigarettenhersteller, sich auch in anderen Bereichen (z.B. den Vertrieb von Bekleidung) zu betätigen.

[323] Zum Titelsponsoring siehe Hackbarth, ZUM 1998, S. 974 ff.; Volpers u.a., Trennung von Werbung und Programm, S. 141 f.; Engels/Giebel, ZUM 2000, S. 265 ff. (281); Kreile, ZUM 2000, S. 194 ff. (199).

medienfremde Unternehmen geht. Ein Beispiel wäre der bereits im 1. Kapitel erwähnte „Warsteiner Fußball-Stammtisch“. Allerdings dürfte in der Sendung selbst kein werblicher Hinweis auf das Unternehmen zu sehen sein[324].

Unter Verlags-TV verstehen die Werberichtlinien Magazinsendungen, die angesichts ihres Namens und ihrer journalistischen Ausrichtung Bezug zu einem publizistischen Werk aus dem Printbereich haben. Unter der Voraussetzung, daß in der Sendung nicht auf die nächste bzw. aktuelle Ausgabe des Printproduktes hingewiesen wird und keine werblichen Effekte in den Vordergrund gerückt werden, gilt die Verwendung des Printtitels nicht als Werbung (Ziff. 20 der Werberichtlinien).

Schließlich enthalten die Werberichtlinien Regelungen zum sog. Grafik-Sponsoring[325]. Darunter fällt nach Ziff. 19 Abs. 2 die Nennung von Firmen oder Produkten im Verlauf der Einblendung von Grafiken bei Sportberichterstattungen. Zulässig ist Grafik-Sponsoring, wenn ein direkter funktionaler Zusammenhang mit der Einblendung besteht. Das bedeutet, es ist erforderlich, daß das jeweilige Unternehmen tatsächlich an der Entstehung der Grafik oder der Berechnung der wiedergegebenen Ergebnisse beteiligt ist.

b. Split-Screening

Werbung im geteilten Bildschirm ist nach der neuen Regelung in § 7 Abs. 4 RStV unter folgenden Voraussetzungen zulässig:

> *"Eine Teilbelegung des ausgestrahlten Bildes mit Werbung ist zulässig, wenn die Werbung vom übrigen Programm eindeutig optisch getrennt und als solche gekennzeichnet ist. Diese Werbung wird auf die Dauer der Spotwerbung nach §§ 15 und 45 angerechnet. § 14 Abs. 1 und § 44 Abs. 1 gelten entsprechend."*

Split-Screening ist also im privaten und im öffentlich-rechtlichen Rundfunk grundsätzlich unter Anrechnung auf die Werbezeit nach §§ 15, 45 RStV erlaubt[326]. Maximal dürfen also 12 Minuten Werbung im geteilten Bildschirm in der Stunde gesendet werden[327]. Die Werbung muß optisch getrennt und als solche gekennzeichnet sein. Im öffentlich-rechtlichen Rundfunk ist Split-Screening in den werbefreien Zeiten (nach 20.00 Uhr und Sonntags) gemäß § 15 Abs. 1 RStV unzulässig. Wegen des generellen Werbeverbots gemäß § 15 Abs. 2 RStV dürfen die Dritten Programme der ARD und die übrigen von ARD und ZDF bundesweit verbreiteten Programme gar kein Split-Screening betreiben.

Da die §§ 14 Abs. 1 und 44 Abs. 1 entsprechend anwendbar sind, darf Split-Screening nicht in Kindersendungen oder bei der Übertragung von Gottesdiensten betrieben werden. Das Blockwerbegebot gemäß §§ 14 Abs. 2 und 44 Abs. 2 RStV, die Regelungen zur Unterbrechung von Sendungen sowie zu den Abstän-

---

[324] Vgl. § 8 Abs. 3 RStV, wonach gesponserte Sendungen nicht zum Erwerb von Produkten des Sponsors anregen dürfen

[325] Engels/Giebel, ZUM 2000, S. 265 ff. (280).

[326] Vgl. Hartstein u.a., Rundfunkstaatsvertrag, § 7 Rn. 32, Engels/Giebel, ZUM 2000, S. 265 ff. (273); Ladeur, ZUM 1999, S. 672 ff. (678); Platho, ZUM 2000, S. 46 ff. (51).

[327] Vgl. Kreile, ZUM 2000, S. 194 ff. (196).

den zwischen den Werbeblöcken gemäß §§ 14 Abs. 3 und 4, 44 Abs. 3 bis 5 RStV sind beim Split-Screening nicht anzuwenden.

Die DLM-Richtlinien äußern sich in Ziffer 7 zum Split-Screening folgendermaßen:

> *„(1) Unter Teilbelegung der ausgestrahlten Bilder (Split Screen) ist die parallele Ausstrahlung redaktioneller und werblicher Inhalte zu verstehen. Die Trennung von Werbung und Programm erfolgt durch die räumliche Aufteilung des Bildschirms. Ein Split Screen kann sowohl durch Spotwerbung in einem gesonderten Fenster als auch durch optisch hinterlegte Laufbandwerbung erfolgen.*
> *(2) Split Screen ist nur zulässig, wenn die Werbung durch eindeutige optische Mittel vom übrigen Programm getrennt und als solche gekennzeichnet wird. Eindeutigkeit ist insbesondere gegeben, wenn das Werbefenster während des gesamten Verlaufs durch den Schriftzug „Werbung" vom redaktionellen Teil abgegrenzt ist.*
> *(3) Die Werbung in Split Screen ist auf die Dauer der Spotwerbung nach § 45 Abs. 1 und 2 RStV unabhängig von der Größe der Werbeeinblendung vollständig anzurechnen. Das gilt auch für Laufbandwerbung.*
> *(4) Bei der Übertragung von Gottesdiensten sowie in Sendungen für Kinder ist Split Screen unzulässig."*

Die DLM-Richtlinien wiederholen im wesentlichen den Gesetzeswortlaut und erläutern die beiden Grundformen des Split-Screenings. Über den Inhalt der Regelung hinaus gehen die Feststellungen, daß Eindeutigkeit der Trennung insbesondere bei einer dauernden Kennzeichnung gegeben sei und daß die Anrechnung stets in voller Länge erfolge, unabhängig von der Größe der Werbeeinblendung[328].

c. Virtuelle Werbung

Schließlich ist mit § 7 Abs. 6 S. 2 und 3 RStV eine Regelung zur virtuellen Werbung aufgenommen worden. Der Rundfunkgesetzgeber wollte damit der „aktuellen Entwicklungen der Werbung in Europa" Rechnung tragen[329]. Damit sind die Entwicklungen in der Praxis und den nationalen Rechtsordnungen der Länder, nicht auf der EG-Ebene gemeint, da in der Fernsehrichtlinie keine Regelung zur virtuellen Werbung existiert. Systematisch ist die virtuelle Werbung wenig überzeugend dem Schleichwerbeverbot zugeordnet worden[330]. Die Vorschrift hat folgenden Wortlaut:

> *"Die Einfügung virtueller Werbung in Sendungen ist zulässig, wenn*
> *1. am Anfang und am Ende der betreffenden Sendung darauf hingewiesen wird und*
> *2. durch sie eine am Ort der Übertragung ohnehin bestehende Werbung ersetzt wird. Andere Rechte bleiben unberührt."*

Virtuelle Werbung ist also in beschränktem Umfang und bei entsprechendem Zuschauerhinweis sowohl im öffentlich-rechtlichen als auch im privaten Rund-

---

[328] Zu den Fragen der praktischen Anwendung siehe 3. Kapitel Ziff. I.2.b.
[329] Begründung zum 4. RÄndStV zu § 7 RStV.
[330] Zur systematischen Einordnung siehe 3. Kapitel Ziff. I.2.c.(2)

funk zulässig[331]. Im Gegensatz zum Split-Screening wird virtuelle Werbung nicht auf die Werbezeiten angerechnet[332]. Die Rundfunkveranstalter können also über die Werbezeitbeschränkungen, die bei den öffentlich-rechtlichen Sendern nicht mehr als 20 Minuten pro Tag und bei den privaten Sendern nicht mehr als 20% der täglichen Sendezeit betragen, hinaus Werbung vermarkten und damit zusätzliche Einnahmequellen generieren. Dies ist praktisch deswegen bedeutsam, weil die Sender virtuelle Werbung vermutlich nur zu einem geringeren Sekundenpreis verkaufen können, als herkömmliche Werbespots, da sich die Zuschaueraufmerksamkeit bei Sendungen mit virtueller Werbung im Gegensatz zu bildschirmausfüllenden Werbespots in erster Linie auf den Inhalt und nur „nebenbei" auf die Werbung richtet. Aufgrund der Begrenztheit der täglichen Werbezeit würden Rundfunkveranstalter aller Voraussicht nach eher klassische Werbung virtuelle Werbung einsetzen, da sie sich sonst die aller Voraussicht nach höheren Einnahmequellen aus der Spotwerbung selbst weiter begrenzen würden. Würde virtuelle Werbung auf die Werbezit angerechnet, dürfte dem Einsatz dieser neuen Werbeform aus wirtschaftlichen Gründen von vorneherein der Erfolg versagt bleiben. Daß das Split-Screening, obwohl es den Bildschirm nur teilweise ausfüllt und eben dieser Problematik unterliegt, voll auf die Werbezeiten angerechnet wird, ist daher auch zu Recht kritisiert worden[333].

Aus der Formulierung „am Ort der Übertragung" ergibt sich, daß die Vorschrift nur Sendungen, in denen Veranstaltungen oder Ereignisse übertragen werden, nicht also Spielfilme oder sonstige fiktionale Programmbestandteile, erfassen soll[334]. Virtuelle Werbung darf somit nur bereits bestehende Werbung (z.B. Werbebanden) ersetzen.

Nach Satz 3 bleiben andere Rechte von der Regelung unberührt, womit vor allem jene Rechte gemeint sind, die durch die elektronische Veränderung des Bildes beeinträchtigt werden können (z.B. die Unternehmen, die Stadionwerbung betreiben)[335].

Ziffer 10 der DLM-Richtlinien befaßt sich mit § 7 Abs. 6 S. 2 RStV und lautet:

> *„(1) zu Beginn und am Ende von Sendungen, in denen virtuelle Werbung eingefügt wird, muß der Zuschauer optisch oder akustisch darauf hingewiesen werden, daß die am Ort der Übertragung vorhandene Werbung durch nachträgliche Bildbearbeitung verändert wird.*
> *(2) Durch virtuelle Werbung dürfen keine neuen Werbeflächen geschaffen werden. Am Ort der Übertragung vorhandene statische Werbung darf nicht durch Werbung mit Bewegtbildern ersetzt werden.*

[331] Vgl. Hartstein u.a., Rundfunkstaatsvertrag, § 7 Rn. 60; Kreile, ZUM 2000, S. 194 ff. (199); Engels/Giebel, ZUM 2000, S. 265 ff. (273 f.); Ladeur, ZUM 1999, S. 672 ff. (677 ff.); Platho, ZUM 2000, S. 46 ff. (50 f.).

[332] Begründung zum 4. RÄndStV zu § 7 RStV.

[333] Vgl. Stellungnahme der Organisation Werbungtreibende im Markenverband (OWM), abzurufen unter www.markenverband.de/presse/stell_290.200.html.

[334] Engels/Giebel, ZUM 2000, S. 265 ff. (274).

[335] Engels/Giebel, ZUM 2000, S. 265 ff. (274). Siehe dazu auch 3. Kapitel Ziff. I.3.

(3) Die Einfügung virtueller Werbung für Produkte oder Dienstleistungen, für die Werbung nach diesem Staatsvertrag oder nach anderen gesetzlichen Bestimmungen verboten ist, ist unzulässig."

Die DLM-Richtlinien konkretisieren also den Hinweis (optisch *oder* akustisch) und stellen fest, daß statische Werbung nicht durch animierten Werbung ersetzt werden darf und daß die produktbezogenen Werbeverbote auch für virtuelle Werbung gelten[336].

IV. Verfassungsrechtliche Vorgaben für das Rundfunkwerberecht

1. Die Rechtsprechung des Bundesverfassungsgerichts zur Rundfunkordnung

In sechs sogenannten Rundfunkurteilen und weiteren Entscheidungen hat sich das BVerfG zu den wesentlichen Fragen der Rundfunkordnung geäußert, die für die Entwicklung des Rundfunkrechts eine entscheidende Rolle spielen[337]. Bis heute ist die Rundfunkordnung stark vom Einfluß der westlichen Alliierten geprägt, der sich vor allem in der staatsfreien Organisation und der föderalen Struktur des Rundfunks widerspiegelt[338]. Gegen anfängliche Widerstände in der bundesdeutschen Politik sicherte das Bundesverfassungsgericht in seinem Ersten Rundfunkurteil vom 22.2.1961 den Fortbestand des Rundfunksystems[339]. Das BVerfG bestätigte darin die Gesetzgebungskompetenz der Länder für das Rundfunkwesen, forderte eine staatsfreie Organisation des Rundfunks und die Gewährleistung der Meinungsvielfalt[340].

Im Zweiten Rundfunkurteil vom 27.7.1971 hat das BVerfG bekräftigt, daß der Rundfunk aufgrund seiner weitreichenden Wirkungen als mächtigstes Kommunikationsmittel besondere Vorkehrungen zur Aufrechterhaltung der Rundfunkfreiheit erfordere[341]. Den ersten Schritt für die spätere Zulassung der privaten Rundfunkveranstalter stellte das Dritte Rundfunkurteil vom 16.6.1981 dar, in dem das BVerfG feststellte, daß die Veranstaltung privaten Rundfunks nicht gegen die Verfassung verstößt, es aber andererseits einer Rechtsgrundlage bedarf, mit der die Sicherung der Meinungsvielfalt gewährleistet werden kann[342]. Gleich-

[336] Zu den Fragen der praktischen Anwendung siehe 3. Kapitel Ziff. I.2.b.

[337] BVerfGE 12, 205 -„Fernsehurteil"-; BVerfGE 31, 314 -„Mehrwertsteuerurteil"-; BVerfGE 57, 295 -„FRAG-Urteil"-; BVerfGE 73, 118 -„Niedersächsisches Landesrundfunkgesetz"-; BVerfGE 74, 297 -„Baden-Württemberg-Beschluß; BVerfGE 83, 238 ff. -„WDR-Urteil"-; BVerfGE 87, 181 -„Hessen-3-Beschluß"-; BVerfGE 90, 60 -„Gebührenurteil"-; BVerfGE 92, 203 -„EG-Fernsehrichtlinie"-; BVerfGE 97, 228 -„Kurzberichterstattung"-.

[338] Vgl. Bremer u.a., Rundfunk in der Verfassungs- und Wirtschaftsordnung, S. 19; Hesse, Rundfunkrecht, S. 19.

[339] BVerfGE 12, 205 - Erstes Rundfunkurteil-„Fernsehurteil"-; siehe dazu Herrmann, Rundfunkrecht, S. 78; Vesting, Prozedurales Rundfunkrecht, S. 150.

[340] Das Urteil wird in der Literatur als Magna Charta des Rundfunks bezeichnet, vgl. Hesse, Rundfunkrecht, S. 16.

[341] BVerfG 31, 314 -„Mehrwertsteuerurteil"- (Zweites Rundfunkurteil); siehe dazu Hesse, Rundfunkrecht, S. 66.

[342] BVerfGE 57, 295 -„FRAG-Urteil"- (Drittes Rundfunkurteil); Das Gericht hatte über die Zulässigkeit der Gründung einer privaten Rundfunkgesellschaft im Saarland zu entscheiden. Die saarländische Variante des privaten Rundfunks wurde für verfassungswidrig erklärt, weil

zeitig erklärt das BVerfG die Konzeption der außenpluralistischen Struktur des Rundfunks für zulässig[343].

Im Vierten Rundfunkurteil vom 4.11.1986 wurde den öffentlich-rechtlichen Rundfunkanstalten die Aufgabe der umfassenden Information zur Darstellung der Vielfalt der bestehenden Meinungsrichtungen im Rahmen der sogenannten Grundversorgung zugewiesen und für die privaten Programme eine Reduzierung der Vielfaltsanforderungen akzeptiert[344]. Im Fünften Rundfunkurteil vom 24.3.1987 hat das BVerfG staatliche Eingriffe in die Programmautonomie der öffentlich-rechtlichen Rundfunkanstalten untersagt[345]. Im Sechsten Rundfunkurteil vom 5.2.1991 hat das BVerfG dem öffentlich-rechtlichen Rundfunk eine Bestands- und Entwicklungsgarantie aus Art. 5 GG zugestanden, die sich auch auf neue Dienste bezieht[346]. Zu den weiteren grundlegenden Entscheidungen gehören das Gebührenurteil vom 22.2.1994, in dem es um die Verfassungsmäßigkeit der Festsetzung der Rundfunkgebühren ging[347], sowie das Urteil zur Kurzberichterstattung vom 17.2.1998, mit dem das Recht der Rundfunkveranstalter auf Kurzberichterstattung bestätigt wurde[348].

Für die Fragen im Zusammenhang mit Fernsehwerbung ist schließlich der Beschluß zum Werbeverbot im Programm von „Hessen 3" vom 6.10.1992 hervorzuheben[349]. In diesem Verfahren ging es um zwei verbundene Verfassungsbeschwerden des Hessischen Rundfunks gegen das gesetzliche Werbeverbot in den Dritten Fernsehprogrammen. Der Hessische Rundfunk hatte in seinem Dritten Programm Werbung gesendet und mit den Werbeeinnahmen ein Viertes Hörfunkprogramm finanziert. Das BVerfG mußte sich in der Entscheidung erstmals mit der Frage der finanziellen Gewährleistungspflicht des Staates für die öffentlich-rechtlichen Rundfunkanstalten und dem Umfang dieser Verpflichtung beschäftigen. Nach diesem Urteil ist der Gesetzgeber verpflichtet, dem Rundfunk einen gesetzlichen Rahmen zu geben, bei dessen Gestaltung der Gesetzgeber weitgehend frei ist. Soweit der Rundfunk öffentlich-rechtlichen Anstalten anvertraut wird, muß der Staat für ausreichende finanzielle Mittel sorgen. Dabei muß das Prinzip der funktionsgerechten Finanzierung eingehalten werden, wonach die Rundfunkveranstalter ihrem verfassungsmäßigen Auftrag entsprechend finanziell ausgestattet werden müssen[350]. Der Gesetzgeber ist allerdings nicht verpflichtet, den öffentlich-rechtlichen Rundfunkanstalten Werbeeinnahmen zu

---

das Gesetz keine Vorkehrungen dafür treffe, daß alle gesellschaftlichen Kräfte zu Wort kommen würden. Zusammenfassungen bei Dengler, Wirtschaftswerbung, S. 36 ff.; Herrmann, Rundfunkrecht, S. 90 f.

343 Siehe dazu Herzog in: Maunz/Dürig/Herzog, GG, Art. 5 I, II, Rn. 233 f.

344 BVerfGE 73, 118 -„Niedersächsisches Landesrundfunkgesetz"- (Viertes Rundfunkurteil); siehe dazu Herrmann, Rundfunkrecht, S. 97; Hesse, Rundfunkrecht, S. 31.

345 BVerfGE 74, 297 -„Baden-Württemberg-Beschluß"- (Fünftes Rundfunkurteil), siehe dazu Hesse, Rundfunkrecht, S. 81.

346 BVerfGE 83, 238 -„WDR-Urteil"-(Sechstes Rundfunkurteil) s. dazu Hesse, Rundfunkrecht, S. 123.

347 BVerfGE 90, S. 60 -"Gebührenurteil"- siehe dazu Hesse, Rundfunkrecht, S. 95.

348 BVerfGE 97, 228 -„Kurzberichterstattung"- siehe dazu Hesse, Rundfunkrecht, S. 180.

349 BVerfGE 87, 181 -„Hessen-3-Beschluß"-.

350 Zusammenfassung des Urteils bei Hartstein u.a., Rundfunkstaatsvertrag, B 2, Rn. 45 ff.

gestatten; entscheidet es sich aber für eine Mischfinanzierung, so steht es ihm frei, der Werbung nach Zeit, Dauer und Häufigkeit Grenzen zu setzen[351].

2. Grundrechtlicher Schutz der Fernsehwerbung

a. Meinungsfreiheit

Art. 5 Abs. 1 S. 1 GG gewährleistet die Freiheit der Meinungsäußerung. Der Begriff der Meinung ist verfassungsrechtlich weit zu verstehen. Es werden alle Äußerungen davon erfaßt, die Elemente der Stellungnahme, des Dafürhaltens oder Meinens enthalten[352]. Es kommt weder auf den Wert noch die Richtigkeit einer Äußerung an[353]. Ebensowenig ist von Bedeutung, ob mit einer Äußerung ein privater oder ein öffentlicher Zweck verfolgt wird[354].

Über die Frage, ob die Rundfunkwerbung dem Schutzbereich des Art. 5 Abs. 1 GG zuzuordnen ist, wird in der Literatur uneinheitlich beurteilt. Zum Teil wird werblichen Aussagen die Meinungsqualität mit der Begründung abgesprochen, daß Werbung nicht der öffentlichen Meinungsbildung und der Äußerung einer bestimmten Auffassung, sondern allein der Beeinflussung potentieller Kunden diene[355]. Vor allem in der neueren Literatur mehren sich die Stimmen, wonach die Werbung dem Schutzbereich der Meinungsfreiheit zuzuordnen ist, da werbliche Aussagen Elemente der Stellungnahme und des Dafürhaltens aufweisen[356]. Dafür wird vorgebracht, daß werbliche Aussagen in besonderem Maße subjektive Elemente enthalten, die darauf gerichtet sind, den Empfänger von der Güte oder der Nützlichkeit eines Produkts zu überzeugen und somit der Meinungsbildung dienen[357]. Werbung könne je nach der Gestaltung informatorischen, unterhaltenden oder sogar bildenden Charakter haben, selbst wenn mit der Werbung wirtschaftliche Interessen verfolgt werden[358].

Die Rechtsprechung des Bundesverfassungsgerichts zur Einordnung von Werbemaßnahmen zum Schutzbereich des Art. 5 Abs. 1 GG weist gewisse Schwankungen auf. In BVerfGE 40, 371 und 60, 215 hat das Bundesverfassungsgericht Werbemaßnahmen nur an Art. 12 Abs. 1 GG, nicht aber an Art. 5 Abs. 1 GG gemessen[359]. In BVerfGE 71, 162 und 95, 173 heißt es hingegen, daß das Grund-

---

[351] BVerfGE 87, 181, 200 -„Hessen-3-Beschluß"-, vgl. v. Münch/Kunig-Wendt, GG, Art. 5, Rn. 48a.

[352] BVerfGE 61, 1, 8 -„Wahlkampfäußerungen"-; v. Münch/Kunig-Wendt, GG, Art. 5, Rn. 8.

[353] Engels, Fernsehwerbung für Kinder, S. 165; BVerfGE 33, 1, 14 ff. -„Strafgefangene"-; v. Münch/Kunig-Wendt, GG, Art. 5, Rn. 8 u. 10.

[354] Engels, Fernsehwerbung für Kinder, S. 165; v. Münch/Kunig-Wendt, GG, Art. 5, Rn. 8.

[355] Vgl. Leisner, Werbefernsehen und öffentliches Recht, S. 91 ff. (105); Eicke, WRP 1988, S. 645 (648); Lerche, Rechtsprobleme des Werbefernsehens, S. 18 ff.

[356] Bremer u.a., Rundfunk in der Verfassungs- und Wirtschaftsordnung, S. 136; Engels, Fernsehwerbung für Kinder, S. 166; Neft, Rundfunkwerbung, S. 28; Volpers u.a., Trennung von Werbung und Programm, S. 106; Ladeur, ZUM 1999, S. 672 ff. (675); Hoffmann-Riem, ZUM 1996, S. 1 ff. (4); Hartstein u.a., Rundfunkstaatsvertrag, § 7 Rn. 11; Fezer, NJW 2001, S. 580 ff. (580).

[357] Vgl. Hartstein u.a., Rundfunkstaatsvertrag, § 7 Rn. 11; Neft, Rundfunkwerbung, S. 28.

[358] Hartstein u.a., Rundfunkstaatsvertrag, § 7 Rn. 11.

[359] BVerfGE 40, S. 371 ff. (382); 60, S. 215 ff. (229).

recht der Meinungsfreiheit für eine Wirtschaftswerbung allenfalls dann in Anspruch genommen werden könne, wenn die Werbung einen wertenden, meinungsbildenen Inhalt habe oder Angaben enthalte, die der Meinungsbildung dienten[360]. In einer Entscheidung zu § 1 UWG hat das BVerfG betont, daß Werbung nicht schon deswegen aus dem Schutzbereich von Art. 5 Abs. 1 S. 1 GG herausfalle, weil sie der Erzielung wirtschaftlicher Vorteile diene[361]. Dagegen hat das Bundesverfassungericht in der Entscheidung „Mars-Kondom" die Frage, ob Wirtschaftswerbung in den Schutzbereich von Art. 5 Abs. 1 GG oder nur in den Schutzbereich von Art. 12 Abs. 1 GG falle, ausdrücklich offen gelassen[362]. In der jüngst ergangenen Benetton-Entscheidung äußert sich das Bundesverfassungsgericht unter Bezugnahme auf die Entscheidung zur standeswidrigen Werbung durch Ärzte[363] dahingehend, daß der Schutzbereich der Meinungsfreiheit sich auf kommerzielle Meinungsäußerungen sowie reine Wirtschaftswerbung bezieht, die einen wertenden, meinungsbildenen Inhalt hat[364].

Der oben aufgezeigten, in der Literatur überwiegend vertretenen Aufassung ist zuzustimmen. Dies gilt auch nach der Benetton-Entscheidung des BVerfG, das den Schutz der Werbung durch Art. 5 Abs. 1 GG bejaht, sofern die Werbung einen wertenden, meinungsbildenden Charakter hat. Werbung ist in der modernen Gesellschaft Bestandteil des gesellschaftlichen Kommunikationsprozesses. Werbung, gerade Fernsehwerbung, kann eine große Zahl von Menschen erreichen und in vielerlei Hinsicht auf die Meinungsbildung einwirken. Die wirtschaftlichen Interessen des werbetreibenden Unternehmen stehen dabei dem Schutz nicht entgegen, da diese den informativen, unterhaltenden, kritischen oder auch künstlerischen Charakter der Werbung nicht beseitigen.

Es stellt sich allerdings die Frage, inwieweit Werbung eine inhaltliche Äußerung enthalten muß, um vom Schutzbereich des Art. 5 Abs. 1 S. 1 GG erfaßt zu werden. Besonders im Sportbereich wird vielfach allein mit dem Namen oder dem Logo eines bekannten Unternehmens oder Produkts geworben, ohne daß auf deren besondere Vorzüge ausdrücklich hingewiesen würde. Allein das Firmensignet reicht oft aus, um dem Betrachter das jeweilige dahinterstehende Unternehmen erkennbar zu machen[365]. Nur der hohe Erinnerungswert dieser Zeichen soll die positiven Assoziationen beim Rezipienten hervorrufen[366]. Soweit solchen Logos oder Unternehmensbezeichungen ein Erinnerungswert zukommt, sind auch in solchen Darstellungen Elemente der Stellungnahme, des Dafürhaltens und Meinens enthalten, denn auch mit diesen Darstellungen wird versucht, auf den

360 BVerfGE 71, S. 162 ff. (175); 95, S. 173 ff. (182).
361 BVerfG NJW 1992, S. 1153 ff.
362 BVerfG NJW 1994, S. 3342 f.
363 BVerfGE 71, S. 162 ff.
364 BVerfG GRUR 2001, S. 170 ff. (172).
365 Die Firma *Nike* schaltet beispielsweise Werbespots, in denen Sportszenen gezeigt werden, in denen scheinbar zufällig auf Kleidungsstücken oder Schuhen das bekannte Logo zu sehen ist.
366 Siehe dazu auch Ladeur, ZUM 1999, S. 672 ff. (673).

Zuschauer als potentiellen Kunden Einfluß zu nehmen und seine Kaufbereitschaft zu fördern[367].

b. Rundfunkfreiheit

(1) Schutzbereich

Art. 5 Abs. 1 S. 2 GG gewährleistet die Freiheit der Berichterstattung durch Rundfunk und Film. In Literatur und Rechtsprechung besteht Einigkeit, daß der Rundfunk trotz des Wortlauts von Art. 5 Abs. 1 S. 2 GG, der sich nur auf die Berichterstattung bezieht, umfassend geschützt wird. Auch unterhaltende, bildende oder künstlerische Programmelemente werden vom Schutzbereich erfaßt[368]. Das BVerfG versteht die Rundfunkfreiheit im Sinne eines objektiven Prinzips einer funktionierenden Rundfunkordnung als eine "dienende Freiheit"[369]. Es sieht den Schutzzweck der Rundfunkfreiheit in der freien individuellen und öffentlichen Meinungsbildung durch den Rundfunk als deren „Medium und Faktor“[370]. Die Rundfunkfreiheit wird also nicht um ihrer selbst oder einiger Rundfunkveranstalter willen gewährleistet, sondern nimmt eine die Meinungsbildungsfreiheit ergänzende Funktion ein[371]. Sie unterstützt den Kommunikationsprozeß, für den einerseits die Freiheit, Meinungen zu äußern und zu verbreiten, andererseits die Freiheit, geäußerte Meinungen zur Kenntnis zu nehmen und sich zu informieren, kennzeichnend ist[372].

Aus der Rundfunkfreiheit folgt eine umfassende Programmgestaltungsfreiheit für die Rundfunkveranstalter[373]. Auf den Inhalt und die Qualität des Programms kommt es für dessen Schutzwürdigkeit nicht an[374]. Geschützt ist die Gesamtheit der Rundfunktätigkeit, also nicht nur die unmittelbare Verbreitung des Programms, sondern auch alle dafür erforderlichen vor- und nachgeordneten Tätig-

---

367 Neft, Rundfunkwerbung, S. 33; Drettmann, Wirtschaftswerbung und Meinungsfreiheit, S. 117.

368 Vgl. Bremer u.a., Rundfunk in der Verfassungs- und Wirtschaftsordnung, S. 28; BVerfGE 12, 205, 260 f. -„Fernsehurteil“-; v. Münch/Kunig-Wendt, GG, Art. 5, Rn. 44.

369 Vgl. z.B. BVerfGE 87, 181, 197 -„Hessen-3-Beschluß“-; siehe Engels, Fernsehwerbung für Kinder, S. 112; Bremer u.a., Rundfunk in der Verfassungs- und Wirtschaftsordnung, S. 42. Dagegen wird zum Teil wird in der Literatur weiterhin vertreten, daß Art. 5 Abs. 1 S. 2 GG zumindest für die privaten Veranstalter ein Individualrecht vermittelt, vgl. Ricker, AfP 1997, S. 589 ff. (590).

370 BVerfGE 12, 205, 260 -„Fernsehurteil“-; 57, 295, 319 (FRAG-Urteil); vgl. Engels, Fernsehwerbung für Kinder, S. 112; Volpers u.a., Trennung von Werbung und Programm, S. 107; Bremer u.a., Rundfunk in der Verfassungs- und Wirtschaftsordnung, S. u.a., Rundfunk in der Verfassungs- und Wirtschaftsordnung, S. 32.

371 Engels, Fernsehwerbung für Kinder, S. 111.

372 BVerfGE 57, 295, 319 -„FRAG-Urteil“-; vgl. Neft, Rundfunkwerbung, S. 34.

373 BVerfGE 57, 295, 319 -„FRAG-Urteil“-; BVerfGE 35, 202, 222 -„Lebach-Urteil“-; v. Münch/Kunig-Wendt, GG, Art. 5, Rn. 47; Herzog in: Maunz/Dürig/Herzog, Grundgesetz, Art. 5 I, II, Rn. 202 und 213; Engels, Fernsehwerbung für Kinder, S. 110.

374 Engels, Fernsehwerbung für Kinder, S. 110; BVerfGE 12, 205, 260 -„Fernsehurteil“-, BVerfGE 31, 314, 326 -„Mehrwertsteuerurteil“-.

keiten[375]. Gleichzeitig fordert die Rundfunkfreiheit die Staatsfreiheit des Rundfunks und damit ein Verbot fremder (staatlicher oder sonstiger) Einflußnahme auf Auswahl, Inhalt und Gestaltung der Programme durch den Rundfunkveranstalter[376].

Fraglich ist, ob und inwieweit Werbung von der Rundfunkfreiheit (mit-)erfaßt wird, da davon abhängt, ob und unter welchen Voraussetzungen Werbebeschränkungen zulässig sind[377]. Der Schutz der Werbung durch die Rundfunkfreiheit kommt einerseits unter dem Gesichtspunkt der Funktion der Fernsehwerbung als Kommunikationselement und andererseits der Funktion als Finanzierungsmittel vor allem für die privaten Veranstalter in Betracht[378].

In der (älteren) Literatur wurde teilweise vertreten, daß die Rundfunkwerbung nicht vom Programmauftrag der Rundfunkanstalten umfaßt sei und nicht zur spezifischen Programmfunktion des Mediums als kulturstaatliche Leistungsverwaltung gehöre, da Werbung keinen integralen Meinungs- und Informationswert besitze, nicht der geistigen Auseinandersetzung diene, sondern eine gewerbliche Berufsausübung darstelle, die lediglich von Art. 12 Abs. 1 GG geschützt sei[379].

Die heute herrschende Literaturmeinung lehnt diese Auffassung ab, da die Verbreitung von Werbesendungen im Rahmen des Gesamtprogramms nicht wegen ihres Inhalts einer isolierten Beurteilung unterworfen werden kann[380]. Zustimmung verdient die Argumentation, daß sich die Rundfunkfreiheit in inhaltlicher Hinsicht nicht allein auf öffentliche Information und politische Unterrichtung beschränkt, sondern beispielsweise auch Sendungen mit Unterhaltungscharakter einschließt[381]. Wegen des weiten Verständnisses der Programmgestaltungsfreiheit, die sich gerade nicht nur auf die Berichterstattung bezieht, sind Werbesendungen in den Schutzbereich einzubeziehen, zumal dem Rundfunkveranstalter hinsichtlich der Auswahl und Plazierung der Werbung wie beim übrigen Programm eine Gestaltungsfunktion zukommt. Auch die Verbreitung von Werbung als einer Form der Meinungsäußerung zählt aufgrund der Funktion des Rundfunks zur Meinungsbildung zu den Aufgaben des Rundfunks[382]. *Engels* weist zurecht darauf hin, daß sich die ablehnende Auffassung sich zu sehr am binnenpluralistisch organisierten öffentlich-rechtlichen Rundfunk orientiert und nicht dem Konzept des verfassungsrechtlichen Schutzes der individuellen kommuni-

---

375 V. Mangoldt/Klein/Starck, Bonner Grundgesetz, Art. 5 Abs. 1, 2, Rn. 103; Engels, Fernsehwerbung für Kinder, S. 110; Neft, Rundfunkwerbung, S. 34.

376 Engels, Fernsehwerbung für Kinder, S. 110.

377 Volpers u.a., Trennung von Werbung und Programm, S. 106.

378 Vgl. Neft, Rundfunkwerbung, S. 28 ff.; 44 ff.

379 Lerche, Rechtsprobleme des Werbefernsehens, S. 12 ff. (für die „instrumentale" Werbung); Badura, Rundfunkfreiheit und Finanzautonomie, S. 20 f.

380 Vgl. v. Mangoldt/Klein/Starck, Bonner Grundgesetz, Art. 5 Abs. 1, 2, Rn. 102; Hartstein u.a., Rundfunkstaatsvertrag, § 7 Rn. 11; Engels, Fernsehwerbung für Kinder, S. 126; Preißler, Ideelle Werbung, S. 50; Neft, Rundfunkwerbung, S. 38.

381 Hartstein u.a., Rundfunkstaatsvertrag, § 7 Rn. 11.

382 Neft, Rundfunkwerbung, S. 35; ebenso Hartstein u.a., Rundfunkstaatsvertrag, § 7 Rn. 11.

kativen Entfaltung durch die Kommunikations- und Medienfreiheit als Ausfluß der Persönlichkeitsentfaltung entspricht[383].

Wie oben beschrieben, fällt nach dem Benetton-Urteil des BVerfG auch Wirtschaftswerbung in den Schutzbereich der Meinungsfreiheit als Kommunikationsgrundrecht, sofern sie einen wertenden, meinungsbildenden Charakter hat. In der Südkurier-Entscheidung hatte das BVerfG den Schutzbereich der Pressefreiheit auf den Anzeigenteil einer Zeitung ausgedehnt und den Nachrichtencharakter von Anzeigen bejaht[384]. Ob dasselbe auch im Bereich der Rundfunkwerbung gilt, wurde im Baden-Württemberg-Beschluß offen gelassen[385]. Im Hessen-3-Beschluß hat das BVerfG aber aus der Rundfunkfreiheit namentlich für den öffentlich-rechtlichen Rundfunk ein Recht auf funktionsangemessene Finanzausstattung hergeleitet[386]. Zum Schutz der kommunikativen Inhalte der Werbung durch die Pressefreiheit hat das BVerfG jüngst in der Benetton-Entscheidung ausdrücklich Stellung genommen[387]. Danach erstreckt sich der Schutz des Art. 5 Abs. 1 S. 1 GG auch auf kommerzielle Meinungsäußerungen sowie reine Wirtschaftswerbung, die einen wertenden, meinungsbildenden Inhalt hat. Das BVerfG betont in dieser Entscheidung, daß Meinungsäußerungen Dritter, die dem Schutz des Art. 5 Abs. 1 S. 1 GG unterliegen, und die in einem Presseorgan veröffentlicht werden, dem Schutzbereich der Pressefreiheit unterliegen[388].

Diese Grundsätze sind m. E. auf die Rundfunkwerbung übertragbar, da auch im Bereich des Rundfunks eine von der Meinungsfreiheit geschützte Meinungsäußerung gleichzeitig vom Schutz der Rundfunkfreiheit erfaßt werden muß. Denn auch hier geht es um die Verbreitung einer Aussage eines Dritten durch ein Medium. Eine geschützte Meinungsaußerung darf einem Rundfunkveranstalter sowenig wie einem Presseorgan untersagt werden. Sofern also die Werbung selbst der Meinungsfreiheit unterliegt, fällt sie gleichzeitig in den Schutzbereich der Rundfunkfreiheit. Auch die Grundsätze der Südkurier-Entscheidung des BVerfG im Hinblick auf den Anzeigenteil der Presse lassen sich auf den Rundfunkbereich übertragen[389]. Nach Auffassung des BVerfG gehört die die Verbreitung von Nachrichten und Meinungen zu den typischen Aufgaben der Presse. Dabei sei es unschädlich, daß die Anzeigen die Meinungen Dritter, der Werbekunden, und nicht die des Presseorgans wiedergebe, weil auch die Wiedergabe fremder Mei-

---

[383] Engels, Fernsehwerbung für Kinder, S. 126.

[384] BVerfGE 21, 271, 278 -„Südkurier"-; Volpers u.a., Trennung von Werbung und Programm, S. 106; Neft, Rundfunkwerbung, S. 42 f.

[385] BVerfGE 74, 297, 341 f. Darin heißt es *"Ob Wirtschaftswerbung im Rundfunk in gleicher Weise geschützt wird, wie der Anzeigenteil von Presseerzeugnissen durch die Pressefreiheit, bedarf im vorliegenden Fall keiner Entscheidung. Für die verfassungsrechtliche Beurteilung des § 13 Abs. 2 Satz 4 LMedienG kommt es allein darauf an, ob und inwieweit die Finanzierung regionaler und lokaler Programme durch Werbung vom Schutz des Art. 5 Abs. 1 Satz 2 GG umfaßt wird."*.

[386] BVerfGE 87, 181, 197 -„Hessen-3-Beschluß"-

[387] BVerfG GRUR 2001, S. 170 ff. (172).

[388] BVerfG GRUR 2001, S. 170 ff. (172).

[389] Vgl. Engels, Fernsehwerbung für Kinder, S. 126 f.; Volpers u.a., Trennung von Werbung und Programm, S. 107; Neft, Rundfunkwerbung, S. 43 f.

nungen zu den Aufgaben der Presse gehöre[390]. Dasselbe muß im Bereich des Rundfunks gelten, da die Verbreitung von Nachrichten und Meinungen dem Rundfunk ebenso wie der Presse obliegt[391].

Neben dem Aspekt des Schutzes von Werbung unter dem Gesichtspunkt der Meinungsbildungs- und -äußerungsfreiheit stellt sich die Frage, ob Werbung als Finanzierungselement dem Schutzbereich der Rundfunkfreiheit zuzuordnen ist. Die Einnahmen aus der Werbung sind für das private (entgeltfreie) Fernsehen essentiell und spielen auch im öffentlich-rechtlichen Rundfunk eine nicht unerhebliche Rolle im Hinblick auf die Finanzierung.

Nach der Rechtsprechung des BVerfG steht nicht die Werbefinanzierung als solche, sondern nur die finanzielle Sicherheit der Programme unter dem Schutz der Rundfunkfreiheit[392]. Der Gesetzgeber sei nicht auf eine bestimmte Finanzierungsform festgelegt[393]. Da die Verfassung kein subjektives Recht auf eine bestimmte Finanzierungsform gewährt, könnte der Rundfunkgesetzgeber den privaten Rundfunk auch auf andere Formen der Finanzierung (z.B. Pay-TV) verweisen, soweit die Programmleistung mit diesen Finanzierungskonzepten erbracht werden könnte[394]. Wenn der Gesetzgeber allerdings eine (Teil-) Werbefinanzierung vorsieht, muß diese funktionsgerecht ausgestaltet werden, indem beispielsweise den öffentlich-rechtlichen Rundfunkanstalten ermöglicht wird, ein nicht rein massenattraktives Programm zu veranstalten. Unter dem Aspekt der funktionsgerechten Finanzierung sind die Einnahmen des öffentlich-rechtlichen Rundfunks aus der Werbung von der Rundfunkfreiheit geschützt[395]. Insofern partizipiert die Rundfunkwerbung (indirekt) an der Rundfunkfreiheit.

Dieses Ergebnis gilt sowohl für den öffentlich-rechtlichen als auch den privaten Rundfunk. Für den privaten Rundfunk, der vollständig auf Werbefinanzierung angewiesen ist, folgt daraus jedoch keine Finanzierungsgarantie[396]. Das BVerfG hat diesbezüglich klargestellt, daß der private Rundfunk nicht Bedingungen unterworfen werden darf, die die Veranstaltung von privatem Rundfunk in hohen Maße erschweren, wenn nicht ausschließen würde[397]. Die zum Teil in der Literatur vertretene Auffassung, daß dem privaten Rundfunk eine Finanzierungsgarantie oder ein ausreichendes Werbeeinkommen gesichert werden müsse[398], ist daher

[390] BVerfGE 21, 271, 279 -„Südkurier"-.
[391] So auch Engels, Fernsehwerbung für Kinder, S. 127. Zur Pressefreiheit siehe Kunig, Jura 1995, S. 589 ff.
[392] Vgl. Engels, Fernsehwerbung für Kinder, S. 127 f.; BVerfGE 73, 118, 178 ff. -„Niedersächsisches Landesrundfunkgesetz"-; BVerfGE 83, 238, 310 -„Nordrhein-westphälische Rundfunkgesetzgebung"-; BVerfGE 87, 181, 200 -„Hessen-3-Beschluß"-.
[393] BVerfGE 87, 181, 200 -„Hessen-3-Beschluß"-; Engels, Fernsehwerbung für Kinder, S. 127.
[394] Vgl. Engels, Fernsehwerbung für Kinder, S. 128 u.133.
[395] Volpers u.a., Trennung von Werbung und Programm, S. 109; Neft, Rundfunkwerbung, S. 64; Engels, Fernsehwerbung für Kinder, S. 128; Ladeur, ZUM 1987, S. 491 ff. (493 f.).
[396] Neft, Rundfunkwerbung, S. 62 f.
[397] BVerfGE 73, 118, 157 -„Niedersächsisches Landesrundfunkgesetz"-; 83, 238, 311 -„WDR-Urteil"-; v. Mangoldt/Klein/Starck, Bonner Grundgesetz, Art. 5 Abs. 1, 2, Rn. 147; Neft, Rundfunkwerbung, S. 62.
[398] Vgl. Geiger, AfP 1984, S. 136 ff. (140); Hartstein, BayVBl. 1985, S. 106 ff. (108).

abzulehnen[399]. Aus Art. 5 Abs. 1 S. 2 GG ergibt sich allerdings die Verpflichtung des Gesetzgebers, dem privaten Rundfunk eine Betätigungschance zu gewähren, indem eine angemessene Möglichkeit zur Erzielung von Werbeeinnahmen gewährleistet wird[400].

(2) Werbebeschränkungen

Auch im Bereich der Rundfunkfreiheit wird zwischen Ausgestaltungsgesetzen und Eingriffsgesetzen unterschieden. Ausgestaltungsgesetze gewährleisten die funktionsfähige Rundfunkordnung im Interesse einer freien individuellen und öffentlichen Meinungsbildung[401]. Eingriffsgesetze sind beschränkende Regelungen, die in verfassungsrechtlich gewährleistete oder rechtlich begründete Positionen eingreifen und unterliegen dem Schrankenvorbehalt des Art. 5 Abs. 2 GG[402].

Ausgestaltungsgesetze, die ihr Ziel, die Rundfunkfreiheit zu sichern, verfehlen, sind vom Gewährleistungsauftrag nicht gedeckt und damit verfassungswidrig[403]. Ausgestaltungen sind nach dem BVerfG zulässig, wenn sie die Rundfunkfreiheit gegenüber den bestehenden Vorschriften besser oder zumindest gleichwertig schützen[404]. Sowohl Eingriffs- als auch Ausgestaltungsgesetze unterliegen dem Gesetzesvorbehalt und müssen daher verhältnismäßig sein[405].

Für die Unterscheidung zwischen Ausgestaltungs- und Eingriffsgesetzen ist auf das Regelungsziel abzustellen. Ausgestaltungen zielen darauf, die normative Zielsetzung der Grundrechte zu verwirklichen. Schranken begrenzen dagegen bereits gewährte Freiheitsrechte zum Schutz gleich- oder höherrangiger Rechtsgüter. Hat eine Regelung mehrere Ziele, ist auf das Schwergewicht abzustellen, d.h. auf das Regelungsziel, das im Mittelpunkt der Regelung steht[406].

Das Trennungs- und Kennzeichnungsgebot, das Verbot der Irreführung der Rezipienten und die Unterbrecherregelungen werden zu den Ausgestaltungsgesetzen gerechnet. In diesem Bereich hat der Gesetzgeber einen weiten Gestaltungsspielraum, dem nur durch das Verbot der Funktionsinadäquanz Grenzen gesetzt werden[407].

Inhaltliche Regelungen wie das Verbot der Tabakwerbung oder das Verbot der Schädigung der Interessen der Verbraucher und der Förderung von gesundheits-

---

[399] Neft, Rundfunkwerbung, S. 62; Bullinger, AöR, 108 (1983), S. 162 ff. (183).
[400] BVerfGE 73, 118, 157 -„Niedersächsisches Landesrundfunkgesetz"-; Neft, Rundfunkwerbung, S. 63.
[401] Siehe dazu ausführlich Engels, Fernsehwerbung für Kinder, S. 117 ff.; Ruck, AöR 117, S. 544 ff. (545).
[402] Engels, Fernsehwerbung für Kinder, S. 139 u. 168.
[403] Ruck, AöR 117, S. 544 ff. (549); Volpers u.a., Trennung von Werbung und Programm, S. 110;
[404] BVerfGE 74, 297, 334.
[405] BVerfGE 57, 295, 320 -„FRAG-Urteil"-; Engels, Fernsehwerbung für Kinder, S. 144; Rikker, AfP 1997, S. 589 ff. (591); Bremer u.a., Rundfunk in der Verfassungs- und Wirtschaftsordnung, S. 45.
[406] Engels, Fernsehwerbung für Kinder, S. 141.
[407] BVerfGE 87, 181, 198-„Hessen-3-Beschluß"-.

schädlichen Verhaltensweisen werden dagegen zu den Schrankengesetzen gezählt[408]. Dem Gesetzgeber steht es frei, der Werbung nach Zeit, Dauer und Häufigkeit Grenzen zu setzen[409]. Im Bereich des öffentlich-rechtlichen Rundfunks können Werbesendungen sehr weitgehend beschränkt oder sogar verboten werden, solange es sich dabei um eine die finanziellen Grundlagen des dualen Rundfunksystems ordnende Maßnahme handelt.

c. Berufsfreiheit

Wirtschaftswerbung ist Bestandteil der gewerblichen Betätigung und fällt damit in den Schutzbereich des Art. 12 Abs. 1 GG[410]. Der Veranstalter von Rundfunk kann sich hinsichtlich der Ausstrahlung von Werbung auf die Berufsfreiheit berufen[411]. Reglementierungen der Werbung stellen dann Berufsausübungsregeln dar, die nach Art. 12 Abs. 1 S. 2 GG vergleichsweise unproblematisch möglich sind[412].

V. Zusammenfassung

Die Fernsehwerbung unterliegt in der Bundesrepublik Deutschland einer Reihe von einfachgesetzlichen Regelungen, die sich aus der Medienregulierung vor dem verfassungsrechtlichen Hintergrund der Funktion des Rundfunks als Medium und Faktor der Meinungsbildung einerseits und dem grundrechtlichen Schutz von Werbung als Meinungsäußerung und als Finanzierungselement andererseits ergeben. Die Regelungen im RStV bezwecken im öffentlich-rechtlichen und privaten Rundfunk eine angemessene Möglichkeit der Erzielung von Werbeeinnahmen sowie die Sicherung der Programmautonomie und den Schutz des Rezipienten.

Die Werberegelungen sind anläßlich der Änderungen der EG-Fernsehrichtlinie novelliert worden, wobei die Grundsätze der Fernsehwerbung und das Regulierungskonzept beibehalten worden sind. Die Änderungen betreffen in erster Linie das Teleshopping, die Regelungen zum Sponsoring sowie die Werbezeitenregelungen. Die Bundesländer haben sich darüber hinaus zur Regelung der Frage der Zulässigkeit virtueller Werbung und Split-Screening entschlossen, ohne daß die Fernsehrichtlinie in dieser Hinsicht eine Harmonisierung vorgesehen hatte. Schließlich sind auch die Werberichtlinien der Landesmedienanstalten angepaßt worden und sehen eigenständige Regelungen zum Verlags-TV sowie zum Grafik- und Titelsponsoring vor.

---

408 Volpers u.a., Trennung von Werbung und Programm, S. 112.

409 BVerfGE 87, 181, 200 -„Hessen-3-Beschluß"-; Volpers u.a., Trennung von Werbung und Programm, S. 112 f.

410 BVerfG 40, S. 371 ff. (382); BVerfG 60, S. 215 ff. (229).

411 Vgl. Bremer u.a., Rundfunk in der Verfassungs- und Wirtschaftsordnung, S. 137; Volpers u.a., Trennung von Werbung und Programm, S. 106; Engels, Fernsehwerbung für Kinder, S. 173.

412 Siehe zum Schutz der Werbung unter dem Aspekt der Berufsfreiheit ausführlich Engels, Fernsehwerbung für Kinder, S. 175 ff.

Die Zulässigkeit von Werbebeschränkungen richtet sich aufgrund des grundrechtlichen Schutzes von Werbung durch Art. 5 Abs. 1 GG nach Art. 5 Abs. 2 GG. Dabei ist eine Unterscheidung zwischen privatem und öffentlich-rechtlichen Rundfunk zulässig, da sich der öffentlich-rechtliche Rundfunk primär aus den Rundfunkgebühren finanziert. Im Bereich des privaten Rundfunks ist der Gesetzgeber verpflichtet, ein realistische Betätigungschance durch die Erzielung von Werbeeinnahmen zu sichern.

Die privaten Rundfunkveranstalter fordern eine noch stärkere Lockerung oder sogar die gänzliche Freistellung von Werberestriktionen und verweisen auf die zunehmende Konkurrenz mit elektronischen Diensteanbietern, die nicht den strengen Werberestriktionen des Rundfunks unterliegen[413]. Tatsächlich mutet es paradox an, wenn eine Fernsehsendung, die im Internet abrufbar ist, anderen Werbebestimmungen unterliegt als die Ausstrahlung derselben Sendung im Fernsehen. Mit der neuen Struktur der abgestuften Medienregulierung in Deutschland wird versucht, die Regelungsdichte den Eigenarten des jeweiligen Angebots anzupassen. Obwohl die Abgrenzung zwischen den verschiedenen Ebenen im Einzelfall Schwierigkeiten aufwirft, gilt dieses Modell in der Literatur als Vorbild für eine europäische Medienordnung[414]. Die verfassungsrechtliche Funktion des Rundfunks hat nach wie vor Bestand, auch wenn die Grenzen der Medien untereinander immer mehr verschwimmen. Daher ist der Gesetzgeber gehalten, die Unabhängigkeit des Rundfunks trotz aller Veränderungen zu schützen. Zu diesem Zweck sind grundsätzlich auch schärfere Werberegeln im Rundfunkbereich und die Differenzierung zwischen privatem und öffentlich-rechtlichem Rundfunk berechtigt.

Die Regulierung der Rundfunkwerbung ist auch vor dem Hintergrund der neueren Entwicklungen auf dem Gebiet der Informationstechnologie zu betrachten. Die damit verbundene Veränderung der Medienlandschaft fördert auch die Autonomie der Zuschauer gegenüber den Medien[415]. Auch in der deutschen wettbewerbsrechtlichen Rechtsprechung setzt sich allmählich der vom Europäischen Gerichtshof geprägte Begriff des „verständigen Verbrauchers" durch[416]. Diesem wird zugetraut, daß er bei entsprechender Information selbst die Entscheidung treffen kann, welchen Beeinflussungen und Gefahren er ausweichen will. Die neuen rundfunkrechtlichen Regelungen entsprechen durchaus diesem Trend, da sie virtuelle Werbung und Split-Screening jeweils unter der Voraussetzung einer entsprchenden Kennzeichnung zulassen.

---

413 Vgl. epd medien Nr. 88 vom 10.11.1999.

414 Vgl. Kuch, ZUM 1997, S. 225 ff. (230); auf EG-Ebene hat die Kommission im Jahr 1997 ein Grünbuch zur Konvergenz der Bereiche Telekommunikation, Medien und Informationstechnologie und den Folgen für die Regulierung veröffentlicht (Grünbuch v. 3.12.1997, KOM 97, 623). Darin werden Regulierungsmodelle für die von der Konvergenz betroffenen Branchen zur Diskussion gestellt, Dörr, NJW 1997, S. 1341 ff. (1341); zum Grünbuch s.a. Scheja, CR 1998, S. 358 ff.

415 Ricker, AfP 1997, S. 589 ff. (598).

416 Zum verständigen Verbraucher siehe EuGH WRP 1995, S. 677 ff. (678); Fezer, WRP 1995, S. 671 ff.

3. Kapitel: Rundfunkrechtliche Zulässigkeit von virtueller Werbung und Split-Screening

Nachdem im vorigen Kapiteln die rundfunk- und verfassungsrechtlichen Grundlagen für die Fernsehwerbung sowie die Neuerungen durch den 4. RÄndStV dargestellt worden sind, widmet sich das folgende Kapitel den speziellen Problemen, die virtuelle Werbung und Split-Screening aufwerfen. Im Hinblick auf virtuelle Werbung geht es zunächst um deren Zulässigkeit nach dem bisherigen Verständnis der Werberegeln, um praktische und rechtliche Probleme der Neuregelung in § 7 Abs. 6 S. 2 RStV und um die Bedeutung des § 7 Abs. 6 S. 3 RStV. Die Frage der Zulässigkeit des Split-Screening erfordert eine Auseinandersetzung mit der herkömmlichen Auslegung des Trennungsgebotes und dem Verhältnis des RStV zum MDStV, mit einzelnen rechtlichen Fragestellungen und Problemen der praktischen Anwendung des § 7 Abs. 4 RStV sowie mit urheberrechtlichen Fragen.

I. Virtuelle Werbung und die Neuregelung in § 7 Abs. 6 S. 2 RStV

1. Virtuelle Werbung nach dem bisherigen Verständnis der Werberegeln

a. Vereinbarkeit mit dem Trennungsgebot

(1) Erkennbarkeit der Werbung als solche

Das Trennungsgebot verlangt die Erkennbarkeit von Werbung als solcher und ihre eindeutige Trennung vom übrigen Programm[417]. Rundfunkveranstalter und Werbetreibende müssen Werbung so gestalten, daß sie trotz einer etwaigen programmlichen Einbettung als Werbung und nicht als Teil des redaktionellen Programms wahrgenommen wird[418].

Werbung auf Banden oder sonstigen Flächen bei Sportereignissen durch Präsentation des Marken- oder Firmenlogos ist als werbliche Aussage intendiert und ist für den Zuschauer eindeutig als solche erkennbar[419]. Aufgrund der jahrzehntelangen Praxis des Sportsponsorings sind die Zuschauer an diese Form der Werbung längst gewöhnt. Sie wissen, daß die Vereine und Verbände als Sportstättenbetreiber auf diese Weise Einnahmen erzielen und daß der Sport darauf angewiesen ist. Man kann davon ausgehen, daß die Zuschauer Werbung bei größeren Sportveranstaltungen geradezu erwarten und wohl überrascht wären, etwa ein Fußball-Länderspiel völlig frei von Werbung zu sehen.

Das gilt auch für die Erkennbarkeit von virtueller (Banden-)Werbung. Es macht keinen Unterschied, ob diese Form der Werbung real vorhanden ist, oder virtuell

---

[417] Zum Trennungsgebot allgemein siehe 2. Kapitel Ziff. III.1.d.

[418] Herkströter, MP 1998, S. 106 ff. (108).

[419] Vgl. Jessen, Vermarktung von Sportereignissen, S. 20; Bruhn/Mehlinger, Rechtliche Gestaltung des Sponsoring, Bd. 1, S. 157; VG Berlin ZUM 1999, S. 742 ff. (748) -„Feuer Eis & Dynamit".

erzeigt wird[420]. Auch virtuelle Werbung, die nicht bereits existierende Werbung ersetzt, sondern beispielsweise zusätzlich auf dem Spielfeld eingeblendet wird, ist dem Zuschauer *als solche* erkennbar. Beim virtuellen Placement in fiktionalen Programmelementen hängt die Erkennbarkeit von der Art der Einbindung in die Handlung ab. Während die Werbeabsicht bei unauffälligen werblichen Plazierungen verborgen bleiben kann, ist die Werbung bei demonstrativen Plazierungen dagegen als solche erkennbar.

Für die Fernsehzuschauer ist dagegen nicht ersichtlich, daß es sich bei virtueller Werbung um eine *künstlich erzeugte*, vom Rundfunkveranstalter aktiv eingesetzte Werbeeinblendung handelt, da die Unterscheidung einer realen von einer künstlichen Bandenwerbung nicht ohne weiteres möglich ist[421]. Die Zuschauer von Fernsehübertragungen erwarten, daß ihnen das Fernsehen ein Abbild der Realität präsentiert und gehen davon aus, daß die sichtbare Werbung auch wirklich vorhanden ist.

Insofern kann es beim Einsatz virtueller Werbung ohne entsprechende Kennzeichnung zu einem Irrtum in zweierlei Hinsicht kommen. Die Zuschauer können einerseits über den Realitätsgehalt der Übertragung irren, wenn sie glauben, die für sie sichtbare Werbung würde in der Realität in dieser Form existieren. Zum anderen können sie sich über die Rolle der Rundfunkveranstalter täuschen, wenn sie davon ausgehen, daß die Rundfunkveranstalter für diese Art der Werbung weder verantwortlich noch daran finanziell beteiligt sind.

Es stellt sich nun die Frage, ob virtuelle Werbung aufgrund dieser möglichen Irreführung der Zuschauer gegen das Trennungsgebot verstößt. *Herkströter* meint, daß das Trennungsprinzip dem Rundfunkveranstalter verbiete, Werbung in die Realität mittels technischer Vorkehrungen zu integrieren und sieht das Trennungsprinzip bei der Einblendung virtueller Werbung als verletzt an. Der normative Befehl zur Trennung von Werbung und Programm anerkenne das Allgemeininteresse an einer Authentizität der Abbildung beziehungsweise an einer Bewahrung der Ursprünglichkeit eines fiktionalen Beitrags[422]. *Henning-Bodewig* erachtet den Einsatz virtueller Werbung für unzulässig, weil sie in den Realitätsgehalt der Übertragung eingreife[423]. *Jessen* weist dagegen darauf hin, daß ein Irrtum der Zuschauer über die redaktionelle Begründbarkeit einer Werbeabbildung rechtlich nicht relevant ist. Der Schutz der Zuschauer vor Irreführung bestehe nur bei mangelnder Erkennbarkeit der Werbung, da der Zuschauer in diesem Fall keine Abwehrhaltung aufbauen könne[424].

Letzterem ist zuzustimmen, da nicht jeglicher Irrtum des Zuschauers durch die Werberegeln verhindert werden soll, sondern nur ein solcher über den Charakter einer werblichen Aussage. Der Trennungsgrundsatz dient neben der Einhaltung

---

[420] So auch Schmittmann (Diskussionsbeitrag) in: Digital oder Original, S. 66.
[421] Volpers u.a., Trennung von Werbung und Programm, S. 158.
[422] Herkströter in: Digital oder Original, S. 36.
[423] Henning-Bodewig, ZUM 1997 S. 633 ff. (642).
[424] Jessen, Vermarktung von Sportereignissen, S. 20. Die Aussage bezieht sich allerdings auf herkömmliche Sportwerbung und nicht auf virtuelle Werbung.

der Objektivität und Neutralität des Rundfunks am Markt und dem Schutz des Zuschauers vor Täuschung über den werbenden Charakter des Programms sowie dem Vertrauen in die Wahrhaftigkeit und Objektivität der redaktionellen Berichte[425]. Das Trennungsgebot soll den Zuschauer davor schützen, daß er einer werblichen Aussage dasselbe Vertrauen wie einem redaktionellen Beitrag entgegenbringt. Ein Irrtum über den Realitätsgehalt einer Fernsehübertragung oder über die Rolle der Rundfunkveranstalter im Zusammenhang mit der Werbeeinblendung als aktive Werbevermarkter ist dagegen nicht tatbestandsmäßig. Die Zulässigkeit virtueller Werbung scheitert daher nicht am Tatbestandsmerkmal der Erkennbarkeit der Werbung nach § 7 Abs. 3 S. 1 RStV.

Dieses Zwischenergebnis gilt für virtuelle Werbung im Sportbereich sowie für virtuelles Placement, wenn es sich um eine „als solche" erkennbare Werbung handelt. Soweit sich der Werbezweck beim virtuellen Placement dem Zuschauer verschließt, richtet sich die Zulässigkeit nach den Regeln über die Schleichwerbung.

(2) Eindeutige Trennung von anderen Programmteilen

Neben der Erkennbarkeit von Werbung fordert das Trennungsgebot eine eindeutige Trennung der Werbung von anderen Programmteilen durch geeignete optische Mittel. Bei virtueller Werbung ist eine Trennung mit optischen Mitteln unmöglich, weil die Vermischung mit dem übrigen Programm der virtuellen Werbung sozusagen wesensmäßig innewohnt. Dem Wortlaut des § 7 Abs. 3 RStV nach verstößt virtuelle Werbung daher gegen das Trennungsgebot[426]. Virtuelle Werbung bei Sportveranstaltungen ist jedoch vor dem Hintergrund des allgemeinen Konsenses über die Zulässigkeit von (realer) Werbung bei Sportveranstaltungen und deren Übertragung im Fernsehen zu sehen, worauf im folgenden eingegangen wird.

aa. Die rechtliche Behandlung herkömmlicher Sportwerbung

Die Werbung bei Sportveranstaltungen hat große Bedeutung für die werbetreibenden Unternehmen wie auch für die Sportler, Verbände und Vereine[427]. Damit geht eine zunehmende Akzeptanz in der Bevölkerung für die damit zusammenhängende Werbung einher[428]. Es ist selbstverständlich geworden, daß bei Sportübertragungen jeder Art Logos und Firmenzeichen im Fernsehbild zu sehen sind[429]. Die Zeiten, als Werbebanden für die Fernsehübertragung verhängt wurden oder die ARD sich wegen der Bandenwerbung weigerte, ein Fußballspiel zu

---

[425] BGHZ 130, 205 (230)-„Feuer, Eis&Dynamit"-; Engels, Fernsehwerbung für Kinder, S. 128; Ricker, AfP 1997, S. 589 ff. (592); Greffenius/Fikentscher, ZUM 1992, 526 ff. (528); Herkströter, MP 1998, S. 106 ff. (108); Volpers u.a., Trennung von Werbung und Programm, S. 53.

[426] Volpers u.a., Trennung von Werbung und Programm, S. 159 f.

[427] Vgl. Vieweg (Hrsg.), Sponsoring im Sport, S. 17 ff.; Felten, SpuRt 1997, S. 18 ff.

[428] Vgl. Vieweg (Hrsg.), Sponsoring im Sport, S. 12; Völkel, ZUM 1992, S. 55 ff. (67).

[429] Vgl. Greffenius/Fikentscher, ZUM 1992, 526 ff. (523 f.).

übertragen, scheinen in ferner Vergangenheit zu liegen[430]. Vielmehr besteht gerade im Sportbereich bei den größeren Veranstaltungen eine enge Verbindung zwischen dem Sport und den Medien, so daß die Medien hier selbst „Bestandteil der Wirklichkeit" geworden sind[431].

Die „Macht des Faktischen" hat letztlich auch in rechtlicher Hinsicht zu einer Anerkennung dieser Werbeform geführt[432]. Obwohl Sportwerbung in dieser Form mit dem Trennungsgebot in Konflikt gerät, sind in Literatur und Rechtsprechung Lösungen entwickelt worden, die eine Verletzung des Trennungsgebotes durch die Übertragung derartiger Werbung ausschließen. Das Trennungsgebot wird durch eine teleologische Reduktion bzw. durch verfassungskonforme Auslegung so interpretiert, daß bestimmte Verhaltensweisen, die nach dem Wortlaut einen Verstoß darstellen würden, aus dem Tatbestand herausfallen, bzw. gerechtfertigt sind[433]. Vielfach wird dabei auf eine wettbewerbsrechtliche, von *Bork* entwickelte Formel, die eine Abwägung zwischen dem Zweck des Trennungsgebotes und der Rundfunkfreiheit vorsieht, rekurriert[434].

> *"Ein Verstoß gegen das Gebot der Trennung von Werbung und Programm liegt dann nicht vor, wenn die mit einer konkreten Szene verbundene objektive Werbung aus redaktionellen oder dramaturgischen Gründen unvermeidbar (oder die Vermeidung nicht zumutbar) ist."*

Die objektive Werbewirkung einer bestimmten Szene ist *unvermeidbar*, wenn redaktionelle oder dramaturgische Gründe für die Ausstrahlung einer bestimmten Szene sprechen oder Dritte für die Werbung verantwortlich sind, die der Rundfunkveranstalter nicht beeinflussen kann. Das bedeutet, daß z.B. ein Bericht über die Einrichtung einer Fußgängerzone, bei dem auch einzelne Geschäfte zu erkennen sind, zulässig wäre. Auch der BGH hat sich für eine solche einschränkende Auslegung des Trennungsgebotes ausgesprochen. In der Boro-Entscheidung aus dem Jahr 1990 heißt es:

> *„Allerdings wäre es verfehlt, aus dem Grundsatz der Trennung von Werbung und Programm herzuleiten, daß jede werbliche Auswirkung einer Fernsehsendung das Trennungsgebot der Staatsverträge verletzt. Die Grenzen zwischen dem, was vom Programmauftrag gedeckt, und dem, was nach den Bestimmungen der Staatsverträge unzulässige Werbung ist, fließend. Bei ihrer Bestimmung ist zu beachten, daß die verfassungsrechtlich geschützte Rundfunkfreiheit (Art. 5 Abs. 1 S. 2 GG) nicht durch ein zu weit gestecktes Verständnis des Begriffs des Trennungsgebots beeinträchtigt und die Erfüllung des Programmauftrages nicht über Gebühr eingeschränkt wird. [...] Dem entspricht bei der gebotenen verfassungsrechtlichen Auslegung eine Interpretation, die Werbung im Programm, weil Werbung als Bestandteil der realen Umwelt bei Berichten und Darstellun-*

---

[430] Siehe dazu das Urteil des BVerwG, AfP 1978, S. 152, mit dem die Klage eines Zuschauers gegen die ARD abgewiesen wurde; vgl. auch Platho, ZUM 2000, S. 46 ff. (52); Bork, Werbung im Programm, S. 12; Kulka in: Medien Recht und Sport, S. 51 ff. (62).

[431] Ladeur, ZUM 1999, S. 672 ff. (674); vgl. Bruhn/Mehlinger, Rechtliche Gestaltung des Sponsorings, Bd. 1, S. 162.

[432] Vgl. Herkströter, MP 1998, S. 106 ff. (110).

[433] Neft, Rundfunkwerbung, S. 85; Dörfler, Product Placement, S. 97; Köhler, Rundfunkwerberecht, S. 80 ff.; Volpers u.a., Trennung von Werbung und Programm, S. 124.Scherer, Product Placement, S. 113 f.; v. Westerholt, ZIP 1996, S. 264ff. (269).

[434] Bork, Werbung im Programm, S. 84.

gen aus dieser Umwelt nicht künstlich ausgespart werden kann, im Rahmen des Unvermeidbaren für zulässig erachtet."[435]

Es kommt also darauf an, ob die Übertragung von Werbung bei Sportveranstaltungen ohne Trennung von der redaktionellen Berichterstattung als unvermeidbar anzusehen ist. Die Rundfunkveranstalter haben in der Regel keinen Einfluß auf die am Veranstaltungsort angebrachte Werbung, da die entsprechenden Verträge direkt zwischen den Werbetreibenden und den Veranstaltern geschlossen werden[436]. Bei der Übertragung von Sportveranstaltungen ist es dem Fernsehveranstalter praktisch unmöglich, die am Veranstaltungsort vorhandene Werbung *nicht* mitzuübertragen. Den Rundfunkveranstaltern bliebe zur Vermeidung eines Verstoßes gegen den Trennungsgrundsatz nur die Möglichkeit, auf die Übertragung derartiger Veranstaltungen zu verzichten, was praktisch einem werberechtlichen Übertragungsverbot gleichkommen würde[437]. Entsprechend stellte das VG Berlin in seiner Entscheidung zu dem Film „Feuer, Eis & Dynamit" fest:

"Verfolgte man diesen Gedanken in strikter Verwirklichung des Trennungsgebotes aus § 7 Abs. 3 RStV, müßte man zum Beispiel auch die Übertragung von Fußball-Länderspielen für unzulässig erklären, in deren Rahmen in erheblichem Umfang Markeneinblendungen wahrnehmbar sind."[438]

Die Ausstrahlung wichtiger Sportereignisse ist Bestandteil des Informations- und Unterhaltungsprogramms des Fernsehens[439]. Die Unzulässigkeit der Übertragung bestimmter Ereignisse von großem allgemeinen Interesse würde einen massiven Eingriff in die verfassungsrechtlich geschützte Programmgestaltungsfreiheit der Rundfunkveranstalter darstellen. Diese ist Ausfluß der Rundfunkfreiheit und gewährt den Rundfunkveranstaltern das Recht, grundsätzlich jedes Ereignis im Fernsehen zu übertragen[440]. Zwischen dem Zweck des Trennungsgebotes und der Programmgestaltungsfreiheit muß also abgewogen werden.

Angesichts des öffentlichen Informationsinteresse an großen Sportveranstaltungen muß der Schutz der Zuschauer vor irreführender Werbung zurückstehen. Daß der Rundfunkveranstalter wegen vorhandener Stadionwerbung gezwungen wäre, auf die Übertragung einer bestimmten Veranstaltung zu verzichten, wäre nicht mit der Programmgestaltungsfreiheit zu vereinbaren. Die Vermeidung der Mitübertragung von Sportwerbung wäre für den Rundfunkveranstalter also unzumutbar. Die Vermischung von Werbung und Programm ist in einem solchen Fall daher nicht tatbestandsmäßig, bzw. gerechtfertigt, so daß die Übertragung herkömmlicher Werbung bei Sportereignissen das Trennungsgebot nicht verletzt[441].

---

435 BGH, ZUM 1990, S. 291 ff. (295)-„Wer erschoß Boro"-.
436 Vgl. Volpers u.a., Trennung von Werbung und Programm, S. 159.
437 Greffenius/Fikentscher, ZUM 1992, 526 ff. (533); v. Westerholt, ZIP 1996, S. 264ff. (269); Bruhn/Mehlinger, Rechtliche Gestaltung des Sponsoring, Bd. 1, S. 157.
438 VG Berlin ZUM 1999, S. 742 ff. (749).
439 Greffenius/Fikentscher, ZUM 1992, 526 ff. (533); Herkströter, MP 1998, S. 106 ff. (110).
440 Vgl. Herzog in: Maunz/Dürig/Herzog, GG, Art. 5 I, II, Rn. 202, Herkströter, MP 1998, S. 106 ff. (110). Zur Rundfunkfreiheit siehe 2. Kapitel Ziff. IV.2.b.
441 Herkströter, MP 1998, S. 106 ff. (110).

bb. Übertragbarkeit auf virtuelle Werbung

Während der Rundfunkveranstalter auf das Vorhandensein herkömmlicher Bandenwerbung keinen Einfluß hat, erfordert der Einsatz virtueller Werbung dagegen in der Regel dessen aktive Mitwirkung. Anders ist es nur, wenn der Rundfunkveranstalter ein "fertiges" Rundfunksignal kauft, das bereits digital bearbeitet und mit virtueller Werbung versetzt worden ist. Bei einer aktiven Mitwirkung des Rundfunkveranstalters stellt sich die Frage, ob die objektive Werbewirkung virtueller Werbung unvermeidbar und aus programmlichen Gründen gerechtfertigt ist.

Herkströter ist der Ansicht, virtuelle Werbung sei nicht wie herkömmliche Sportwerbung unvermeidbar, da die Rundfunkveranstalter selbst dafür verantwortlich seien. Sie hätten es in der Hand, das Bild mit Werbung zu vermischen oder es davon freizuhalten. Mit Hilfe der digitalen Bildbearbeitungstechnik könne vielmehr sogar die bisher für unvermeidbar gehaltene Übertragung von Bandenwerbung umgangen werden, indem die im Bild erscheinende Werbung durch eine neutrale Fläche oder andere Werbung überblendet werde. Virtuelle Werbung verstoße daher gegen das Gebot der Trennung von Werbung und Programm und müsse mit einem Verbot im RStV unterbunden werden[442]. Auch *Ring* sah nach der alten Rechtslage in der nachträglichen Einfügung von virtueller Werbung in das Fernsehbild durch den Rundfunkveranstalter eine Verletzung des Trennungsgebotes[443].

Schaar sprach sich dagegen für eine beschränkte Zulassung virtueller Werbung nach dem Vorbild des britischen ITC Sponsoring Codes aus[444]. Dies sei einem generellen Verbot vorzuziehen, weil dem Zuschauer durch virtuelle Bandenwerbung kein "Mehr" an Werbung zugemutet, sondern lediglich eine ohnehin bestehende Werbefläche ausgetauscht würde. Das Trennungsgebot werde durch den Einsatz virtueller Werbetechniken nicht stärker strapaziert als bei einer Ausstrahlung ohne virtuelle Modifikation. Das Argument der Vermeidbarkeit der Werbeaussage könne daher nicht überzeugen, da lediglich die konkrete Werbeaussage vermeidbar würde, nicht aber die Werbung schlechthin, weil ohne virtuelle Werbung noch immer die bei dem Ereignis tatsächlich vorhandene Werbung ausgestrahlt werde[445].

Ladeur stimmt dieser Ansicht im Prinzip zu, stellt aber das bisherige Verständnis des Trennungsgebotes grundsätzlich in Frage, weil es auf einer Unterscheidung von Verantwortungsbereichen basiere, die angesichts der virtuellen Werbung fiktiv würden. Dies zeige sich auch daran, daß die digitale Technik eine virtuelle "Anti-Werbung" ermögliche und dadurch auch die normale Werbung wieder

---

[442] Herkströter, MP 1998, S. 106 ff. (111); ders. in: Digital oder Original? S. 37; Volpers u.a., Trennung von Werbung und Programm, S. 159; Loeb (Diskussionsbeitrag) in: Digital oder Original, S. 67.

[443] Ring, Medienrecht, C-0.3, § 7, Rn. 60 (in der Vorauflage zu Hartstein u.a., Rundfunkstaatsvertrag).

[444] Zum ITC Sponsoring Code siehe unten Ziff. 2.a. Danach ist virtuelle Werbung bei entsprechender Kennzeichnung zulässig, soweit reale Werbung ersetzt wird.

[445] Schaar, ZUM 1998, S. 869 ff. (875).

vermeidbar würde. Während das Abgrenzungsmerkmal der Unvermeidbarkeit im Zusammenhang mit herkömmlicher Sportwerbung noch plausibel sei, eigne es sich dagegen nicht für die virtuelle Werbung. Sportwerbung werde in einer Gesellschaftswirklichkeit, in der Werbung allgegenwärtig ist, akzeptiert, weil sie im wettbewerbsrechtlichen Sinne nicht mehr als unlauter gelte und nicht, weil sie unvermeidbar sei. Für den Zuschauer mache es keinen Unterschied, ob die Werbung im Stadion verkörpert sei oder durch digitale Technik in das Bild gemischt werde[446].

Auch die Landesmedienanstalten haben virtuelle Werbung bisher als unzulässig angesehen und auf die wenigen praktischen Fälle mit Beanstandungen reagiert. Angesichts der zu erwartenden Zulassung dieser Werbeform wurden jedoch keine Bußgelder verhängt[447]. Nach somit übereinstimmender Auffassung in der Literatur und der Landesmedienanstalten war virtuelle Werbung nach der alten Rechtslage nicht mit dem Trennungsgebot vereinbar, unabhängig davon, ob reale Werbeflächen ersetzt oder zusätzliche eingefügt werden.

Diesem Ergebnis ist zuzustimmen. Wenn virtuelle Werbung von den Rundfunkveranstaltern selbst eingesetzt wird, ist die Werbewirkung weder aus redaktionellen noch aus dramaturgischen Gründen gerechtfertigt. Die Durchbrechung des Trennungsgebotes wird bei der Sportwerbung hingenommen, weil die Programmgestaltungsfreiheit aufgrund der Unvermeidbarkeit bestimmter werblicher Aussagen im Fernsehen eine einschränkende Auslegung des Trennungsgebotes gebietet. Dies kann aber nicht auf die virtuelle Werbung übertragen werden, soweit die Rundfunkveranstalter aktiv an deren Einsatz beteiligt sind, da es gerade an der „Unvermeidbarkeit" fehlt. Die Diskussion um die virtuelle Werbung zeigt, daß die Frage der Zulässigkeit dieser Werbeform mit den bisherigen Maßstäben nur unbefriedigend zu beantworten ist, weil zwar für den Zuschauer beim Austausch von realer Werbung durch virtuelle Werbung kaum ein Unterschied besteht, und dennoch der Verstoß gegen das Trennungsgebot nicht auszuräumen ist. Hieran wird deutlich, daß Handlungsbedarf für Gesetzgebung und Rechtsprechung im Hinblick auf die Handhabung des Trennungsgebotes bestand.

Aus der im wesentlichen einhelligen Bewertung der früheren Rechtslage werden in der Literatur durchaus unterschiedliche Konsequenzen gezogen. Während *Herkströter* ein Verbot für virtuelle Werbung fordert, verlangt *Schaar* eine beschränkte Zulassung virtueller Werbung und *Ladeur* eine neue Konzeption für die Verbindung von programmlichen und werblichen Elementen. Die Frage nach den Schlußfolgerungen hat der Gesetzgeber jetzt mit der Regelung in § 7 Abs. 6 S. 2 RStV beantwortet.

---

[446] Ladeur, ZUM 1999, S. 672 ff. (675 ff.).

[447] Z.B. bei der Übertragung der Eishockey-WM in der Schweiz bei DSF. Dort war virtuell eine dreidimensionale animierte Figur (das Maskottchen der Firma Obi) eingeblendet worden. Auch die sog. Cam Carpets sind unter dem Gesichtspunkt der virtuellen Werbung Gegenstand einer Prüfung der Landesmedienanstalten geworden; Vgl. epd medien Nr. 72 vom 15. 9.1999.

Schließlich stellt sich die Frage der Zulässigkeit der Ausstrahlung von Sendungen, bei denen der Rundfunkveranstalter das Übertragungssignal mit bereits integrierter virtueller Werbung erwirbt. An diesem Punkt gehen die in der Literatur geäußerten Auffassungen auseinander. *Ring* vertritt die Ansicht, daß das Informationsinteresse der Bevölkerung an der Ausstrahlung der Sendung den Zweck des Trennungsgebotes überwiege, so daß im Ergebnis bei "gekauften" Signalen kein Verstoß gegen das Trennungsgebot gegeben sei[448]. *Herkströter* sieht dagegen auch in dieser Konstellation einen Verstoß gegen das Trennungsgebot[449]. *Ladeur* weist auf die praktischen Hindernisse hin: virtuelle Werbung könne rein faktisch nicht unterbunden werden, wenn sie in Drittländern erlaubt und praktiziert wird[450].

Soweit es sich bei solchen Sendungen um die Live-Übertragung wichtiger Ereignisse handelt, ist ein Verstoß gegen das Trennungsgebot abzulehnen, weil auch hier wieder die Programmgestaltungsfreiheit den Schutzzweck des Trennungsgebotes überwiegt. Eine Weigerung des Rundfunkveranstalters, virtuelle Werbung auszustrahlen, könnte dazu führen, daß er die Übertragungsrechte nicht erhält, so daß hier wiederum eine Situation wie bei der herkömmlichen Sportwerbung gegeben wäre. Die Mitübertragung virtueller Werbung wäre somit in dieser Konstellation als unvermeidbar und damit zulässig anzusehen.

(3) Kennzeichnung durch optische Mittel

Die Trennung von Werbung und Programm *durch geeignete optische Mittel* bedeutet nichts anderes als eine Kennzeichnung der Werbung (z.B. durch Werbetrenner bei der Spotwerbung). Es ergibt sich die Frage, ob eine Kennzeichnung virtueller Werbung den Verstoß beseitigen könnte. Der BGH hatte über die Hinweispflicht bei offensichtlicher Werbung in einem wettbewerbsrechtliche Fall zu entscheiden, der die Zulässigkeit der Vorführung des Kinofilms "Feuer, Eis & Dynamit", in dem ein sehr plakatives Product Placement stattfand, betraf[451]. Der BGH ließ die Vorführung des Films nur unter der Bedingung zu, daß vorher ein Hinweis auf die finanzielle Beteiligung der werbenden Unternehmen an der Produktion des Films gezeigt würde[452]. Im Unterschied zur virtuellen Werbung war in dem vom BGH zu entscheidenden Fall gerade kein Verstoß gegen eine Werbebestimmung gegeben. Liegt dagegen ein Verstoß vor, kann dieser nicht mit einem Hinweis auf programmimmanente Werbung ausgeglichen werden, da

---

[448] Ring, Medienrecht, C-0.3, § 7, Rn. 60 (in der Vorauflage zu Hartstein u.a., Rundfunkstaatsvertrag).

[449] Herkströter, in: Digital oder Original, S. 38.

[450] Ladeur, ZUM 1999, S. 672 ff. (675).

[451] BGH ZUM 1996, S. 146 ff.-„Feuer, Eis & Dynamit I"-; BGH ZUM 96, S. 152 ff. -„Feuer, Eis & Dynamit II"-. Da es um einen Kinofilm handelte, war in diesem Fall nicht das rundfunkrechtliche Trennungsprinzip, sondern das wettbewerbsrechtliche Verbot getarnter Werbung ausschlaggebend.

[452] In rechtsdogmatischer Hinsicht ist diese Kennzeichnungspflicht nicht zufriedenstellend hergeleitet worden. Der BGH geht einerseits davon aus, daß dem Zuschauer der werbende Charakter einiger Szenen durchaus bewußt werde, andererseits leitet er aus dem Verbot getarnter Werbung eine Hinweispflicht ab, siehe dazu Hartel ZUM 1996, S. 129 ff. (131).

§ 7 Abs. 3 S. 2 RStV die Trennung von Werbung und Programm *und* eine Kennzeichnung von Werbesendungen vorschreibt. Beide Erfordernisse müssen kumulativ und nicht nur alternativ erfüllt sein[453]. Nach der alten Rechtslage hätte daher eine Kennzeichnung die Verletzung des Trennungsgebotes durch virtuelle Werbung jedoch nicht beseitigen können.

b. Vereinbarkeit mit dem Schleichwerbeverbot

(1) Virtuelle Werbung bei Sportübertragungen

Die Einblendung virtueller Werbung ist eine Darstellung bzw. Erwähnung von Produkten zu Werbezwecken im Programm und erfüllt insofern den Tatbestand der Schleichwerbung. Die Zulässigkeit virtueller Werbung hängt davon ab, ob dadurch eine Irreführung der Allgemeinheit hinsichtlich des Zwecks der Darstellung eintritt. Eine werbewirksame Erwähnung oder Darstellung fällt aus dem Anwendungsbereich des Schleichwerbeverbotes heraus, wenn „sie im Rahmen des natürlichen Handlungsablaufs einer Sendung vorgenommen wird und nicht zu Werbezwecken vorgesehen ist"[454]. Das heißt, auch objektiv werbewirksame Darstellungen oder Erwähnungen erfüllen den Tatbestand nicht, wenn sie aus redaktionellen oder dramaturgischen Gründen erforderlich sind[455].

Zum Teil wird vertreten, virtuelle Werbung berge eine Gefahr der Irreführung und verletze damit das Schleichwerbeverbot. Man könne nicht von einer „wahren" Sportberichterstattung reden, wenn die dort vorhandene Werbung virtuell ausgetauscht werde[456]. Diese Argumentation kann jedoch nicht überzeugen, da es im Rahmen des Schleichwerbeverbotes allein auf die Eignung zur Irreführung über den Werbezweck ankommt. Bei virtueller Banden- oder sonstiger Sportwerbung besteht in aller Regel keine Gefahr, daß „die Allgemeinheit hinsichtlich des eigentlichen Zwecks dieser Erwähnung" irregeführt wird, da der Werbezweck offensichtlich ist[457]. Der Zuschauer täuscht sich zwar möglicherweise über die Tatsache, daß er nicht die ohnehin im Stadion vorhandene Werbung, sondern eigens für ihn ausgestrahlte Werbung sieht. Dieser Irrtum ist aber für den Tatbestand der Schleichwerbung nicht von Belang, da darin kein Irrtum *über den Zweck der Darstellung* liegt. Virtuelle Bandenwerbung erfüllt daher mangels Irreführungsgefahr nicht den Tatbestand der Schleichwerbung.

(2) Virtuelles Placement

Beim virtuellen Placement kann dagegen je nach den konkreten Umständen, die Gefahr einer Irreführung über den Zweck der Darstellung eintreten. Wie beim klassischen Product Placement wird der Werbezweck verschleiert, indem bei-

[453] Siehe dazu auch Kulka in: Medien Recht und Sport, S. 51 ff. (59); a.A. offenbar Herkströter in MP 1998, S. 106 ff. (108), der davon ausgeht, daß der RStV z.B. bei Werbespots, die in einer redaktionellen Gestaltung gesendet werden, eine Kennzeichnung verlangt.
[454] Begründung zum RStV 1991, abgedruckt bei Hartstein u.a. RStV, 2. Aufl., S. 121 ff.
[455] vgl. Volpers u.a., Trennung von Werbung und Programm, S. 157.
[456] Herkströter, MP 1998, S. 106 ff. (111).
[457] Siehe dazu oben Ziff. a. (1).

spielsweise der Hauptdarsteller ein Markenprodukt benutzt, um den Eindruck zu vermitteln, daß "man" dieses Produkt verwende. Der Werbeeffekt soll unmerklich eintreten. Beim herkömmlichen Productplacement hängt die Zulässigkeit davon ab, ob die Einbindung eines Markenprodukts in den Handlungsverlauf aus dramaturgischen Gründen erforderlich ist und die werbewirksame Darstellung gerechtfertigt ist. Beim virtuellen Placement liegt die Antwort (auf diese Frage) auf der Hand: virtuelles Placement erfolgt stets mit einer eindeutigen werblichen Intention und stellt keine unumgängliche Einbindung einer Markenrealität dar. Wenn die Art der Einbindung eines Markenprodukts gleichzeitig geeignet ist, den Zuschauer über die Werbeabsicht zu täuschen, ist virtuelles Placement als eine gezielte Form der werblichen Kommunikation anzusehen, die gegen das Verbot der Schleichwerbung verstößt[458].

Den Filmen, die ursprünglich als Kinofilme produziert worden sind, kommt nach der Entscheidung des VG Berlin zu dem Film „Feuer, Eis & Dynamit“ eine Sonderrolle zu, soweit sie dem Schutz der Kunstfreiheit unterliegen[459]. Die Rundfunkveranstalter haben auf die Herstellung in der Regel keinen Einfluß und enthalten auch kein Entgelt für Markeneinbindungen. Das VG betonte, daß sich auch die Rundfunkveranstalter auf den Schutz der Kunstfreiheit berufen können, wenn Kinofilme im Fernsehen ausgestrahlt werden. Selbst ein massives Product Placement hindert die Ausstrahlung im Fernsehen nicht, wenn keine Irreführungsgefahr der Zuschauer besteht. Ein durch eine Markeneinbindung vorliegender Verstoß gegen das Trennungsgebot muß aufgrund des Gewichts der Kunstfreiheit zurückstehen[460]. Aus dieser Entscheidung kann folgende Konsequenz für virtuelles Placement in Kinofilmen gezogen werden: ein Film, der durch Art. 5 Abs. 3 GG als Kunstwerk geschützt ist, darf trotz darin enthaltener (virtueller) Werbung im Fernsehen ausgestrahlt werden, wenn die Werbung offensichtlich und nicht irreführend ist.

c. Kennzeichnung als Dauerwerbesendung

Die Verletzung des Trennungsgebotes oder auch des Schleichwerbeverbotes durch virtuelle Werbung kann nicht etwa durch eine Kennzeichnung als Dauerwerbesendung wettgemacht werden. Mitunter mag dem Zuschauer die Übertragung bestimmter Sportveranstaltungen zwar wie eine Dauerwerbesendung erscheinen, da nahezu in jeder Bildeinstellung Werbeschriftzüge der Sponsoren zu sehen sind. Der Tatbestand der Dauerwerbesendung ist jedoch nicht erfüllt. Nach § 7 Abs. 5 RStV sind Dauerwerbesendungen zulässig, wenn "der Werbecharakter erkennbar im Vordergrund steht und die Werbung einen wesentlichen Bestandteil der Sendung darstellt". Die Vorschrift bezieht sich auf Sendungen, in denen werbliche und redaktionelle Elemente dergestalt vermischt sind, daß die redak-

---

[458] Volpers u.a., Trennung von Werbung und Programm, S. 160; Meyer-Harport, Neue Werbeformen im Fernsehen, S. 87.

[459] VG Berlin ZUM 1999, S. 742 ff.; das Gericht hatte sich mit der Fernsehausstrahlung des Kinofilms Feuer, Eis und Dynamit zu befassen.

[460] Vgl. Ladeur, ZUM 1999, S. 672 ff. (676 f.).

tionell gestalteten Teile nur den Rahmen für die Werbung bilden[461]. Eine Sendung, bei der die Werbung wie bei Sportveranstaltungen nur im Hintergrund zu sehen ist, erfüllt diese Voraussetzungen nicht. Dieses Ergebnis wird auch von der Entscheidung des VG Berlin zur Fernsehausstrahlung des Kinofilms "Feuer, Eis & Dynamit" gestützt. Bei diesem mit werbenden Elementen ausgestatteten Spielfilm stand nach Ansicht des Gerichts trotz aller Werbung die Handlung im Vordergrund, so daß der Film nicht als Dauerwerbesendung einzuordnen war[462]. Bei der Übertragungen von Sportveranstaltungen steht das sportliche Ereignis im Vordergrund, auch wenn in vielen Bildeinstellungen Werbeschriftzüge zu sehen sind. Eine Kennzeichnung als Dauerwerbesendung ist daher nicht erforderlich und nicht geeignet, einen eventuellen Verstoß gegen andere Werberegeln zu beseitigen.

d. Verbot der unterschwelligen Werbung

Auf den ersten Blick könnte man annehmen, daß virtuelle Werbung vom Verbot der unterschwelligen Werbung nach § 7 Abs. 3 S. 3 RStV erfaßt würde[463]. Allerdings bezieht sich die Vorschrift nur auf Werbung, die der Zuschauer nicht bewußt wahrnimmt. Die Einblendungen, die bei virtueller Werbung in das Bild integriert werden, können vom Zuschauer jedoch in aller Regel bewußt wahrgenommen werden. Daß ein Fernsehzuschauer, der sich auf eine Sendung konzentriert, die im Hintergrund vorhandene Werbung mitunter trotzdem nicht wahrnimmt (wie er sie einfach „übersieht"), ist unerheblich, weil jedenfalls die *Möglichkeit* besteht, die entsprechende Einblendung bewußt als Werbung zu erkennen. Somit kommt virtuelle Werbung nicht mit § 7 Abs. 3 S. 3 RStV in Konflikt.

2. Probleme der Zulassung der virtuellen Werbung im 4. RStV

a. Die Entstehungsgeschichte der Neuregelung

Virtuelle Werbung kommt in manchen Ländern heute bereits regelmäßig zur Anwendung[464]. Auch die deutschen Veranstalter von Sportereignissen, die Sportrechtevermarktungsagenturen und nicht zuletzt die Fernsehveranstalter zeigen sich an dieser neuen Werbeform interessiert[465]. Die internationale Praxis, der Druck der Sportveranstalter und einiger Fernsehsender haben die Bundesländer dazu veranlaßt, für den Einsatz virtueller Werbung eine einheitliche Rechtsgrundlage zu schaffen[466].

---

[461] Vgl. VG Berlin, ZUM 1999, S. 742 ff. (747)-„Feuer, Eis und Dynamit"-.

[462] Dasselbe gilt für die Sendung „Tutti Frutti", bei der werbliche Elemente eingestreut wurden, die jedoch den Charakter der Sendung nicht dominiert haben. Die Landesmedienanstalten haben diese Sendung daher nicht als Dauerwerbesendung, sondern die Werbung als Schleichwerbung beurteilt, vgl. Hartstein u.a., Rundfunkstaatsvertrag, § 7 Rn. 35.

[463] Zum Verbot der unterschwelligen Werbung siehe 2. Kapitel Ziff. III.1.d.

[464] Volpers in: Digital oder Original, S. 21; vgl. auch 1. Kapitel Ziff. II.1.

[465] Vgl. Horizont vom 4.3.1999 S. 46; sowie 18.2.1999, S. 41; Eckstein in: Digital oder Original, S. 43 ff.

[466] Vgl. Begründung zu § 7 RStV, abgedruckt bei Hartstein u.a., Rundfunkstaatsvertrag A.2.2.

Es gelang den Ländern nicht auf Anhieb, eine konsensfähige Lösung für eine Regelung zur virtuellen Werbung zu finden[467]. Im Diskussionsentwurf der Rundfunkreferenten wurde als ergänzender Absatz 4 zu § 7 RStV zunächst folgende Formulierung vorgeschlagen:

"Abweichend von Abs. 3 ist virtuelle Werbung zulässig, soweit der Gesamteindruck der Sendung nicht verfälscht wird. Der Einsatz virtueller Werbung außerhalb von sonstiger Werbung und Teleshopping ist durch geeignete optische Mittel während ihrer Dauer gesondert zu kennzeichnen".

Eine sehr ähnliche Regelung enthält die Empfehlung des Standing Committee[468] des Europarates vom 20./21. März 1997 zum Umgang mit virtueller Werbung im Fernsehen gedient haben, wonach virtuelle Werbung bei Sportveranstaltungen gesendet werden darf, wenn der Charakter der Sendung nicht verändert wird und am Anfang und am Ende der Sendung auf den Einsatz virtueller Werbung hingewiesen wird. Die Empfehlung hat folgenden Wortlaut:

"The Standing Committee believes that the broadcaster, who is exclusively responsible for the content of the signal produced and/or broadcast, should retain ultimate control over this content. Given its responsibility towards the viewers, the broadcaster must ensure that virtual advertising messages comply with the rules of the Convention, and in particular that virtual advertising, in its presentation and content, meets the requirements steeming from Articles 7, 11 and 13 of the Convention. In this respect, the Standing Committee notes the appropriateness of self-regulation and welcomes the code of conduct on virtual advertising adopted in 1996 by the European Broadcast Union and the Association of Commercial Television in Europe. Furthermore, without prejudice to any other indications which might be necessary in the future, it should be stressed at this stage that:
- the presence of virtual advertising messages during the broadcast of sports events should be indicated to the viewers, by appropriate means, at the beginning and the end of the programme concerned
- in no case should virtual advertising messages transform the perception or the understanding of the event, or be detrimental to its visibility."[469]

In der überarbeiteten Fassung dieses Entwurfs, der den Ministerpräsidenten im März 1998 zur Beratung vorlag, ist die als §§ 7 Abs. 4 RStV vorgesehene Regelung ersatzlos gestrichen worden, so daß es bei der alten Rechtslage geblieben wäre. Über die Werberegeln wurde zu diesem Zeitpunkt jedoch nicht endgültig entschieden[470]. Im April 1999 wurde von den Ländern schließlich folgende Fassung verabschiedet

"Die Einfügung virtueller Werbung in (Sport-)Sendungen ist zulässig, wenn
1. am Anfang und am Ende der betreffenden Sendung darauf hingewiesen wird und
2. durch sie eine am Ort der Übertragung ohnehin bestehende Werbung ersetzt wird.
Andere Rechte bleiben unberührt."

---

[467] Herkströter, MP 1998, S. 106 ff. (106).
[468] Nach Art. 21a FsÜ ist der ständiger Ausschuß (Standing Committee) berechtigt, Empfehlungen gegenüber den Vertragsparteien in bezug auf die Anwendung des FsÜ abzugeben.
[469] Abgedruckt bei Hartstein u.a., Rundfunkstaatsvertrag, § 7 Rn. 60, Fn. 92. Auf die Empfehlung wird im 4. Kapitel näher eingegangen, Ziff. II.1.b. (2).
[470] Es wurde eine Arbeitsgruppe mit der Entwicklung von Lösungsvorschlägen beauftragt, vgl. Herkströter, MP 1998, S. 106 ff. (106).

Die Regelung zur virtuellen Werbung wurde als § 7 Abs. 6 S. 2 RStV an das Verbot der Schleichwerbung gekoppelt[471]. Das Tatbestandsmerkmal der "Verfälschung des Gesamteindrucks" ist aufgegeben worden, womit sich der Gesetzgeber von dem etwas verschwommenen Kriterium gelöst hat, bei dem die Auslegung im Einzelfall mit Sicherheit schwierig geworden wäre. Mit diesem Kriterium hätte man den Einzug der virtuellen Werbung in das gesamte Programm nur schwerlich verhindern können[472].

Der neue Vorschlag entspricht im wesentlichen der britischen Regelung des ITC Code of Programme Sponsorship[473]. Im März 1997 wurde in Großbritannien die Guidance Note No. 1 und im März 1998 der förmliche Code of Conduct zur virtuellen Werbung aufgenommen, wonach virtuelle Werbung erlaubt ist, soweit reale (Außen-)Werbung ersetzt wird und der Zuschauer auf das Vorhandensein virtueller Werbung hingewiesen wird[474]. Auch Animationen dürfen nur am Veranstaltungsort bereits vorhandene Animation ersetzen. In der Begründung zu der britischen Regelung heißt es, es solle gewährleistet werden, "*that the broadcaster does not lose editorial control of the television signal*"[475]. Die britische Regelung sieht zudem vor, daß dem Zuschauer erläutert wird, was virtuelle Werbung bedeutet, was der RStV dagegen nicht ausdrücklich verlangt[476]. Im Unterschied zum ursprünglichen Vorschlag ist das Erfordernis einer für die gesamte Sendezeit dauernden Kennzeichnung weggefallen. Ein Aufklärungshinweis muß vor und nach der Sendung, nicht aber währenddessen eingeblendet werden. Die neue Regelung ist in dieser Form am 1.4.2000 in Kraft getreten.

In der jetzt gültigen Fassung des RStV ist allerdings die Einschränkung auf *Sport*sendungen weggefallen[477]. Die amtliche Begründung zu der neuen Regelung lautet folgendermaßen:

> *"Neu eingefügt ist die Bestimmung in Satz 2. Sie stellt klar, daß virtuelle Werbung, sofern sie entsprechend dieser Bestimmung eingefügt wird, nicht als Schleichwerbung anzusehen ist. Damit wird den aktuellen Entwicklungen der Werbung in Europa Rechnung getragen. Die Einfügung virtueller Werbung ist jedoch nur zulässig, wenn am Anfang und am Ende der betreffenden Sendung hierauf hingewiesen wird. Ferner darf sie lediglich eine am Ort der Übertragung ohnehin bestehende Werbung ersetzen. Nur dann erscheint es gerechtfertigt, die bisherige strikte Trennung der Werbung durch den Rundfunkveran-*

---

471 Vgl. Kreile, ZUM 2000, S. 194 ff. (200).

472 Herkströter in: Digital oder Original, S. 37.

473 In Großbritannien werden die Lizenzen für Rundfunkveranstalter von der "Independent Television Commission" (ITC) vergeben. Die Rundfunkveranstalter üben auch im Bereich der Werbung eine Selbstkontrolle aus, die sich nach den Verhaltenskodizes der ITC richtet. Für den Bereich der Fernsehwerbung sind der "ITC Code of Advertising Standards and Practice", ITC Code of Programme Sponsorship" und der "ITC Programme Code" relevant. Schaar, ZUM 1998, S. 896 ff. (871).

474 Vgl. Schaar, ZUM 1998, S. 896 ff. (875); Ladeur, SpuRt 2000, S. 101 ff. (102).

475 Ladeur, ZUM 1999, S. 672 ff. (679).

476 Auf den danach erforderlichen Zuschauerhinweis wird unten unter b. (2) cc. näher eingegangen.

477 Vgl. Engels/Giebel, ZUM 2000, S. 265 ff. (274). Unklar war, ob die Formulierung "(Sport-) Sendungen" so zu verstehen sein sollte, daß virtuelle Werbung ausschließlich in Sportsendungen zulässig wäre, oder ob auch andere, vergleichbare Ereignisse, wie etwa die Übertragung musikalischer Veranstaltungen davon umfaßt wären.

stalter selbst und der Werbung am Ort des übertragenen Ereignisses insoweit aufzulokkern. Gleichzeitig wird damit vermieden, daß bei der Übertragung des Ereignisses nicht vorhandene Werbeflächen virtuell geschaffen werden. Dies rechtfertigt auch, die so eingefügte virtuelle Werbung nicht auf die Zeitgrenzen der §§ 15 und 45 anzurechnen.

Satz 3 stellt klar, daß andere Rechte unberührt bleiben. Dies gilt insbesondere für bestehende Urheber- und Leistungsschutzrechte. So wird der Einsatz virtueller Werbung in der Regel nur mit Zustimmung des Veranstalters bzw. des von dem Austausch der Werbung Betroffenen möglich sein. Darüber hinaus zu beachten sind die sonstigen Beschränkungen des deutschen sowie europäischen Rechts."[478]

Die amtliche Begründung weist neben der Wiederholung des Regelungsinhalts darauf hin, daß die Vorschrift bezweckt, die zusätzliche Schaffung von virtuellen Werbeflächen zu verhindern. Das Einblenden zusätzlicher Werbeelemente, etwa ein Logo auf dem Spielfeld oder dreidimensionale Figuren, ist damit unzulässig[479].

b. Die praktische Anwendung des § 7 Abs. 6 S. 2 RStV

(1) Begriffsbestimmung

Was unter virtueller Werbung genau zu verstehen ist, ergibt sich aus dem Begriff an sich nicht. In der Medienbranche wird unter virtueller Werbung zumeist Werbung im Internet verstanden[480]. Insofern ist das Fehlen einer Definition des unbestimmten Begriffs „virtuell" insbesondere angesichts des Definitionskatalogs im 4. RStV überraschend[481]. Dem Gesetzgeber steht es zwar frei, in bestimmten Zusammenhängen die Ausformung eines Begriffs der Literatur und Rechtsprechung zu überlassen. Zumindest in der amtlichen Begründung hätte allerdings beschrieben werden sollen, was unter virtueller Werbung zu verstehen ist.

Ein Beispiel für die Probleme der begrifflichen Festlegung sind die bei Fußballspielen neuerdings eingesetzten sogenannten Cam Carpets[482]. Es handelt sich dabei um eine Mischung aus realer und virtueller Werbung. Am Ort der Veranstaltung ist eine Werbefläche als flache Matte vorhanden. Der besondere Effekt dieser Werbeform wird nur für die Fernsehzuschauer sichtbar, indem die Matten virtuell "aufgerichtet" werden, was nur durch ein aktives Zutun der Rundfunkveranstalter erreicht werden kann. Versteht man unter virtueller Werbung nur die vollständig künstlich hergestellte Werbung, fallen die Tormatten nicht darunter. Sähe man die Tormatten als virtuelle Werbung an, müßte ihre Verwendung besonders angekündigt werden. Auch die Landesmedienanstalten waren sich diesbezüglich nicht sicher und haben ein Prüfungsverfahren eingeleitet[483]. Aufgrund des realen Vorhandenseins des Werbeträgers am Ort der Übertragung dürfte

---

[478] Begründung zum 4. RÄndStV zu § 7 RStV.

[479] Vgl. Engels/Giebel, ZUM 2000, S. 265 ff. (273).

[480] In Frankreich wurde bereits der Versuch unternommen, den Begriff virtuelle Werbung durch elektronisches Sponsoring zu ersetzen. Vgl.1. Kapitel Ziff. II.1. Fn. 69.

[481] In § 2 Abs. 2 RStV sind alle vorhandenen und neu gefaßten Definitionen aufgenommen worden, wodurch ein umfassender Katalog mit Legaldefinitionen unter anderem zu den Begriffen Werbung, Schleichwerbung, Sponsoring und Teleshopping entstanden ist.

[482] Zu Cam Carpets siehe 1. Kapitel Ziff. II.1.

[483] Vgl. epd medien Nr. 72 vom 15. 9.1999

diese Form der Werbung nicht der virtuellen Werbung zugerechnet werden, da es sich nicht um eine Einblendung handelt, sondern nur ein optischer Effekt verstärkt wird ohne daß sich an der Werbeaussage inhaltlich etwas ändern würde.

Der Begriff der Rundfunkwerbung ist dagegen in § 2 Abs. 2 Nr. 4 RStV definiert. Danach gilt eine objektiv werbewirksame Aussage als Werbung im Sinne des RStV, wenn sie „gegen Entgelt oder eine ähnliche Gegenleistung oder als Eigenwerbung" gesendet wird. Die objektive Werbewirkung der Einblendung von Firmennamen oder –logos ist unbestritten[484]. Es stellt sich aber die Frage, ob virtuelle Werbung auch dann als Werbung im rundfunkrechtlichen Sinne anzusehen ist, wenn der Rundfunkveranstalter keinerlei Gegenleistung erhält. Die Diskussion um virtuelle Werbung war geprägt von der Erwartung der Rundfunkveranstalter, durch diese neue Werbeform mehr Werbeeinnahmen erzielen zu können. Ob dies allerdings in der Praxis tatsächlich eintreten wird, ist noch offen. Wenn die Rundfunkveranstalter selbst virtuelle Werbung vermarkten, werden sie dafür ein Entgelt erhalten, so daß der Werbebegriff erfüllt ist und die Werberegeln anwendbar sind. Allerdings ist denkbar und zum Teil wohl auch geplant, daß die Vermarktung von den Sportrechteagenturen übernommen wird und die Rundfunkveranstalter als „Gegenleistung" geringere Sportrechtekosten erwarten[485]. Ob dies wirklich eintreten wird, ist fraglich. Es könnte stattdessen eine neue Kostenspirale in Gang gesetzt werden, wenn sich die Vereine und Verbände die Erlaubnis, ein Spiel mit virtueller Werbung auszustatten, teuer bezahlen lassen werden[486]. Fraglich ist, ob eine Senkung der Sportrechtekosten, falls sie überhaupt eintreten würde, als Entgelt zu sehen wäre. Eine vergleichbare Konstellation hat der BGH 1992 im Fall „Agfa" behandelt. Es ging dabei um die Frage, ob die Einblendung des Logos eines *Ereignis*sponsors als Werbung einzuordnen ist. Der BGH sah die *Übertragung der konkreten Senderechte und die Hoffnung des Rundfunkveranstalters, in Zukunft mit Sportwerbeaufträgen die eigene wirtschaftliche Lage zu verbessern*, als Gegenleistung an[487]. Nach dieser sehr weitgehende Auslegung des Begriffs der Gegenleistung wäre auch im Fall einer Senkung der Sportrechtekosten - so sie denn einträte - eine Gegenleistung zu bejahen.

Kulka versteht die indirekte Werbung nicht als Sportwerbung, wenn die Rundfunkanstalt für das Nahebringen des Werbehinweises kein Entgelt erhält. Der Begriff des Entgelts solle wie im Presserecht jede Geld- oder Sachleistung erfassen, die im Hinblick auf eine konkrete Übertragung erbracht wird. Sie könne auch im Abzug von einem Betrag bestehen, den Fernsehveranstalter beim Erwerb der Fernsehrechte entrichten müssen. Gegenleistungen könnten auch in langfristigen Verträgen enthalten sein, weil das Entgelt nicht im unmittelbaren zeitlichen Zusammenhang mit der einzelnen Sendung entrichtet werden muß.

484 Vgl. Greffenius/Fikentscher, ZUM 1992, 526 ff. (533).
485 Vgl. Horizont vom 18.2.1999, S. 41.
486 Vgl. Lemke (Diskussionsbeitrag) in: Digital oder Original, S. 53; Horizont vom 18.2.1999, S. 41.
487 BGH ZUM 1992, S. 92 ff. (94)-„Ereignissponsorwerbung"-.

Ohne konkrete Anhaltspunkte dürfe aber in der Vereinbarung über den Kaufpreis von Fernsehrechten rundfunkrechtlich noch kein Entgelt zu sehen sein[488].

Sollten die Übertragungsrechtekosten durch die virtuelle Werbung tatsächlich sinken, wäre darin also eine Gegenleistung zu sehen, wenn ein konkreter Zusammenhang mit dem Einsatz der virtuellen Werbung besteht. In diesem Fall wäre der Werbebegriff erfüllt. Sollte allerdings keinerlei Gegenleistung an die Rundfunkveranstalter erbracht werden, kann virtuelle Werbung strenggenommen nicht als Werbung im rundfunkstaatsvertraglichen Sinne angesehen werden. Allerdings ist bisher auch normale Bandenwerbung als Werbung im rundfunkstaatsvertraglichen Sinne angesehen worden, obwohl die Sender dafür kein Entgelt erhalten. Es ist davon auszugehen, daß die Praxis virtuelle Werbung immer an den rundfunkstaatsvertraglichen Maßstäben messen wird, auch wenn der Rundfunkveranstalter im Einzelfall kein Entgelt dafür erhält.

§ 7 Abs. 6 S. 2 RStV gestattet virtuelle Werbung, wenn „durch sie eine am Ort der Übertragung ohnehin bestehende Werbung ersetzt wird“. Daraus wird deutlich, daß sich die Regelung nur auf Sendungen bezieht, in denen ein bestimmtes Ereignis übertragen wird. Fiktive Sendeelemente, Spielfilme, Serien etc. fallen also nicht darunter, da es keinen Ort der Übertragung gibt. Virtuelle Werbung ist also in solchen Programmelementen nach wie vor unzulässig, bzw. richtet sich die Zulässigkeit nach den Regelungen über die Schleichwerbung.

(2) Ersatz realer Werbung

Probleme bereitet die praktische Anwendung der Vorschrift im Hinblick auf das Erfordernis der "am Ort der Übertragung ohnehin bestehenden Werbung". Hintergrund für diese Voraussetzung war die Vorstellung, daß es für den Zuschauer keinen Unterschied macht, ob er real vorhandene oder virtuell eingeblendete Werbung zu sehen bekommt. Gleichzeitig sollte vermieden werden, daß durch virtuelle Werbung das Bild an jeder freien Stelle mit Werbung "zugepflastert" wird. Daher hat man virtuelle Werbung in Anlehnung an den britischen ITC Sponsoring Code auf die Flächen beschränken wollen, an denen "ohnehin" Werbung zu sehen wäre. So einleuchtend das Kriterium auf den ersten Blick sein mag, fällt doch sogleich seine Unzulänglichkeit im Hinblick auf eine sinnvolle praktische Handhabung auf. Das Beispiel der Cam Carpets zeigt, daß die ohnehin bestehende Werbung keine feste Größe ist, sondern sich beliebig verändern läßt. Ohne Zweifel würde die Werbewirtschaft bei entsprechendem Bedarf dafür sorgen, daß am Veranstaltungsort neue Werbeflächen entstehen, allein um sie virtuell überblenden zu können[489].

Die Überflutung der Zuschauer mit Werbung läßt sich also mit dieser Regelung nicht verhindern, da mit rundfunkrechtlichen Regelungen nicht unterbunden werden kann, daß die Sportstättenbetreiber die Werbung am Veranstaltungsort beliebig vermehren. Ob die Sportveranstalter selbst oder die Rundfunkveran-

---

[488] Kulka in: Medien Recht und Sport, S. 51 ff. (59).
[489] Ladeur, ZUM 1999, S. 679

stalter die Werbeflächen vermehren, läuft für den Zuschauer auf dasselbe hinaus, da es für ihn nicht erkennbar und in der Regel nicht von Interesse ist, auf wen diese Entwicklung zurückzuführen ist. Die Regelung ist daher zum Schutz der Zuschauer vor zu viel Werbung nicht geeignet[490].

Der Gesetzgeber hat es auch den Aufsichtsinstanzen mit dem Kriterium nicht leicht gemacht: der "Witz" virtueller Werbung besteht darin, daß sie von echter Werbung für den Zuschauer nicht zu unterscheiden ist. Das bedeutet gleichzeitig, daß für die Aufsichtsbehörden nicht ohne weiteres zu erkennen ist, ob eine Übertragung virtuelle Werbung enthält. Selbst bei der vorgeschriebenen Kennzeichnung müßte nachgeprüft werden, ob die virtuellen Werbeflächen auch den realen Werbeflächen am Veranstaltungsort entsprechen. Die Aufsichtsbehörden müßten daher wissen, welche Flächen an einem Ort für Werbung genutzt werden und welche nicht. Erscheint dies bei einem Fußballspiel noch recht einfach, weil z.B. die Werbung im Mittelkreis unüblich ist, kann sich dies bei anderen Sportarten schon als schwieriger herausstellen. Es müßten praktisch immer Informationen über die Beschaffenheit und Ausstattung des Veranstaltungsortes vorliegen, um beurteilen zu können, ob die Einblendung zulässig war.

Fraglich ist auch, ob sich die Rundfunkveranstalter an diese Vorgabe halten werden. Der Sportrechtevermarkter Global Sportnet beispielsweise will künftig auch sogenannte Center Field Logos, also Werbung im Mittelkreis beim Fußball einblenden und die rundfunkrechtlichen Beschränkungen der virtuellen Werbung schrittweise aufweichen[491].

(3) Hinweispflicht

Der RStV kennt verschiedene Möglichkeiten der Kennzeichnung: neben den Werbetrennern zwischen Werbeblock und Programm gibt es die laufende Kennzeichnungspflicht von Dauerwerbesendungen (§ 7 Abs. 5 S. 2 RStV) und neuerdings die Kennzeichnung von jugendgefährdenden Sendungen, die „durch akustische Zeichen angekündigt oder durch optische Mittel während der gesamten Sendung kenntlich gemacht werden" müssen (§ 3 IV RStV)[492]. Schließlich kennt der RStV den Sponsorhinweis, der (auch) dazu dienen soll, den Zuschauer über die finanzielle Unterstützung durch ein Unternehmen aufzuklären.

Nach § 7 Abs. 6 S. 2 RStV muß "am Anfang und am Ende der betreffenden Sendung darauf hingewiesen" werden, wenn virtuelle Werbung eingesetzt wird. Der Gesetzgeber hat sich damit für eine Hinweispflicht entschieden, die dem Sponsorhinweis ähnelt. Nach Ansicht von *Kreile* könne der Hinweis durch die Einblendung einer Tafel mit den Worten "Die (nachfolgende) Sendung enthält virtuelle Werbung" erfolgen. Denkbar sei auch die Ankündigung der virtuellen Wer-

---

[490] So auch Ladeur, ZUM 1999, S. 672 ff. (678). Zur Frage der Verletzung von Art. 3 Abs. 1 GG siehe unten Ziff. I.2.d. (2).

[491] Vgl. Horizont vom 4.3.1999.

[492] Um die Kennzeichnung im Bereich des Jugendschutzes ist schon im Vorfeld des Inkrafttretens des 4. RStV ein Streit entbrannt, siehe dazu Dörr/Eckl, NJW 1999, S. 1925 ff. (1926); epd medien Nr. 75 vom 25. September 1999.

bung durch den Moderator[493]. Angesichts der Neuheit und Unbekanntheit virtueller Werbung kann allerdings nicht davon ausgegangen werden, daß der durchschnittliche Zuschauer sich über die Bedeutung des Begriffs "virtuelle Werbung" im Klaren ist. Ein solcher Hinweis dürfte daher eher der Verwirrung als der Aufklärung dienen. Vor diesem Hintergrund ist die britische ITC-Regelung sehr einleuchtend, wonach der Zuschauer über die Besonderheit virtueller Werbung aufgeklärt werden muß. Ein Hinweis mit einer kurzen Erläuterung könnte etwa folgendermaßen lauten:

> *"Die folgende Übertragung enthält virtuelle Werbung. Dabei werden die am Veranstaltungsort vorhandenen Werbeflächen durch digitale Bearbeitung verändert. Für Sie als Fernsehzuschauer sind dadurch andere Werbeschriftzüge und -bilder zu sehen, als für die Zuschauer vor Ort. Die digitale Bildbearbeitung ist ausschließlich auf die vor Ort vorhandenen Werbeflächen beschränkt*[494]"

Der RStV schreibt keine Nennung der einzelnen Marken vor. Zwar können die Zuschauer den Unterschied zwischen realer und virtueller Werbung nicht erkennen, ein besonderer Hinweis, welche Werbetafeln durch welche virtuelle Werbung ersetzt wurden, ist allerdings nicht erforderlich, da insofern kein besonderes Schutzbedürfnis der Zuschauer besteht. Der Hinweis kann durch einen Ansager oder durch den Moderator/Kommentator der konkreten Sendung erfolgen, weil § 7 Abs. 6 S. 2 RStV einen Hinweis "am Anfang" und "am Ende" und nicht etwa "vor" und "nach" der Sendung verlangt. Ob die Rundfunkveranstalter ihren Moderatoren die Erfüllung dieser förmlichen Pflicht zumuten, wird die Praxis zeigen.

Es stellt sich die Frage, ob die Hinweispflicht auch für Beiträge gilt, die bereits mit virtueller Werbung vom Rundfunkveranstalter eingekauft werden. Wenn in einem solchen Fall nicht dem Rundfunkveranstalter das Entgelt für die Werbung zufließt, muß der Zuschauer auch nicht über ein Restrisiko der Gefahr der Einflußnahme der Werbetreibenden aufgeklärt werden. Da die Schutzfunktion des Hinweises entfällt, ist der Hinweis also in solchen Fällen entbehrlich.

(4) Nichtanrechnung auf die Werbezeit

Nach der amtlichen Begründung wird virtuelle Werbung nicht auf die zulässigen Werbezeiten nach §§ 15, 45 RStV angerechnet[495]. Es wäre also sowohl im öffentlich-rechtlichen als auch im privaten Fernsehen zulässig, während der gesamten Dauer eines 90-minütigen Fußballspiels virtuelle Werbung zu schalten, da weder die Höchstgrenze von 12 Minuten Werbung pro Stunde, noch die Beschränkungen von 20 Prozent Werbung pro Tag im privaten oder 20 Minuten

[493] Kreile, ZUM 2000, S. 194 ff. (200); so auch in Hartstein u.a., Rundfunkstaatsvertrag, § 7 Rn. 60.

[494] Für die Ausstrahlung des Hinweises am Anfang bzw. am Ende müßte der Text grammatikalisch entsprechend angepaßt werden.

[495] Vgl. Begründung zum 4. RÄndStV zu § 7.

täglich im öffentlich-rechtlichen Fernsehen gilt. Ebensowenig ist virtuelle Werbung im öffentlich-rechtlichen Fernsehen nach 20.00 Uhr verboten[496].

Die tägliche Werbzeitbeschränkung im privaten Rundfunk ergibt sich aus § 45 Abs. 1 RStV. Die Vorschrift lautet:

> *"Der Anteil an Sendezeit für Teleshopping-Spots, Werbespots und* ***andere Formen der Werbung*** *darf mit Ausnahme von Teleshopping-Fenstern" im Sinne des § 45 a 20 vom Hundert der täglichen Sendezeit nicht überschreiten."* (Hervorheb. d.Verf.).

Obwohl der Wortlaut dies durchaus nahelegen würde, ist virtuelle Werbung auch nicht als eine „andere Form der Werbung" im Sinne von § 45 Abs. 1 RStV einzuordnen[497]. Wäre dies der Fall, müßte virtuelle Werbung im privaten Fernsehen ebenfalls auf die zulässigen 20 Prozent der täglichen Sendezeit angerechnet werden. „Andere Formen der Werbung" werden in der amtlichen Begründung zum RStV nicht näher beschrieben, beispielhaft wird nur die Dauerwerbesendung genannt[498]. In der Begründung zu § 7 RStV wird allerdings ausdrücklich auf die Nichtanrechnung von virtueller Werbung hingewiesen. Dies wird damit begründet, daß durch die Regelung nur bereits vorhandene Werbeflächen verändert, nicht aber neue Werbeflächen virtuell geschaffen würden. Somit ist davon auszugehen, daß der Gesetzgeber die virtuelle Werbung nicht als andere Form der Werbung im Sinne von § 45 Abs. 1 RStV ansehen wollte[499].

c. Virtuelle Werbung im Rahmen der Werberegeln

(1) Verändertes Verständnis des Trennungsgebotes

Die Länder haben sich mit der neuen Regelung dafür entschieden, das Trennungsgebot im Hinblick auf virtuelle Werbung zu lockern, indem eine weitere Ausnahme vom Trennungsgebot geschaffen wurde[500]. Die Rechtsprechung des BGH im wettbewerbsrechtlichen Bereich legt das Trennungsprinzip zwar grundsätzlich noch eng aus[501], die strenge Handhabung des Trennungsgebots wird jedoch allmählich aufgeweicht, und zwar durch nach und nach eingefügte Ausnahmeregelungen im RStV einerseits und durch planmäßige Verstöße und faktische Etablierung neuer Werbeformen durch die Rundfunkveranstalter andererseits.

Die Trennung von Werbung und Programm unterliegt seit Jahren gerade im Sportbereich einer Art Erosion[502]. Der Spitzensport ist heute abhängig von der Förderung durch Sponsoren. Sport ohne Werbung ist kaum noch vorstellbar. Die

---

[496] Vgl. Hartstein u.a., Rundfunkstaatsvertrag, § 7 Rn. 60.

[497] Zur Auslegung des Begriffs „andere Werbeformen" siehe Castendyk, MMR 2000, S. 82 ff. (84).

[498] Vgl. Begründung zum 4. RÄndStV zu § 45.

[499] Vgl. auch Meyer-Harport, Neue Werbeformen im Fernsehen, S. 87, der insoweit eine Klarstellung durch den Gesetzgeber anregt.

[500] Vgl. Begründung zu 4. RÄndStV zu § 7.

[501] Vgl. BGH, ZUM 1990, S. 291 ff.-„Wer erschoß Boro"-; BGH, ZUM 1993, S. 92 ff.-„Ereignissponsoring"-, siehe dazu auch 5. Kapitel Ziff. I.2.b.

[502] Volpers in: Digital oder Original, S. 25.

Sponsoren versprechen sich von der Förderung von Vereinen und einzelnen Sportlern große Medienwirkung und damit einen Imagegewinn. Die Medien wiederum sind auf die Übertragung großer Sportereignisse als Zuschauermagneten angewiesen, um die damit verbundenen Werbeeinnahmen erzielen zu können. Die Übertragung von Sportveranstaltungen geht daher mit verschiedenen Formen von Werbung einher, an die die Fernsehzuschauer seit Jahren gewöhnt sind und die inzwischen akzeptiert werden.

Ladeur stellt den Trennungsgrundsatz vor dem Hintergrund eines von den politischen Anforderungen der Integration abgekoppelten Mediensystems grundsätzlich in Frage. Die Möglichkeiten der Mischung von Werbung und Programm würden weder zu einer weiteren Steigerung der Kommerzialisierung führen noch müssen sie zwangsläufig als irreführend betrachtet werden[503]. Insbesondere beim Sport zeige sich, daß das bisherige Verständnis des Trennungsgrundsatzes auf einer Unterscheidung von Verantwortungsbereichen beruhe, die angesichts der vielfältigen neuen Werbeformen, insbesondere der virtuellen Werbung, fiktiv würden.

Der Diagnose der gesellschaftlichen Veränderungen ist durchaus zuzustimmen. Allerdings ist daraus nicht zu folgern, daß der Trennungsgrundsatz seine Berechtigung verloren hat. Eine Aufgabe des Trennungsgebotes kommt schon aus verfassungsrechtlichen und europarechtlichen Gründen nicht in Frage[504]. Denn das Trennungsgebot ist in Art. 10 der EG-Fernsehrichtlinie vorgegeben und für den deutschen Gesetzgeber als höherrangiges Recht verbindlich[505]. Aus Art. 5 Abs. 1 GG ergibt sich aufgrund der Funktion des Rundfunks im Hinblick auf die Meinungsbildung die verfassungsrechtliche Pflicht, werbliche und redaktionelle Inhalte voneinander zu trennen[506].

(2) Verhältnis von virtueller Werbung und Schleichwerbung

Die Vorschrift zur virtuellen Werbung ist vom Gesetzgeber gesetzessystematisch als Ausnahme zum Verbot der Schleichwerbung eingeordnet worden. Nach der oben dargestellten Rechtslage nach dem alten RStV ist dies jedoch nicht einleuchtend, da zumindest die virtuelle Werbung bei Sportübertragungen nicht als Schleichwerbung zu beurteilen wäre. Im ersten Entwurf zum 4. RStV war die Regelung zur virtuellen Werbung noch als Ausnahme zum Trennungsgebot formuliert[507]. Daran wird deutlich, daß die gesetzliche Regelung „mit heißer Nadel gestrickt" worden ist und dogmatische Erwägungen ins Hintertreffen geraten sind. Soweit der Ausnahmetatbestand des § 7 Abs. 6 S. 2 RStV nicht eingreift, kann unzulässige virtuelle Werbung nach der gesetzlichen Regelung als Verstoß gegen das Schleichwerbeverbot geahndet werden. Da allerdings sowohl Verstöße gegen das Schleichwerbeverbot als auch gegen das Trennungsgebot als Ord-

[503] Ladeur, ZUM 1999, S. 672 ff. (680).
[504] Platho, ZUM 2000, S. 46 ff. (54).
[505] Zum Trennungsgebot der Fernsehrichtlinie siehe auch 4. Kapitel Ziff. I.1.b. (1) aa.
[506] Vgl. Engels, RuF 1997, S. 214 ff. (218).
[507] Siehe oben Ziff. I.2.a.

nungswidrigkeit geahndet werden können, macht die m.E. nach falsche systematische Zuordnung in der Praxis keinen Unterschied.

(3) Durchsetzung von Werbeverboten

Für virtuelle Werbung gelten die produktbezogenen Werbeverbote und -beschränkungen. Das ergibt sich ausdrücklich auch aus Ziff. 10 Abs. 3 der DLM-Richtlinien. Gleichzeitig mit dem Wunsch der Fernsehveranstalter nach der Erschließung neuer Werbemöglichkeiten durch virtuelle Werbung ist die Frage nach der virtuellen "Anti-Werbung" aufgekommen[508]. Dies wäre besonders im Bereich der Werbeverbote von Bedeutung, da in manchen Ländern schon heute ein striktes Alkohol- und Tabakwerbeverbot gilt. In den Ländern der EU ist im Jahr 1998 die Richtlinie 98/43/EG verabschiedet worden, mit der europaweit die Tabakwerbung unterbunden werden soll[509]. Die Richtlinie ist allerdings Gegenstand einer Klage der Bundesrepublik vor dem EuGH wegen mangelnder Kompetenz der EG[510]. Es besteht die Befürchtung, daß der Gesetzgeber vorschreiben könnte, Logos und Bezeichnungen bestimmter Unternehmen zu überblenden[511]. Eine Verpflichtung der Rundfunkveranstalter, durch digitale Bildbearbeitung beispielsweise Zigarettenwerbung auszublenden, besteht allerdings nicht. Gesetzgeberische Aktivitäten in dieser Hinsicht sind derzeit weder zu erkennen noch zu erwarten.

d. Verfassungsrechtliche Zulässigkeit von virtueller Werbung

(1) Vereinbarkeit mit Art. 5 Abs. 1 GG[512]

aa. Die Finanzierungsverpflichtung für den Rundfunk

Für den öffentlich-rechtlichen Rundfunk folgt aus Art. 5 Abs. 1 S. 2 GG die gesetzgeberische Verpflichtung, die finanziellen Voraussetzungen für die Veranstaltung von Programmen, die zur unerläßlichen Grundversorgung zählen, zu schaffen[513]. Darüber hinaus ist der Gesetzgeber verpflichtet, den öffentlich-rechtlichen Rundfunkanstalten im Rahmen des Programmauftrages Entwicklungsmöglichkeiten zu gewähren[514]. Dem privaten Rundfunk muß der Gesetzgeber eine realistische Chance eröffnen, ein Programm zu finanzieren, das den Anfor-

---

508 Ladeur, ZUM 1999, S. 672 ff. (678); Volpers, in: Digital oder Original, S. 20.

509 RL 98/43/EG, ABl. C 91/34 vom 26.3.1998.

510 Der zuständige Generalanwalt hat in seinem Votum im Sinne der Bundesrepublik für die Nichtigkeit der Richtlinie wegen mangelnder Kompetenz der EG plädiert. Ein Urteil des EuGH wird im Herbst 2000 erwartet. NJW 2000, S. XLVI.

511 Volpers in: Digital oder Original, S. 20.

512 Im Hinblick auf die Meinungsfreiheit nach Art. 5 Abs. 1 S. 1 GG wirft die neue Regelung zur virtuellen Werbung keine Bedenken auf. Zwar fällt Wirtschaftswerbung in den Schutzbereich der Meinungsäußerungsfreiheit. Die Regelung in § 7 Abs. 6 S. 2 RStV verhindert aber nicht die Äußerung bestimmter Meinungen, sondern betrifft die Art und Weise der Verbreitung. Sie greift somit nicht in die Meinungsfreiheit ein.

513 BVerfGE 87, 181, 198 -„Hessen-3-Beschluß“-; vgl. Neft, Rundfunkwerbung, S. 52.

514 Neft, Rundfunkwerbung, S. 54.

derungen der Rundfunkfreiheit gerecht werden kann[515]. Die Rundfunkfreiheit verlangt allerdings keine Garantie eines *ausreichenden* Werbeeinkommens, da sich dies nicht mit der freien wirtschaftlichen Betätigung der privaten Veranstalter vereinbaren ließe.

Die Rundfunkveranstalter haben in der Diskussion um die Zulassung virtueller Werbung mit der Steigerung der Sportrechtekosten argumentiert, die durch die Werbeeinnahmen im bisherigen Umfang kaum noch zu refinanzieren seien. Der Gesetzgeber müsse den Rundfunkveranstaltern neue Einnahmequellen aus der virtuellen Werbung eröffnen, damit nicht auf große sportliche Ereignisse im Programm verzichtet werden müsse[516]. Der Gesetzgeber ist jedoch nicht verpflichtet, wegen der von den Rundfunkveranstaltern selbst in Gang gesetzten Preisspirale im Bereich der Sportübertragungsrechte neue, zusätzliche Einnahmequellen zu eröffnen. Die Preissteigerung der Übertragungsrechte ist allein auf die Konkurrenz der Rundfunkveranstalter zurückzuführen, die in Erwartung hoher und relativ sicherer Werbeeinnahmen immer höhere Preise für die Sportübertragungsrechte bieten. Zurecht weist *Platho* darauf hin, daß die Kostensteigerung durch die Eröffnung zusätzlicher Werbemöglichkeiten nur noch weiter angekurbelt würde. Die Schaffung neuer Werbeformen könnte in dieser Hinsicht also gar keine Abhilfe schaffen[517]. Zudem ist nicht erwiesen, ob der Einsatz virtueller Werbung den Rundfunkveranstaltern wirklich Mehreinnahmen bescheren wird, oder ob davon vor allem die Sportveranstalter profitieren werden. Ebensowenig ist erwiesen, daß die Sportrechtekosten durch die Vermarktung virtueller Werbung sinken würden[518].

Der Gesetzgeber hat die ihm durch die EG-Fernsehrichtlinie eröffneten Möglichkeiten, den Privatsendern Werbung zu gestatten, voll ausgeschöpft und den zulässigen Umfang der Werbung damit insgesamt erweitert. Die bestehenden und jetzt noch erweiterten Werbemöglichkeiten stellen eine angemessene Möglichkeit der Rundfunkfinanzierung durch Werbung dar. Somit bestand kein Anspruch der Rundfunkveranstalter auf eine Zulassung dieser Werbeform. Nicht einmal ein Verbot virtueller Werbung wäre unter dem Gesichtspunkt der Gewährleistung der finanziellen Grundlagen zu beanstanden gewesen[519]. Für den öffentlich-rechtlichen Rundfunk gilt dies schon deswegen, weil die Ausstrahlung von Sportveranstaltungen nicht zur Grundversorgung zu zählen ist, so daß die öffentlich-rechtlichen Rundfunkanstalten nicht verpflichtet sind, im Preiskampf um die Sportrechte mitzubieten[520]. Durch das Recht der Kurzberichterstattung kann der

---

515 Neft, Rundfunkwerbung, S. 62 f..

516 Vgl. Ladeur, ZUM 1999, S. 672 ff. (680); Platho, ZUM 2000, S. 46 ff. (52); zur Entwicklung der Sportrechtekosten siehe 1. Kapitel Ziff. III.2.

517 Platho, ZUM 2000, S. 46 ff. (52).

518 Siehe dazu 1. Kapitel Ziff. II.1.

519 So auch Herkströter in: Digital oder Original, S. 39.

520 Vgl. Kulka in: Medien Recht und Sport, S. 51 ff. (62); BVerwG, DöV 1979, S. 102 ff.

öffentlich-rechtliche Rundfunk seiner Verpflichtung, über wichtige Ereignisse zu berichten, nachkommen[521].

bb. Wahrheitspflicht der Rundfunkberichterstattung

Die Frage der Zulässigkeit virtueller Werbung entzündet sich unter anderem am Problem der Glaubwürdigkeit und der Wahrheitspflicht des redaktionellen Programms[522]. Es wurden Befürchtungen geäußert, daß der Einsatz virtueller Werbetechniken der Verfälschung des eigentlichen Programminhalts Vorschub leisten könne, da der Zuschauer im Unklaren darüber gelassen würde, ob sich das Ereignis, über das berichtet wird, so und nicht anders ereignet hat. Die Ausrichtung des Programms auf die Verträglichkeit mit diesen Werbetechniken würde gefördert und so der Grundsatz des Beeinflussungsverbotes gemäß § 7 Abs. 2 RStV in seiner Substanz aufgezehrt werden[523]. Teilweise wird vertreten, daß virtuelle Werbung schon deswegen unzulässig sei, weil sie nicht die vorgefundene Wirklichkeit abbilde[524].

Im Kern geht es bei diesen Argumenten um die verfassungsrechtlich verankerte Wahrheitspflicht der Rundfunkberichterstattung, die eine sachliche und wahrheitsgetreue Berichterstattung verlangt[525]. Es dürfen also keine bewußt unwahren Tatsachen verbreitet oder die Realität dadurch entstellt werden, daß wesentliche Sachverhalte der Öffentlichkeit ganz oder teilweise unterschlagen werden und dadurch ein verzerrtes Bild der Wirklichkeit entsteht[526]. Die Wahrheitspflicht ist allerdings nicht in einem absoluten Sinne zu verstehen, weil sonst die Programmfreiheit der Rundfunkveranstalter zu stark eingeschränkt würde. Ausreichend, aber erforderlich ist ein Bemühen um Ausschaltung der Fehlerquellen, eine Überprüfung der Nachrichten und Berichte vor ihrer Verbreitung mit der den Umständen gebotenen Sorgfalt auf Inhalt und Herkunft sowie eine möglichst vollständige Wiedergabe der Sachverhalte[527].

Übertragungen von Sportereignissen entsprechen allerdings nie genau der Wirklichkeit. Durch Kameraeinstellungen, Bildauswahl, Vergrößerungen, Wiederholungen oder Zeitlupen wird dem Fernsehzuschauer ein durch viele redaktionelle Entscheidungen beeinflußtes Produkt angeboten. Neuerdings werden bei Fußballspielen virtuelle Einblendungen mit den Vereinsemblemen oder Torabstandslinien eingefügt sowie einzelne Spielszenen durch Computeranimationen nachgestellt. Das Fernsehbild wird also immer stärker manipuliert[528]. Die Wahr-

[521] Vgl. auch Platho, ZUM 2000, S. 46 ff., der die publizistische Funktion des FreeTV derzeit trotz der Kostensteigerungen nicht als gefährdet ansieht. Zur Kurzberichterstattung siehe BVerfGE 97, 228 (Kurzberichterstattung); Lerche/Ulmer, Kurzberichterstattung im Fernsehen.

[522] Vgl. 1. Kapitel Ziff. II.1.

[523] Herkströter, MP 1998, S. 106 ff. (112).

[524] Henning-Bodewig ZUM 1997, S. 633 ff. (642); Herkströter, MP 1998, S. 106 ff. (112).

[525] Zur Wahrheitspflicht des Rundfunks siehe Herzog in: Maunz/Dürig/Herzog, GG, Art. 5 I, II, Rn. 203 und 145 ff.; Bosman, ZUM 1989, S. 6 ff. (9); Herrmann, Rundfunkrecht, S. 521.

[526] Bosman, ZUM 1989, S. 6 ff. (10); ders., Rundfunkfreiheit und Programmgrundsätze, S. 100.

[527] Bosman, Rundfunkfreiheit und Programmgrundsätze, S. 99.

[528] Ladeur, ZUM 1999, S. 672 ff. (674).

heitsgemäßheit der Berichterstattung wird jedoch wegen dieser redaktionellen Gestaltung einer Fernsehübertragung nicht angezweifelt, da der Schutzzweck der Wahrheitspflicht nicht so weit geht, daß jegliche Veränderung am Bild unzulässig wäre.

Bei virtueller Werbung entspricht das Fernsehbild nicht der Wirklichkeit, weil der Zuschauer statt einer realen eine künstliche Werbung zu sehen bekommt. Andererseits muß der Zuschauer nach der gesetzlichen Regelung in § 7 Abs. 6 S. 2 RStV auf den Einsatz virtueller Werbung hingewiesen werden, wodurch einem Irrtum des Zuschauers über die wirklichkeitsgetreue Wiedergabe der Werbeflächen vorgebeugt wird. Wenn virtuelle Werbung gekennzeichnet wird, wird keine unwahre Tatsache verbreitet oder die Wirklichkeit verzerrt. Dies wäre der Fall, wenn wesentliche Informationen verändert, falsch wiedergegeben oder unterschlagen würden. Das ist beim Austausch von Bandenwerbung nicht der Fall, da dem Zuschauer die wesentlichen Informationen über die Veranstaltung unabhängig davon zugänglich sind, ob virtuelle Werbung eingesetzt wird oder nicht. Der Fernsehzuschauer hat in aller Regel kein Interesse daran, genau die Werbung zu sehen, die im Stadion vorhanden ist. Ein besonderes Informationsinteresse, das durch die Wahrheitspflicht geschützt würde, besteht daran nicht.

Es ist auch nicht ersichtlich, in welcher Weise sich die Gefahr des Einflusses der werbetreibenden Wirtschaft auf das Programm verstärken sollte. Einen mittelbaren Einfluß hat die Wirtschaft auf das Programm ohnehin. Dazu gehören die redaktionellen Entscheidungen, die auf eine positives Programmumfeld für Werbung z.B. im Vorabendprogramm der öffentlich-rechtlichen Sender gerichtet sind oder die Tatsache, daß der Spannungsbogen in Spielfilmen mitunter im Hinblick auf die Werbepausen aufgebaut wird[529]. Diese Form der indirekten Beeinflussung der Programme durch die Werbung wird als zulässig angesehen[530]. Denn hier hat nicht die werbetreibende Industrie eine Einflußmöglichkeit auf die Sendungen an sich, sondern die Sender versuchen durch redaktionelle Vorentscheidungen ein Programm zu erstellen, in das sich Werbung günstig einfügen läßt. Eine erhebliche Verstärkung der Einflußmöglichkeiten durch virtuelle Werbung ist nicht ersichtlich. Die Zulassung virtueller Werbung in § 7 Abs. 6 S. 2 RStV kommt daher im Ergebnis nicht mit der verfassungsrechtlichen Wahrheitspflicht der Rundfunkberichterstattung in Konflikt.

cc. *Verhältnismäßigkeit der Regelung*

Im Bereich der Rundfunkgesetzgebung wird zwischen Ausgestaltungs- und Eingriffsgesetzen unterschieden. Ausgestaltungsgesetze unterscheiden sich von Eingriffsgesetzen dadurch, daß sie nicht in Rechtsgüter eingreifen, sondern einen dem Gesetzgeber übertragenen Handlungsspielraum ausformen[531]. Auch Ausgestaltungsgesetze unterliegen dem Vorbehalt des Gesetzes und damit dem Grund-

[529] Vgl. Herkströter, MP 1998, S. 106 ff. (112).
[530] Vgl. Ladeur, ZUM 1999, S. 672 ff. (676).
[531] Zum Unterschied zwischen Ausgestaltungs- und Eingriffsgesetzen siehe 2. Kapitel Ziff. IV.2.b. (2).

satz der Verhältnismäßigkeit[532]. Die einzelnen Regelungen müssen also geeignet, erforderlich und angemessen zur Gewährleistung der Rundfunkfreiheit sein. Gesetze, die der Ausgestaltung der Rundfunkfreiheit dienen, sollen eine positive Ordnung schaffen, die sicherstellt, daß die Vielfalt der bestehenden Meinungen in möglichster Breite und Vollständigkeit Ausdruck findet und daß auf diese Weise umfassende Information geboten wird[533]. Insofern kommt es bei Ausgestaltungsgesetzen bei der Frage nach der Geeignetheit einer Regelung darauf an, ob eine gesetzgeberische Maßnahme der Meinungsbildungsfreiheit dient[534].

Die amtliche Begründung zum RStV hält sich hinsichtlich der Zielsetzung der Regelung in § 7 Abs. 6 S. 2 RStV zurück. Es erscheine gerechtfertigt, die „bisherige strikte Trennung der Werbung durch den Rundfunkveranstalter selbst und der Werbung am Ort des übertragenen Ereignisses insoweit aufzulockern", daß virtuelle Werbung gekennzeichnet wird und nur vorhandene Werbeflächen damit belegt werden[535]. Die Lockerung der vom Gesetzgeber als strikt bezeichneten Trennung ist jedoch nicht das *Ziel* der Regelung, sondern deren *Wirkung*. Insofern ist *Platho* zu widersprechen, der in der Lockerung der Trennung eine nachvollziehbare und gerechtfertigte Zielsetzung sieht[536]. Zwischen der Zielsetzung der Regelung, die durch eine Maßnahme des Gesetzgebers in geeigneter Weise verfolgt wird und ihrer Wirkung muß unterschieden werden, um nicht zu einem Zirkelschluß zu kommen.

Das Ziel „Vermeidung der Irreführung der Zuschauer" wird in der amtlichen Begründung nicht ausdrücklich genannt. *Platho* geht davon aus, daß § 7 Abs. 6 S. 2 RStV in Verbindung mit der Hinweispflicht der Irreführung vorbeugen soll[537]. Den Zuschauern würde, wie auch vor der Einführung der virtuellen Werbung, die Werbung nur auf den am Veranstaltungsort vorhandenen Flächen etc. zugänglich gemacht. *Ladeur* verweist dagegen darauf, daß es für den Zuschauer völlig gleichgültig sei, ob am Veranstaltungsort an der Stelle, an der er die Werbung sieht, auch Werbung vorhanden ist. Insofern fehle es am Schutzbedürfnis des Zuschauers und die Regelung sei nicht geeignet, der Vermeidung der Irreführung zu dienen[538].

Dieses Regelungsziel wäre nur dann sinnvoll, wenn eine relevante Irreführungsgefahr überhaupt droht, denn das Rundfunkrecht kann den Zuschauer nicht vor jeglichem Irrtum schützen. Der Zuschauer ist schutzwürdig im Hinblick auf die Unterscheidbarkeit von werblichen und redaktionellen Aussagen im Programm. Er muß in die Lage versetzt werden, Werbung als solche zu erkennen. Virtuelle Werbung bei Sportveranstaltungen birgt aber keine Gefahr der Nicht-Erkenn-

---

[532] BVerfGE 57, 295, 320 (FRAG-Urteil); Ricker, AfP 1997, S. 589 ff. (591).
[533] BVerfGE 57, 295, 320 (FRAG-Urteil); vgl. Libertus, ZUM 1992, S. 224 ff. (225); Seelmann-Eggebert, ZUM 1992, S. 79 ff. (81).
[534] Vgl. Seelmann-Eggebert, ZUM 1992, S. 79 ff. (84).
[535] Begründung zum RStV zu § 7; siehe oben Ziff. 2.a.
[536] Platho, ZUM 2000, S. 46 ff. (51).
[537] Platho, ZUM 2000, S. 46 ff. (51).
[538] Ladeur, ZUM 1999, S. 672 ff. (687).

barkeit der Werbung[539]. Mit dem erforderlichen Aufklärungshinweis wird ein Irrtum über den Umstand vermieden, daß künstliche statt realer Werbung zu sehen ist. Ein Irrtum über den Charakter der Werbung als solche tritt gar nicht erst ein. Da es an der entsprechenden Irreführungsgefahr fehlt, wäre die Vermeidung der Irreführung kein zulässiges Regelungsziel, bzw. ist die Regelung nicht geeignet, eine Irreführung zu vermeiden[540].

Fraglich ist, ob § 7 Abs. 6 S. 2 RStV der Erhaltung des Realitätsgehalts und der Glaubwürdigkeit dient und ob daraus die Folgerung abgeleitet werden kann, daß virtuelle Werbung nur Ersatz für reale Werbung sein darf. In der Literatur wurde gegen die Zulässigkeit virtueller Werbung teilweise der Verlust des Realitätsgehalts und der Glaubwürdigkeit eingewandt[541]. *Ladeur* sieht darin kein zulässiges Regelungsziel. Eine Sendung dürfe so unrealistisch sein, wie der Veranstalter das wolle, solange das Publikum darüber nicht im Unklaren gehalten werde[542]. Dem ist mit Blick auf die Programmautonomie der Veranstalter zuzustimmen.

Die Erhaltung der Glaubwürdigkeit ist eine Aufgabe, die in der Verantwortung der Rundfunkveranstalter liegt. Aus verfassungsrechtlichen Gründen sind die Sender zu einer sachlichen und neutralen Berichterstattung verpflichtet[543]. Das Rundfunkrecht kann aber die Glaubwürdigkeit eines Programms nicht erzwingen. Daher wäre das Regelungsziel Erhaltung der Glaubwürdigkeit nicht zulässig, weil es ohne Notwendigkeit den Kern der Rundfunkfreiheit, nämlich die allein den Rundfunkveranstaltern zustehende Programmautonomie berührt.

Die amtliche Begründung verweist darauf, daß mit der Regelung eine Schaffung zusätzlicher Werbeflächen vermieden werde. Der Gesetzgeber will also die Quantität von Werbung begrenzen. Auf den ersten Blick scheint die Regelung dazu durchaus geeignet zu sein, da ja nur real vorhandene Werbung ausgetauscht werden darf. Allerdings ist die Tatbestandsvoraussetzung „am Ort der Übertragung ohnehin bestehende Werbung“ keine unveränderliche Größe. Für Werbung bei Sportveranstaltungen sind in den letzten Jahren, angefangen von der Bandenwerbung immer neue Flächen gefunden worden[544]. Der Einsatz der Cam Carpets zeigt, daß schon jetzt versucht wird, die Werbung, die sich an den Fernsehzuschauer richtet, zu vermehren, ohne daß sie für den Zuschauer im Stadion in gleicher Weise sichtbar würde. Die am Ort vorhandene Werbung verändert

[539] Siehe dazu auch oben Ziff. I.1.a. (1).
[540] So auch Ladeur, ZUM 1999, S. 672 ff. (679), der darauf hinweist, daß die „Erhaltung des Realitätsgehalts“ kein zulässiges Regelungsziel wäre, da eine Fernsehübertragung so unrealistisch sein könne, wie die Veranstalter dies wollen, solange das Publikum darüber aufgeklärt wird.
[541] Herkströter, MP 1998, S. 106 ff. (112); Henning-Bodewig, ZUM 1997, S. 633 ff. (642).
[542] Ladeur, ZUM 1999, S. 672 ff. (679).
[543] Zur Neutralitätspflicht als Bestandteil der allgemeinen Programmgrundsätze siehe Herrmann, Rundfunkrecht, S. 521 f., 526.
[544] Zur Entwicklung der Werbung im Sport vgl. oben Ziff. I.1.a. (2) aa.

sich also, so daß eine wirksame Quantitätsbegrenzung damit nicht erreicht werden kann[545].

Zuzustimmen ist der Einschätzung *Ladeurs,* die Regelung enthalte letztlich eine Einladung an die werbende Wirtschaft, Anstrengungen zu unternehmen, Werbung zunächst am Veranstaltungsort sichtbar zu machen, um sie dann durch virtuelle Werbung zu ersetzen. Letztlich könne einer Vermehrung der werbenden Elemente nicht entgegengewirkt werden[546]. Auch *Platho* sieht die Gefahr, daß „auch die letzten Quadratzentimeter am Veranstaltungsort, so denn wirklich noch welche frei sind", für Werbung genutzt werden könnten. Allerdings sei dies kein Argument gegen die Regelung als solche. Das Kriterium der Beschränkung auf die am Ort vorhandene Werbung stelle vielmehr eine „konsequente Umsetzung des Normzwecks des Schleichwerbevebotes dar, der nur in einem an der Darstellung der Lebenswirklichkeit orientierten Ausmaß die Vermischung von Werbung und Programm" hinnehme[547]. Eine „Festschreibung"[548] wird allerdings nur insofern erreicht, als daß virtuelle Werbung immer eine Entsprechung vor Ort haben muß. Wieviel reale Werbung am Veranstaltungsort betrieben wird, kann das Rundfunkrecht allerdings nicht beeinflussen. Damit unterliegt virtuelle Werbung indirekt den Beschränkungen, die die Sportveranstalter und die Verbände den Werbetreibenden vorgeben[549]. Die Regelung kann verfassungsrechtlich also nicht mit dem Ziel der Begrenzung der Quantität der Werbung - abgesehen von der Frage der Legitimation dieses Regelungsziels - gerechtfertigt werden.

Es ist aber gleichzeitig auch zu fragen, ob wirklich eine absolute Quantitätsbegrenzung erfolgen sollte. Dies erscheint, trotz der Formulierung in der Amtlichen Begründung, nicht zwingend der Fall zu sein. Denn der Gesetzgeber wollte virtuelle Werbung vor allem insoweit begrenzen, als Werbung in der Lebenswirklichkeit existiert. Dieses Regelungsziel ist zwar in der Begründung nicht ausdrücklich genannt, ergibt sich aber indirekt aus der systematischen Einordnung der virtuellen Werbung als Ausnahme zum Schleichwerbeverbot. Dies ist eine zulässige Zielsetzung, die mit § 7 Abs. 6 S. 2 RStV auch erreicht werden kann. Der Gesetzgeber hat einen weiten Beurteilungsspielraum hinsichtlich der Zweckmäßigkeit von Regelungen. Soweit mehrere Ziele verfassungsrechtlich zulässig sind, hat der Gesetzgeber die Möglichkeit der Wahl. Insofern ist *Platho* im Ergebnis zuzustimmen, daß sich die Regelung am Normzweck des Schleichwerbeverbotes orientiere und somit Werbung im Programm in dem Ausmaß hingenommen werden soll, wie sie in der Lebenswirklichkeit vorhanden ist.

Im Ergebnis ist festzuhalten, daß § 7 Abs. 6 S. 2 RStV geeignet ist, ein verfassungsrechtlich zulässiges Regelungsziel zu erreichen. Insofern ist bei aller Kritik

---

545 A.A. Platho, ZUM 2000, S. 46 ff. (51). Die Quantität der übermittelten Werbung werde begrenzt und auf den vorhandenen Umfang festgeschrieben.
546 Ladeur, ZUM 1999, S. 672 ff. (679).
547 Platho, ZUM 2000, S. 46 ff. (51).
548 Platho, ZUM 2000, S. 46 ff. (51).
549 In den entsprechenden Verträgen und Reglements wird die Werbung meist auf bestimmte Flächen beschränkt.

an der praktischen Auswirkung der Regelung nicht der Vorwurf der Verfassungswidrigkeit zu erheben.

(2) Vereinbarkeit mit Art. 3 Abs. 1 GG

Art. 3 Abs. 1 GG verbietet dem Gesetzgeber, wesentlich Gleiches willkürlich ungleich oder wesentlich Ungleiches willkürlich gleich zu behandeln[550]. Nach einer neueren Formulierung des BVerfGE ist der Gleichheitssatz verletzt, wenn eine Gruppe von Normadressaten im Vergleich zu anderen Normadressaten anders behandelt wird, obwohl zwischen beiden Gruppen keine Unterschiede von solcher Art und solchem Gewicht bestehen, daß sie die ungleiche Behandlung rechtfertigen könnten[551]. Seinem Wesen nach ist Art. 3 Abs. 1 GG auf juristische Personen und somit auch auf Rundfunkveranstalter anwendbar[552].

Ladeur sieht in der neuen Regelung zur virtuellen Werbung durch die Verknüpfung mit dem Erfordernis der „ohnehin am Ort“ bestehenden Werbung einen Verstoß gegen den Gleichheitssatz zu Lasten der Fernsehveranstalter[553]. Die neue Regelung stelle eine Ungleichbehandlung zwischen Sportveranstaltern und Rundfunkveranstaltern dar, da § 7 Abs. 6 S. 2 RStV ohne sachlichen Grund zwischen diesen beiden Gruppen unterscheide. Während die vom Sportveranstalter initiierte Werbung zulässig sei, werde die Zulässigkeit der Rundfunkwerbung von der Werbung vor Ort abhängig gemacht[554]. Ohne real vorhandene Werbung kann der Rundfunkveranstalter auch keine virtuelle Werbung einblenden.

Dem Vorwurf der Verfassungswidrigkeit unter dem Gesichtspunkt des Gleichheitssatzes kann jedoch nicht zugestimmt werden. Zwar unterscheiden sich die Möglichkeiten der Werbung für Sportveranstalter und Rundfunkveranstalter erheblich. Während der Sportveranstalter nur den allgemeinen Werbebeschränkungen des Wettbewerbsrechts und der produktbezogenen Werbeverbote unterliegt, muß sich der Rundfunkveranstalter den detaillierten Regelungen des RStV, insbesondere dem Trennungsgebot und dem Beeinflussungsverbot unterwerfen. Insofern werden diese Normadressaten vom Gesetzgeber tatsächlich unterschiedlich behandelt.

Allerdings besteht dafür ein sachlicher Grund: den Rundfunkveranstaltern kommt aufgrund der besonderen Funktion des Rundfunks als Medium und Faktor der öffentlichen und individuellen Meinungsbildung eine besondere Rolle im Wirtschafts- und Gesellschaftsleben zu. Sie sind zwar wie alle Wirtschaftsunternehmen den Kräften des Marktes unterworfen, unterliegen aber aus verfassungsrechtlichen Gründen in bestimmten Bereichen besonderen Rahmenbedingungen. Dazu gehört das Verbot der Beeinflussung durch die werbetreibende Industrie.

---

550 Vgl. v. Mangoldt/Klein/Starck, Bonner Grundgesetz, Art. 3 Rn. 10.

551 Vgl. BVerfGE 75, 108, 157 (Künstlersozialversicherung).

552 V. Münch/Kunig-Krebs, GG, Art. 19, Rn. 46. Die öffentlich-rechtlichen Rundfunkanstalten können sich allerdings nicht auf Art. 3 berufen, vgl. BVerfGE 78, 101, 102; v. Münch/Kunig-Krebs, GG, Art. 3 Rn. 44.

553 A.A. Platho, ZUM 2000, S. 46 ff. (51), ohne nähere Begründung.

554 Ladeur, ZUM 1999, S. 672 ff. (678 f.).

Um die Meinungsbildung nicht einer gesellschaftlichen Gruppe, z.B. einem besonders zahlungskräftigen Industriezweig zu überlassen, müssen die Programmentscheidungen der Rundfunkveranstalter unabhängig von derartigen Einflüssen bleiben. Diesem Zweck dient unter anderem das Trennungsgebot. Die Gefahr der Beeinflussung durch die Werbewirtschaft ist bei den Sportveranstaltern unerheblich, da sie keine besondere Funktion im Hinblick auf die Meinungsbildung haben. Der sachliche Grund für die unterschiedliche Behandlung von Rundfunk- und Sportveranstaltern liegt also in der verfassungsrechtlich gebotenen Vermeidung der Beeinflussung durch Werbung und Werbetreibende. § 7 Abs. 6 S. 2 RStV verstößt damit nicht gegen den Gleichheitssatz.

(3) Vereinbarkeit mit dem allgemeinen Persönlichkeitsrecht

Das allgemeine Persönlichkeitsrecht schützt vor Eingriffen in die Privat- bzw. Intimsphäre des Menschen. Eine einfachgesetzliche Ausformung des verfassungsrechtlich geschützten Persönlichkeitsrechts ist das Recht am eigenen Bild nach § 22 Kunsturhebergesetz (KUG), wonach die Zurschaustellung von Bildnissen grundsätzlich nur mit der Einwilligung des Abgebildeten zulässig ist. Eine Ausnahme gilt für Personen der Zeitgeschichte, zu denen anerkanntermaßen auch Sportler zählen[555]. Spitzen- und Berufssportler stehen im Mittelpunkt eines breiten öffentlichen Interesses und dürfen daher grundsätzlich ohne ihre Einwilligung abgebildet werden[556]. Auch ein bekannter Sportler braucht jedoch nicht zu dulden, daß sein Bildnis ohne Einwilligung für Werbezwecke ausgenutzt wird[557]. Für die Erlaubnis, mit seinem Bildnis Werbung zu treiben, kann der Sportler vielmehr ein Entgelt verlangen[558].

Dies gilt auch für virtuelle Werbung. Diese Fragen haben derzeit zwar (noch) keine praktische Relevanz, da es technisch noch nicht möglich ist, bewegliche Elemente mit virtueller Werbung zu versehen. Es ist jedoch nicht auszuschließen, daß die technische Entwicklung dies in Zukunft ermöglicht. Der Einsatz virtueller Werbung auf der Kleidung eines Sportlers wäre eine Nutzung dessen Bildes zu Werbezwecken, so daß eine Einwilligung nach § 22 KUG erforderlich wäre. Daß sämtliche bei einem internationalen Wettkampf auftretende Sportler ihre Einwilligung zur Einblendung virtueller Werbung erteilen, ist unrealistisch, zumal sie daran im Hinblick auf die eigenen Sponsoren kein Interesse haben dürften. Von einer stillschweigenden Einwilligung kann nicht ausgegangen werden.

Hinzu käme die Frage, ob Trikotwerbung als am Veranstaltungsort vorhandene Werbung im Sinne von § 7 Abs. 5 S. 2 RStV angesehen werden könnte. Nach der Formulierung der Vorschrift hatte der Rundfunkgesetzgeber stationäre Elemente im Blick. Andererseits sind auch die Sportler und mit ihnen die Trikotwerbung am Veranstaltungsort vorhanden. Die Sportlerwerbung dürfte vom Tatbestand erfaßt sein. Allerdings läßt die Regelung in § 7 Abs. 6 S. 2 RStV ausdrücklich

---

[555] Schwerdtner in: Medien Recht und Sport, S. 106 ff. (108).
[556] Weisemann/Spieker, Sport, Spiel und Recht, Rn. 55.
[557] Fritzweiler/Pfister/Summerer, Sportrecht, S. 322.
[558] Weisemann/Spieker, Sport, Spiel und Recht, Rn. 55.

andere Rechte unberührt. Hierzu gehören nach der amtlichen Begründung die Urheber – und Leistungsschutzrechte. Als anderes Recht gehört auch das allgemeine Persönlichkeitsrecht dazu. Der Einsatz virtueller Trikotwerbung wäre daher wegen des Verstoßes gegen § 22 KUG nicht erlaubt.

(4) Vereinbarkeit mit Art. 12 Abs. 1 GG

Die Berufsfreiheit gem. Art. 12 Abs. 1 GG ist betroffen, da Wirtschaftswerbung als Bestandteil der gewerblichen Betätigung in den Schutzbereich als eine Form der Berufsausübung gehört[559]. Sowie inhaltliche Beschränkungen als auch Werbeverbote sind als Regeln der Berufsausübung zu beurteilen, die nach der sog. Stufentheorie des BVerfG durch hinreichende Gründe des Allgemeinwohls gerechtfertigt werden können[560]. Auch § 7 Abs. 6 S. 2 RStV ist als Berufsausübungs- und nicht als Berufszugangsregelung einzuordnen. Wenn auch in § 7 Abs. 6 S. 2 RStV durch die Kennzeichnungspflicht und die Beschränkung virtueller Werbung auf bestimmte Flächen und Sendungen ein Eingriff in die Berufsfreiheit zu erblicken ist, ist dieser durch das Ziel der Vorschrift, dem Schutz der Zuschauer vor irreführender Werbung, als Erwägung des Allgemeinwohls gerechtfertigt.

3. Virtuelle Werbung und die Rechte Dritter

a. Die Bedeutung des § 7 Abs. 6 S. 3 RStV

§ 7 Abs. 6 S. 3 RStV besagt ausdrücklich, daß „andere Rechte“ von der Regelung unberührt bleiben. Nach der amtlichen Begründung im RStV gilt dies insbesondere für bestehende Leistungsschutz- und Urheberrechte. So werde der Einsatz virtueller Werbung in der Regel nur mit Zustimmung des Veranstalters bzw. des von dem Austausch der Werbung Betroffenen möglich sein[561]. Neben Urheber- und Leistungsschutzrechten sind auch vertragliche Regelungen zu beachten[562]. Damit stellt der RStV klar, daß auf die Rechtsposition derjenigen Rücksicht genommen werden soll, die durch elektronische Veränderung des Bildes betroffen sind[563].

An der Vermarktung von Sportereignissen sind in der Regel mindestens drei Parteien beteiligt: der Veranstalter des Ereignisses, die Werbekunden oder Sponsoren[564] sowie der Rundfunkveranstalter, der die Übertragungsrechte erworben

---

559 Bremer u.a., Rundfunk in der Verfassungs- und Wirtschaftsordnung, S. 137.

560 BVerfGE 68, 272, 282; Bremer u.a., Rundfunk in der Verfassungs- und Wirtschaftsordnung, S. 137..

561 Begründung zum 4. RÄndStV zu § 7 RStV.

562 Vgl. Kreile, ZUM 2000, S. 194 ff. (200).

563 Engels/Giebel, ZUM 2000, S. 265 ff. (274).

564 Im Bereich der Sportvermarktung verschwimmen die Grenzen zwischen Werbung und Sponsoring. Unter (Ereignis-)Sponsoring versteht man gegenseitige Verträge zwischen einem Unternehmen und einem (Sport-)Veranstalter, mit dem das Unternehmen ein bestimmtes sportliches, kulturelles oder sonstiges Ereignis unterstützt, in der Erwartung, daß über sein Engagement berichtet wird. Oft verpflichten sich die Gesponserten, die Banden oder andere Flächen an den Sponsor zu vermieten, so daß diese einerseits Sponsoren der Veran-

hat. Hinzu können die speziellen Agenturen kommen, die die Vermarktung der Ereignisse als Vermittler zwischen den Sport- und den Rundfunkveranstaltern betreiben. Die Agenturen können in fremden Namen auftreten und die Verträge zwischen den Sponsoren und den Veranstaltern vermitteln oder die Übertragungs- und Werberechte im eigenen Namen und für eigene Rechnung erwerben und vermarkten[565].

Veranstalter eines Sportereignisses und damit Inhaber der originären Fernsehübertragungsrechte können Vereine, Verbände oder auch Dritte sein. Nach dem Veranstalterbegriff des BGH ist der Veranstalter und damit Inhaber der Fernsehübertragungsrechte, wer in organisatorischer und finanzieller Hinsicht verantwortlich ist, die Vorbereitung und Durchführung einer Veranstaltung übernimmt und das unternehmerische Risiko trägt[566].

Die Übertragung der Senderechte an einen Rundfunkveranstalter stellt sich rechtlich als Nichtausübung eines Verbotsrechts dar. Der Veranstalter hat das Recht, ungenehmigte Fernsehaufnahmen kraft seines Hausrechts (§§ 859, 903, 1004 BGB) und nach § 1 UWG zu verhindern[567]. Die Übertragungsrechte werden daher als Ausfluß des Hausrechts oder aus § 1 UWG vergeben, indem der Veranstalter auf die Ausübung dieser Rechte verzichtet[568].

Die Auswirkungen des Einsatzes virtueller Werbung auf die vertragliche Praxis sollen hier nur angerissen werden. Eine abschließende Betrachtung in tatsächlicher Hinsicht ist noch nicht möglich, da derzeit noch keine ausreichenden Erkenntnisse über die Akzeptanz der neuen Werbeform und die damit verbundenen Verschiebungen in den vertraglichen Beziehungen der Beteiligten vorliegen. Einige Rundfunkveranstalter sind trotz der ursprünglichen Forderung nach der Zulassung virtueller Werbung inzwischen wieder skeptisch, ob sich damit tatsächlich Mehreinnahmen erwirtschaften lassen[569]. Jedenfalls ist davon auszugehen, daß die Vermarktungsagenturen und die Sportveranstalter die Frage der Zulässigkeit der virtuellen Werbung in Zukunft vertraglich regeln werden.

b. Leistungsschutz- und Urheberrechte

(1) Urheberrechte

Nach § 7 Abs. 6 S. 3 RStV sind die Rundfunkveranstalter nicht berechtigt, durch virtuelle Werbung bestehende Urheberrechte zu verletzen. Wenn also Sendungen

---

staltung und andererseits Werbekunden sind. Vgl. Bruhn/Mehlinger, Rechtliche Gestaltung des Sponsoring, S. 155. Beide Eigenschaften müssen allerdings nicht zusammenfallen. Die Werbebanden können auch unabhängig von Sponsorverträgen an werbetreibende Unternehmen vermietet werden.

[565] Amsinck, MP 1997, S. 62 ff. (68); Vgl. Jessen, Vermarktung von Sportereignissen, S. 9; siehe dazu auch 1. Kapitel Ziff. III.2..

[566] Vgl. Fritzweiler/Pfister/Summerer, Sportrecht, S. 289; Fromm/Nordemann, Urheberrecht, 9. Aufl., § 81 Rn. 2.

[567] Vgl. v. Westerholt, ZIP 1996, S. 264 ff. (266).

[568] Vgl. Schricker, Urheberrecht, 2. Aufl., § 81 Rn. 16.

[569] Vgl. Horizont vom 18.2.1999, S. 41.

ausgestrahlt werden, an denen die Urheberrechte nicht dem Rundfunkveranstalter selbst, sondern Dritten zustehen, darf virtuelle Werbung nur eingefügt werden, wenn dadurch keine Urheberrechtsverletzung eintritt oder der bzw. die Urheber einer Änderung zustimmen.

Bei urheberrechtlich geschützten Filmen steht den Filmurhebern[570] ein umfassendes Änderungsrecht zu, das sich aus einer Gesamtschau der Normen in §§ 14 und 39 ergibt. Jede, auch geringfügige Änderung ist danach grundsätzlich nur bei Einwilligung der Urheber zulässig[571]. Ausnahmen davon gelten für den Filmhersteller nach § 89 UrhG, wonach z.B. eine Befugnis für die Untertitelung zum Zwecke der ausländischen Vermarktung besteht[572]. Eine weitere Ausnahme besteht nach § 39 Abs. 2 UrhG, wonach der Urheber Änderungen dulden muß, die denen er nach Treu und Glauben seine Einwilligung nicht versagen darf. Für Werbe*unterbrechungen* von Filmen wird daher ein Einwilligungserfordernis des Urhebers angenommen, da sie als Beeinträchtigung oder sogar als gröbliche Entstellung im Sinne von § 93 UrhG anzusehen sind[573]. Virtuelle Werbung stellt gegenüber einer Werbeunterbrechung einen noch stärkeren Eingriff in die Substanz eines Werkes dar, weil die Werbebotschaft direkt in den Film gemischt wird, so daß es sich dabei ebenfalls um eine gröbliche Entstellung handelt.

Die Darbietungen von Sportlern und Sportveranstaltungen selbst genießen grundsätzlich keinen urheberrechtlichen Schutz[574]. Die Einfügung virtueller Werbung in eine Sportübertragung kann also keine Urheberrechtsverletzung bei diesen Personen bewirken. Allerdings ist der bei Live-Sendung von Veranstaltungen entstehende Film entweder als Filmwerk (§§ 88 ff. UrhG) oder als Laufbild (§ 95 UrhG) geschützt[575]. Für Laufbilder gelten die Bestimmungen über die Filmwerke - und somit § 93 UrhG - entsprechend.

Wenn der Rundfunkveranstalter selbst Inhaber der Übertragungsrechte ist und das Filmmaterial herstellt, ist er Filmhersteller im Sinne von § 94 UrhG. Regisseur, Kameramann etc. sind Urheber des Films. Mit diesen Personen wird der Rundfunkveranstalter in der Regel vertragliche Vereinbarungen getroffen haben, wonach die Nutzungs- und Änderungsrechte dem Sender zustehen. Somit ist in diesem Fall die Einfügung virtueller Werbung kein Problem. Wenn der Rundfunkveranstalter dagegen bereits fertige Bildsignale erwirbt, stehen den Urhebern der zu übertragenden Live-Bilder Abwehransprüche gegen gröbliche Entstellun-

---

570 Filmurheber sind in der Regel mehrer Mitwirkende: z.B. der Regisseur, der Kameramann und der Cutter, vgl. Pfeifer, GRUR Int. 1995, S. 25 ff. (29).

571 Pfeifer, GRUR Int. 1995, S. 25 ff. (31).

572 Pfeifer, GRUR Int. 1995, S. 25 ff. (32).

573 Pfeifer, GRUR Int. 1995, S. 25 ff. (33). Nach Fromm/Nordemann, Urheberrecht, 9. Aufl., § 93 Bem. 6, kann sich der Urheber gegen Werbeunterbrechungen zur Wehr setzen, wenn ein Film mit künstlerischem Anspruch derart unterbrochen wird, daß der Rhythmus des filmischen Ablaufs zersplittert oder gestört wird. Eine Entstellung liegt dagegen nicht vor, wenn der Film von vorneherein auf entsprechende Unterbrechungsmöglichkeiten angelegt ist.

574 Vgl. v. Westerholt, ZIP 1996, S. 264 ff. (264).

575 OLG München, ZUM-RD 1997, S. 290 ff. (293)-„Box-Classics"- (Laufbilder); Schricker, Urheberrecht, 2. Aufl., vor § 88 Rn. 26; zur Abgrenzung siehe Fromm/Nordemann, Urheberrecht, 9. Aufl., § 2 Rn. 76 ff.

gen oder Beeinträchtigungen zu (§ 93 UrhG). Der ausstrahlende Rundfunkveranstalter muß den Einsatz virtueller Werbung bei Erwerb fremder Bilder genehmigen lassen.

(2) Leistungsschutzrechte

Auch die Leistungsschutzrechte werden gemäß § 7 Abs. 6 S. 3 RStV „nicht berührt“, dürfen also durch virtuelle Werbung nicht beeinträchtigt werden. Leistungsschutzrechte sind die in §§ 73 ff. UrhG geregelten Rechte der ausübenden Künstler[576]. Nach § 83 UrhG steht dem Künstler das Recht zu, eine Entstellung oder eine andere Beeinträchtigung seiner Darbietung zu verbieten[577]. Ausübender Künstler ist derjenige, der ein Werk vorträgt oder aufführt oder bei dem Vortrag oder der Aufführung eines Werkes künstlerisch mitwirkt. Dazu gehören beispielsweise die Leistungen der Schauspieler und Regisseure bei der Aufführung eines Theaterstücks. Sportliche Darbietungen fallen allerdings in der Regel nicht darunter, d.h., weder der Sportler noch der Veranstalter haben einen leistungsschutzrechtlichen Unterlassungsanspruch gegen Beeinträchtigungen oder Entstellungen[578]. Durch virtuelle Werbung werden also keine Leistungsschutzrecht der Sportler und Sportveranstalter berührt.

Denkbar wäre, daß bei musikalische Ereignisse, die stark kommerzialisiert sind (z.B. Konzerte der „drei Tenöre“), Werbeflächen aufgestellt werden. Sollte ein Sender diese Werbeflächen virtuell verändern, könnte darin eine Beeinträchtigung oder Entstellung der künstlerischen Darbietung liegen.

c. Vertragliche Regelungen

(1) Vertraglicher Ausschluß virtueller Werbung

Durch § 7 Abs. 6 S. 3 RStV wird klargestellt, daß Werbetreibende und Sportveranstalter virtuelle Werbung wirksam vertraglich verhindern können. Der RStV soll die bestehenden vertraglichen Vereinbarungen nicht überlagern. Praktisch kann dies durch einen vertraglichen Ausschluß virtueller Werbung bei der Einräumung der Übertragungsrechte an den Rundfunkveranstalter geschehen[579]. Der Sportveranstalter würde den Fernsehteams nur unter der Bedingung den Zugang zum Stadion gestatten, daß die dort vorhandene Werbung bei der Übertragung

[576] Nach § 74 UrhG dürfen Darbietungen ausübender Künstler nur mit deren Einwilligung außerhalb des Raumes durch technische Einrichtungen öffentlich wahrnehmbar gemacht werden. §§ 75, 76 UrhG verlangen die Einwilligung des Künstlers für die Aufnahme auf Bild- oder Tonträger sowie Funksendungen. Soweit die Darbietung des ausübenden Künstlers von einem Unternehmen veranstaltet wird, bedarf es in den Fällen der §§ 74, 75 und 76 UrhG neben der Einwilligung der ausübenden Künstler auch der Einwilligung des Unternehmers (Schutz des Veranstalters nach § 81 UrhG).

[577] Nach § 93 UrhG kann der Urheber eines Filmwerkes sich nur gegen gröbliche Entstellung wehren.

[578] OLG München, ZUM-RD 1997, S. 290 ff. (293)-„Box-Classics“. Eine Ausnahme kann z.B. für Aufführungen der Spanischen Hofreitschule in Wien oder bei Stierkämpfen in Betracht kommen, Fromm/Nordemann, Urheberrecht, 9. Aufl., § 73 Rn. 17.

[579] So geplant z.B. von Werder Bremen vgl. Lemke (Diskussionsbeitrag) in: Digital oder Original, S. 53.

nicht ausgeblendet oder überblendet wird. Korrespondierend damit würde der Veranstalter seinen Werbekunden und Sponsoren vertraglich zusichern, daß der übertragende Rundfunkveranstalter einer solchen Bedingung unterworfen wird[580]. Nur durch eine solche Klausel wird der Sportveranstalter das bisherige Preisniveau für Sportwerbung aufrecht erhalten können. Eine solche vertragliche Verpflichtung bliebe von § 7 Abs. 6 S. 2 RStV unberührt, müßte also trotz der rundfunkrechtlichen Erlaubnis der virtuellen Werbung eingehalten werden. Nur mit ausdrücklicher Zustimmung des Sportveranstalters und dessen Werbekunden wäre der Einsatz virtueller Werbung zulässig.

Die Reichweite der vor Ort vorhandenen Werbung wird durch den Einsatz virtueller Werbung geschmälert, da sie nur noch die Stadionzuschauer und nicht mehr die Fernsehzuschauer erreicht. Die Anzahl der erreichbaren Rezipienten ist ein wertbestimmender Faktor für den Preis der Bandenwerbung[581]. Sollte der Rundfunkveranstalter virtuelle Werbung einsetzen, erleidet also der Werbekunde des Sportveranstalters einen Schaden.

Soweit die Fernsehübertragung Vertragsbestandteil bei der Vermietung oder Verpachtung der Werbeflächen geworden ist, könnte das werbetreibende Unternehmen den Sportveranstalter auf Minderung der Gegenleistung ggf. sogar auf Schadensersatz in Anspruch nehmen, wenn dieser seiner Verpflichtung, dem Rundfunkveranstalter den Einsatz virtueller Werbung vertraglich zu untersagen, gegenüber dem Werbekunden nicht nachgekommen sein sollte.

Ein Schadensersatzanspruch gegen den Sportveranstalter scheidet dagegen aus, wenn dieser seine vertraglichen Verpflichtung gegenüber dem Werbekunden eingehalten hat, indem er den Rundfunkveranstalter seinerseits verpflichtete, keine Aus- oder Überblendungen vorzunehmen.

Der Werbekunde kann sich dann nur an den Rundfunkveranstalter halten, wobei allerdings vertragliche Anspruchsgrundlagen ausscheiden, weil zwischen Werbekunden und Rundfunkveranstalter keine vertragliche Verbindung besteht. Daher kommt in erster Linie ein Anspruch aus § 1 UWG oder subsidiär ein Anspruch wegen Eingriffs in den eingerichteten und ausgeübten Gewerbebetrieb gemäß § 823 Abs. 1 BGB in Betracht. Das Überblenden realer Werbung durch virtuelle Werbung stellt sich im Ergebnis so dar, als wenn fremde Werbeplakate überklebt oder zerstört würden. Das Überblenden hat den einzigen Zweck, die reale Werbung nicht an den Adressaten dringen zu lassen und ist somit ein als Werbebehinderung wettbewerbswidriges Verhalten anzusehen[582].

Neben der Unterlassung kann grundsätzlich auch der entstandene Schaden geltend gemacht werden, wobei sich dessen Berechnung als problematisch erweisen könnte. Konkrete Einnahmeeinbußen wird der Werbende nicht nachweisen kön-

---

[580] Kreile, ZUM 2000, S. 194 ff. ; ders. in Hartstein u.a., Rundfunkstaatsvertrag, § 7 Rn. 60; Herkströter in: Digital oder Original, S. 32.
[581] Vgl. Herkströter in: Digital oder Original, S. 32.
[582] Baumbach/Hefermehl, Wettbewerbsrecht, 21. Aufl., § 1 UWG, Rn. 225.

nen. Einen beziehbaren Schaden könnte dagegen der angesichts der fehlenden Fernsehübertragung zu hohe Preis für die Werbefläche darstellen.

(2) Fehlende vertragliche Vereinbarung

Da virtuelle Werbung eine relativ neue Erscheinung ist, wird eine Reihe von langfristigen Werbeverträgen noch keine Regelung hierzu enthalten. Dasselbe dürfte für längerfristige Verträge zur Übertragung der Fernsehrechte gelten. Die von den Sportrechteagenturen abgeschlossenen Verträge enthalten allerdings schon heute Klauseln, nach denen eine nachträgliche Veränderung der erworbenen Übertragungssignale durch die Rundfunkveranstalter unzulässig ist[583]. In diesem Fall wäre eine nachträgliche Veränderung durch virtuelle Werbung unzulässig. Auch in den Sponsoringverträgen zwischen Ereignissponsoren und Veranstaltern, die keine Klausel zur virtuellen Werbung enthalten, wird aber zugesichert, daß das gesponsorte Ereignis im Fernsehen übertragen wird[584]. Es kann also davon ausgegangen werden, daß die Fernsehübertragung des Ereignisses Geschäftsgrundlage dieser Verträge ist.

Wenn nun die reale Werbung durch virtuelle Werbung überblendet wird, ist für die Stadionwerbung ein zu hoher Preis gezahlt worden. In Betracht kommt daher eine Anpassung des Vertrages mit einer Minderung des Entgelts für die im Hinblick auf die Fernsehübertragung gemieteten Werbeflächen aufgrund des Wegfalls der Geschäftsgrundlage. Ein vertraglicher Minderungs- oder Schadensersatzanspruch des Werbekunden gegen den Sportveranstalter scheidet dagegen aus, da er nicht gegen den zwischen ihnen bestehenden Vertrag verstößt, wenn darin kein Ausschluß virtueller Werbung enthalten ist und nicht der Sportveranstalter, sondern der Rundfunkveranstalter für den Einsatz virtueller Werbung verantwortlich ist.

Gegen den Rundfunkveranstalter kommen die oben genannten Ansprüche aus § 1 UWG oder subsidiär ein Anspruch wegen Eingriffs in den eingerichteten und ausgeübten Gewerbebetrieb gemäß § 823 Abs. 1 BGB auf Unterlassung und Schadensersatz in Betracht.

d. Verbandsrechtliche Werbebeschränkungen

(1) Das FIFA-Reglement

Die Sportverbände geben ihren Mitgliedern traditionell Verhaltensregelungen in bezug auf die Werbung bei Sportereignissen vor. Das betrifft die Werbung auf der Kleidung der Sportler sowie die Plazierung von Werbung in den Austragungsstätten[585]. Diese Werbebeschränkungen können die Verbände aufgrund ihrer Satzungs- und Vereinsautomomie für ihre Mitglieder bindend beschließen[586].

---

[583] Vgl. Horizont vom 18.2.1999, S. 41.

[584] Vgl. v. Westerholt, ZIP 1996, S. 264 ff. (268); Greffenius/Fikentscher, ZUM 1992, 526 ff. (533).

[585] Vgl. Rauste, SpuRt 1998, S. 7 ff. (7).

[586] Bruhn/Mehlinger, Rechtliche Gestaltung des Sponsoring, Bd. 1, S. 37.

Der internationale Fußballverband FIFA (Fédération Internationale de Football Association[587]) hat im Jahr 1999 eine detaillierte Regelung zur virtuellen Werbung bei Fußballspielen erlassen. Die FIFA-Regelung zur virtuellen Werbung hat folgenden Wortlaut:

„1. *Purpose*
These Regulations are to be applied for the use of Virtual Advertising („VA") on the occasion of football matches. The issue of these Regulations is intended to ensure that VA is applied reasonably and the integrity of football matches maintained.
According to Law 1, Decision 3 of the Laws of the Game approved by the International Football Association Board, and valid as per 1 July 1999, all forms of advertising, real or virtual, is forbidden on the field of play and its appurtenances, including the goalnets, and also on the area immediately surrounding the field of play. This restriction applies from the moment that the teams enter the field of play before each half of the match, and until the moment that they leave it after each half.

2. *Definitions*

a) *„Virtual Advertising" refers to the manipulation by computer of authentic images, either live or delayed, and the substitution of various elements of those images with the purpose of implementing advertising messages into the signal transmitted by television or by similar current or future technologies (on-line, desktop-publishing, single-frame, DVD, etc.).*

b) *„Transmitted images" refers to electronic recordings (analogue or digital) of single-frame images (still pictures) or of sequences (moving pictures or video signals) by the corresponding recording teams.*

c) *„Football matches" refers to all matches between football teams organised by FIFA, or by the Confederation and National Association affilated to FIFA, or by the clubs affilated to the National Associations.*

3. *Area of Application*
These Regulations are applicable to the transmitted pictures of football matches by televison or by any and all other current or future forms of transmission for public consumption, as well as to all other current or future forms of publicising images of football matches, including especially newspapers, other publications and the Internet.

4. *Right Holders*
FIFA, the recognised Confederations, the affilated National Associations and clubs affilated to the National Associations which organise football matches are the original holders of the rights associated with such football matches.

5. *Obligation to Transfer the Contents of these Regulations*
The granting of rights of football matches by the original rights-holders or by third parties aquiring such rights may only be permitted when those parties aquiring such rights enter a legally binding agreement to uphold the contents of these Regulations.

6. *Conditions for the Application of VA*
VA is permitted only following conditions are fulfilled:
- *To do so does not constitute an illegal act.*
- *All involved parties, especially the Host Broadcaster, sub-licences and marketing rights-holders are fully informed and contractually bound with regard to the application of VA and the contents of these Regulations.*
- *Outside the field of play, VA may only be applied during the transmission to appear on existing flat surfaces which may or may not be used in reality for publicity purposes (including advertising boards standing beside the field of play). In particular, VA is expressively forbidden*

[587] Die FIFA organisiert die Fußballweltmeisterschaft und das Fußball-Turnier bei den Olympischen Spielen. Der FIFA gehören die nationalen Fußballverbände (Deutschland: DFB, Deutscher Fußballbund) sowie die Konföderationen (z.B. UEFA für Europa) an.

a) on surfaces specially created for the purpose of being used for VA
b on all persons in the stadium
c) on all mobile or stationary objects not originally intended to carry publicity of any kind
d) in the air space above the entire stadium area
e) in the air space which may be seen by the public and covered by TV cameras

- *VA may be applied to appear on the field of play in the centre-circle and in the two penalty-areas (including the arc of each area) until the moment when the players enter the field of play before the start of each half of the match, from the moment when they leave the field of play at the end of the first half, and from the moment they leave the field of play after the match has officially finished (normal time, golden goal, penalty shoot-out).*

7. *Failure to observe these Regulations*
The Confederation, the National Associations and the clubs affilated to the National Associations shall be held responsible for failure to observe these Regulations, whether such failure shall be caused by these parties or by third parties to whom the rights to the match in question has been directly or indirectly granted.

8. *Disciplinary Measures*
Disciplinary measures shall be taken against any party responsible for failure to observe these Regulations. The responsible bodies in such cases shall be:
a) FIFA, for such offences committed by a recognised Confederation
b) the respective Confederation, for such offences committed by a National Association affilated to that Confederation and to FIFA
c) the respective National Association, for offences committed by a club affilated to that National Association.

Disciplinary measures shall be taken when the responsible disciplinary body is informed by any party of any infringement of these Regulations. The disciplinary body shall follow an expedient and simple procedure to impose disciplinary measures, in order to permit a decision to be reached within five working days. The disciplinary regulations of the disciplinary body in question shall be applied.

9. *Legal Recourse*
Appeal against decisions involving disciplinary measures may be made in writing within five days of notification of such decision, to the body responsible for such disciplinary measures.

These Regulations enter into force on 1 January 2000.'[688]

Die FIFA-Regelung erlaubt demnach virtuelle Werbung im Mittelkreis und im Strafraum - solange die Spieler nicht auf dem Feld sind - auf Flächen, die für reale Werbung genutzt werden können. Ausdrücklich verboten ist virtuelle Werbung auf Personen und auf beweglichen und stationären Objekten, die nicht zu Werbezwecken vorgesehen sind. Unzulässig ist virtuelle Werbung auch auf speziell dafür kreierten Flächen sowie im Luftraum *über* dem und *im* Stadion. Da die Verhaltensregeln des Verbandes zwar für seine Mitglieder, nicht aber für die Rundfunksender, die die entsprechenden Spiele übertragen, verbindlich sind, müssen die Rundfunkveranstalter bei Vergabe der Übertragungsrechte vertraglich an die FIFA-Standards gebunden werden (Ziff. 5).

Die FIFA-Regelungen unterscheiden sich von der Regelung im RStV im Hinblick auf die Werbung auf dem Spielfeld. Nach § 7 Abs. 6 S. 2 RStV wäre dies unzulässig, weil sich dort keine reale Werbung befindet. Übereinstimmend mit

[588] Abgedruckt bei Hartstein u.a., Rundfunkstaatsvertrag, § 7 Rn. 60 Fn. 94.

der deutschen Regelung ist die virtuelle Werbung auf Personen nicht erlaubt[589]. Durch das Verbot virtueller Werbung im Luftraum sowie auf Objekten, die nicht als Werbefläche dienen, werden virtuelle Placements untersagt, die auch nach deutschem Recht nicht zulässig wären. Die FIFA-Regelung ist damit in einem Punkt großzügiger als die rundfunkstaatsvertragliche Regelung. Jede nach dem RStV zulässige virtuelle Werbung stünde daher im Einklang mit der FIFA-Regelung.

Da die FIFA-Regelung oder vergleichbare verbandsrechtliche Regelungen nur für die Mitglieder verbindlich sind, kann eine großzügigere Regelung die Rechte der deutschen Rundfunkveranstalter nicht erweitern. Auch wenn diese sich gegenüber der FIFA bei der Übertragung von Fernsehrechten vertraglich zur Einhaltung der oben zitierten Regelungen verpflichten, darf im Anwendungsbereich des RStV keine virtuelle Werbung im Mittelkreis oder im Strafraum eingeblendet werden[590].

(2) Das EBU-Reglement

Die European Broadcasting Union (EBU) ist der Verband der öffentlich-rechtlichen Rundfunkveranstalter. 1999 hat die EBU folgende Regeln zur virtuellen Werbung aufgestellt:

„*EBU-Proposed rules and principles from 1.9.1999*

1. *The use of virtual advertising must not change the quality of the programme, or transform or impair the appearance of the venue where the event is taking place.*

   Concrete applications of this general principle can be found in points 2 – 5.

2. *Virtual advertising may be inserted during the event only on surfaces at the venue which are customarily used for advertising.*

   This means that virtual advertising may be placed only on spaces where advertising can be attached physically. For example, it would not be possible to insert virtual balloons carrying advertising.

3. *No virtual advertising may appear on persons or on their equipment.*

   This ban would include competitors, performers, officials, spectators, etc.

4. *Virtual advertising must not be inserted in a way that obscures, even in a part, the television audiences view of the action/performance.*

   This corresponds to the universally accepted practice that in the transmission of sports events there should be no advertising between the cameras and the action.

5. *Virtual advertising should be in keeping with the overall look of the venue and should not have greater prominence than advertising seen at the venue.*

   This would need to be determined in terms of colour, brightness, flashing and moving images, etc.

6. *Virtual advertising must not use subliminal techniques.*

   This would exclude recourse to physically weak advertising messages of which the viewer is not consciously aware.

7. *Virtual advertising must not be used for products or services for which television advertising is prohibited in the country where the broadcaster is established. There shall be no virtual advertising for tobacco products.*

---

[589] Vgl. oben Ziff. I. 2. d. (3).

[590] Zur Unzulässigkeit der Werbung im Mittelkreis vgl. Meyer-Harport, Neue Werbeformen im Fernsehen, S. 87.

The term „broadcaster" herein is used in accordance with the definition in the Television without Frontiers Directive of the European Communities and in the Council of Europe Convention on Transfrontier Television. This definition does not include the so-called „host-broadcaster" in its capacity of producer of the singnal but does not cover all broadcasters transmitting the event.

8. *No virtual advertising may be specifically inserted in items for television news bulletins.*

This would allow news usage of the signal as it exists (e.g. as used for the live and deferred transmission of an event) but would not allow any subsequent modification or insertion of virtual advertising in the news item.

9. *No virtual advertising may be inserted in the signal by the event organizer, its agents or any third party without prior agreement of the broadcaster(s) holding the transmission rights.*

Broadcasters' editorial independence and responsibilities mean that they must retain control over their programmes and ultimate control over the signal they transmit. Such responsibilities cannot be transferred to event organizers by blanket approval being given to virtual advertising.

10. *No virtual advertising may be inserted in the signal without prior agreement of the event organizer, and no virtual advertising should break any existing contract with advertisers or sponsors of the event.*

This protects the contractual relationships between the parties involved in the event and in particular, prevents ambush marketing.

11. *Broadcasters must inform their viewers, in appropriate manner, of the use of virtual advertising.*

The information should normally be given at the beginning and/or end of the programme. For broadcasters to be able to inform viewers, they need to ensure that they are themselves informed."[591]

Virtuelle Werbung darf also nach diesen Regelungen nur an Stellen eingeblendet werden, die üblicherweise für Werbung genutzt werden. Auf Personen oder deren Ausrüstung ist virtuelle Werbung unzulässig. Virtuelle Werbung darf die Sicht der Fernsehzuschauer auf das Spiel oder den Wettkampf nicht behindern, darf nicht auffälliger sein als die reale Werbung und darf keine unterschwelligen Techniken verwenden. Schließlich darf virtuell nicht für Tabak- oder sonstige Produkte geworben werden, die einem Werbeverbot unterliegen. Die Rundfunkveranstalter müssen die Zuschauer über virtuelle Werbung informieren (und sollen dafür sorgen, daß sie selbst darüber informiert sind).

Die EBU-Regelung zur virtuellen Werbung ähnelt stark der rundfunkstaatsvertraglichen Lösung, wenngleich sie wesentlich detaillierter formuliert ist. Kern der Regelung ist die Zulässigkeit virtueller Werbung auf vorhandenen Werbeflächen und ein entsprechender Hinweis an die Zuschauer. Die übrigen Bestimmungen sind in § 7 Abs. 6 S. 2 RStV zwar nicht ausdrücklich genannt, ergeben sich aber aus dessen Verhältnis zu den übrigen Werberegeln des RStV.

Entsprechend § 7 Abs. 6 S. 3 RStV darf virtuelle Werbung nach der EBU-Regelung nicht ohne Zustimmung des Sportveranstalters eingefügt werden und keine Verträge mit Werbekunden oder Sponsoren der Veranstaltung verletzen. Das besagt § 7 Abs. 6 S. 3 RStV zwar nicht ausdrücklich, ergibt sich aber durch dessen Auslegung und anhand der amtlichen Begründung.

---

[591] Abgedruckt bei Hartstein u.a., Rundfunkstaatsvertrag, § 7 Rn. 60 Fn. 95.

Schließlich dürfen Sportveranstalter oder Agenturen nach der EBU-Regelung nicht ohne besondere Erlaubnis der Inhaber der Fernsehübertragungsrechte virtuelle Werbung einfügen. Diese durchaus sinnvolle Bestimmung ist im RStV nicht enthalten. Damit kann der Gefahr begegnet werden, daß die Sender letztlich keine Kontrolle darüber haben, ob sich in den Übertragungssignalen, virtuelle Einblendungen befinden und sie unter Umständen ihrer Hinweispflicht nicht nachkommen würden.

Die EBU-Regelung geht also weitgehend mit § 7 Abs. 6 S. 2 RStV konform. Sie bindet ihre Mitglieder nicht stärker als der RStV, so daß eine Kollisionsgefahr zwischen den Bestimmungen ausgeschlossen ist.

II. Split-Screening und die Neuregelung in § 7 Abs. 4 RStV

1. Split-Screening nach dem bisherigen Verständnis des Trennungsgebotes

a. Optische oder zeitliche Trennung von Werbung und Programm

Die Zulässigkeit von Werbung im geteilten Bildschirm war in den früheren Fassungen des RStV 1996 nicht ausdrücklich geregelt. Die parallele Ausstrahlung von Werbung und programmlichen Elementen war vor Einführung der Neuregelung in § 7 Abs. 4 RStV umstritten[592]. Durch die gleichzeitige Wahrnehmbarkeit von Werbung und Programm, tangiert Split-Screening das Trennungsgebot gemäß § 7 Abs. 3 RStV. Split-Screening unterscheidet sich zwar von anderen Formen der Vermischung von Werbung und Programm, weil das redaktionelle Programm an sich unberührt bleibt, da werbliche und programmliche Elemente beim Split-Screening voneinander unabhängig sind. Andererseits wird der Zuschauer entgegen der bisher gängigen Praxis im Fernsehen gleichzeitig mit diesen verschiedenen kommunikativen Inhalten konfrontiert.

Das Trennungsgebot wurde von den Landesmedienanstalten bisher im Sinne einer zeitlichen Trennung von Werbung und Programm verstanden und eine räumliche Trennung nicht als ausreichend angesehen[593]. So wurde beispielsweise RTL wegen Werbung im geteilten Bildschirm bei der Box-Weltmeisterschaft 1999 von der Landesmedienanstalt Niedersachsen abgemahnt[594]. Es stellt sich allerdings die Frage, ob diese Auslegung zwingend ist, da beim Split-Screening zwar keine zeitliche Trennung, andererseits aber auch keine inhaltliche Integration von Werbung in das Programm stattfindet.

Der Wortlaut des § 7 Abs. 3 RStV verlangt nicht ausdrücklich ein zeitliches Nacheinander von Werbung und Programm[595]. Es heißt nur, daß Werbung ein-

---

[592] Vgl. Kreile, ZUM 2000, S. 194 ff. (195); Meyer-Harport, Neue Werbeformen im Fernsehen, S. 88.

[593] Volpers u.a., Trennung von Werbung und Programm, S. 157; vgl. Kreile, ZUM 2000, S. 194 ff. (195); VG Berlin, ZUM 1999, S. 165 ff. (166); Freys, ZUM 1999, S 168 ff. (169).

[594] Ein Bußgeld wurde allerdings nicht verhängt, nachdem RTL bekannt gab, bis zum 1.4.2000 kein Split-Screening mehr zu schalten.

[595] Volpers u.a., Trennung von Werbung und Programm, S. 156.

deutig von anderen Programmteilen getrennt sein muß. Verstünde man unter eindeutiger Trennung eine optische oder graphische Trennung des werblichen und des programmlichen Teils, wären alle Formen des Split-Screening zulässig, bei denen der werblich genutzte Bildschirmteil deutlich vom übrigen Programm getrennt wird[596].

In der Literatur wurde die Auffassung vertreten, daß dem Trennungsgebot das Verbot eines zeitlichen Nebeneinanders von Werbung und Programm entnommen werden könne. Dies ergebe sich aus den staatsvertraglichen Regeln zu den zulässigen Werbeunterbrechungen. Wenn Split-Screening als ein zulässiges Mittel der Trennung von Werbung und Programm anerkannt würde, würden das Verbot der Unterbrechung von Nachrichten- und Kindersendungen sowie die Regelung der zulässigen Anzahl von Werbeunterbrechungen bei Spielfilmen und Serien ad absurdum geführt, weil dann ungeachtet dieser Reglementierungen zeitgleich mit der jeweiligen Sendung Werbung laufen dürfte. Das Trennungsgebot erlaube daher nur ein zeitliches Nacheinander von Werbung und Programm[597].

Auch die Medienanstalt Berlin-Brandenburg (MABB) legte das Trennungsgebot in dieser Weise aus. Nach "allgemeiner Auffassung" sei die gebotene Trennung von Werbung und Programm zeitlich zu sehen. Das Trennungsgebot diene dem Schutz des Zuschauers, der wissen solle, ob er Werbung sehe und der selbst darüber entscheiden können müsse, ob er die Werbung sehen wolle. Das Trennungsgebot könne nicht räumlich ausgelegt werden, da es dann in Konflikt mit dem Blockwerbegebot gerate. Letzteres belege den gesetzgeberischen Willen, Werbung und Programm in zeitlicher Abfolge voneinander zu trennen[598].

Das Verwaltungsgericht Berlin hat die Ansicht der MABB abgelehnt. Trotz einer gleichzeitigen Wahrnehmbarkeit von Werbung und Programm liege kein Verstoß gegen den rundfunkrechtlichen Trennungsgrundsatz vor. Das Gericht hielt die optische Trennung der Werbung vom übrigen Programm für ausreichend, weil von dem Bild keine Gefahr der Irreführung des Zuschauers ausgehe. Das Trennungsgebot bezwecke den Schutz der Zuschauer über eine Täuschung des werbenden Charakters der Ausstrahlung. Hier bleibe er aber nicht im Unklaren darüber, was er sehe[599].

Die Auffassung des VG Berlin, die eine Aufgabe des bisherigen Verständnisses des Trennungsgrundsatzes bedeutet, verdient Zustimmung. Weder dem Wortlaut noch dem Schutzzweck des § 7 Abs. 3 RStV kann eine zwingende Trennung in zeitlicher Hinsicht entnommen werden. Die oben erwähnte Argumentation *Herkströters* gegen die Zulässigkeit von Split-Screening ist nicht überzeugend,

---

596 Herkströter, MP 1998, S. 106 ff. (109).

597 Volpers u.a., Trennung von Werbung und Programm, S. 156; Herkströter MP 1998, S. 106 ff. (109).

598 Diese Ansicht vertrat die MABB in einem von dem Berliner Sender n-tv wegen der sog. Laufbandwerbung betriebenen Verfahrens vor dem Verwaltungsgericht Berlin (Beschluß des VG Berlin, ZUM 1999 S. 165 ff.).

599 VG Berlin, ZUM 1999, S. 165 ff. (166 ff.).

weil der Inhalt des Trennungsgebotes von seinem Schutzzweck her definiert werden muß. Der Schutzzweck gebietet eine eindeutige Erkennbarkeit durch eine entsprechende Kennzeichnung werblicher Inhalte. Ist diese gegeben, steht das Trennungsgebot dem Split-Screening nicht entgegen.

b. Die n-tv-Entscheidung des Verwaltungsgerichts Berlin

Das VG und das OVG Berlin mußten sich bereits seit 1998 mit dem Split-Screening in der Form der sogenannten Laufbandwerbung bei n-tv befassen[600]. Die Entscheidungen haben bei den Rundfunkveranstaltern viel Aufmerksamkeit erregt und die Neuregelung des § 7 Abs. 4 RStV mit beeinflußt[601]. Der Nachrichtensender n-tv blendet in vielen Sendungen im unteren Bildschirmbereich einen Streifen ein, in dem in Textform Börseninformationen von rechts nach links durch das Bild laufen. Im August 1998 hat n-tv damit begonnen, in diesem Laufband auch Werbung zu zeigen. Im Anschluß an die Aktienkurse wurde die Werbung mit zwei Sternchen und dem Wort "Werbung" sowie einem weiteren Stern angekündigt. In geschriebenen Worten folgte darauf eine Werbenachricht, beispielsweise "Revolution in Paris: Volkswagen präsentiert das erste 3-Liter-Auto der Welt"[602].

Die MABB hatte die Werbepraxis bei n-tv im Laufband wegen Verletzung des Trennungsgrundsatzes beanstandet. Gegen die Beanstandung wendete sich n-tv mit einer Klage vor dem VG Berlin. Die Rechtspositionen der MABB und von n-tv konzentrierten sich auf die Auslegung des rundfunkrechtlichen Trennungsgebotes. Das VG hat den Streit dagegen mit einem von n-tv vorgeschlagenen "Kunstgriff" gelöst, indem das Laufband und das übrige Programm verschiedenen Regelungsmaterien unterstellt wurden: das Laufband mit den Börseninformationen wurde als Mediendienst, das Hauptprogramm als Rundfunkangebot eingestuft[603].

Das Laufband mit den Börsenkursen unterfalle dem MDStV, da es ein an die Allgemeinheit gerichteter textlicher Informationsdienst, nämlich ein dem Fernseh- und Radiotext im Sinne des Regelbeispiels in § 2 Abs. 2 Nr. 3 MDStV "vergleichbarer Textdienst" sei. Für die rechtliche Beurteilung des Inhalts des Laufbandes sei daher allein der MDStV maßgebend. Das VG argumentierte damit, daß sich aus den Staatsverträgen nicht ergebe, daß ein Nebeneinander der Regelungsmaterien nicht gewollt sei. Auch der ausdrücklich als Mediendienst eingestufte Fernsehtext (Bildschirmtext), könne gleichzeitig mit dem übrigen Programm auf dem Bildschirm sichtbar gemacht werden, indem der Zuschauer eine Einstellung wähle, bei der sowohl der Fernsehtext als auch im Hintergrund das Programmbild zu sehen sei. Bei Inkrafttreten des MDStV sei bekannt gewesen, daß auf diese Weise ein Nebeneinander verschiedener Medien ermöglicht wurde.

---

[600] VG Berlin, ZUM 1999, S. 165 ff.; bestätigt durch OVG Berlin, ZUM 1999, S. 500 f.

[601] Vgl. Kreile, ZUM 2000, S. 194 ff. (196), ders. in Hartstein u.a., Rundfunkstaatsvertrag, § 7 Rn. 32 b.

[602] Vgl. VG Berlin, ZUM 1999, S. 165 ff. (166).

[603] Zu Mediendiensten und dem MDStV siehe 2. Kapitel Ziff. I.3.

Für die Werbung in Mediendiensten gilt ebenso wie im Rundfunk der Grundsatz der Trennung der Werbung vom Programm, bzw. vom „übrigen Angebot“. Dem Trennungsgebot nach § 9 Abs. 2 S. 1 MDStV sei mit der Ankündigung des Werbetextes durch das von Sternchen eingerahmte Wort "Werbung" Genüge getan. Die Staatsverträge enthielten keine Regelung dazu, ob Werbung im Rahmen eines Mediendienstes statthaft sei, wenn gleichzeitig und überwiegend ein Rundfunkprogramm wahrnehmbar sei. Da die Staatsverträge insoweit offen seien, könne daraus kein Verbot einer bestimmten Werbeform abgeleitet werden, da sich der Rundfunkveranstalter auf Grundrechte berufen könne[604].

Das OVG Berlin hat die rechtliche Beurteilung des VG bestätigt und betont, daß eine einheitliche Beurteilung der Bildschirmelemente nicht erforderlich sei, weil zwischen ihnen kein enger inhaltlicher Zusammenhang bestehe[605]. Nach diesen verwaltungsgerichtlichen Entscheidungen galt also folgendes: soweit in einem Bildschirmteil ein Mediendienst ausgestrahlt wird, kann dort nach den speziellen Vorschriften des MDStV Werbung gesendet werden. Wenn der Inhalt des Bildschirmteils, in dem die Werbung zu sehen ist, dem MDStV unterliegt, richtet sich die Zulässigkeit der Werbung nach dem MDStV und nicht nach dem RStV, und jeder Bildschirmteil wird für sich genommen beurteilt. Die Werbung im Mediendienst muß nur entsprechend kenntlich gemacht und deutlich vom übrigen Angebot abgesetzt werden. Unter diesen Voraussetzungen sind insbesondere die rundfunkstaatsvertraglichen Bestimmungen zur Einfügung und Dauer der Werbung unbeachtlich, da der MDStV diesbezüglich keine Bestimmungen enthält, so daß die Zeitgrenzen und die Unterbrecherregeln nicht anwendbar sind[606].

Das Split-Screening im Werbeblock ist von dieser Entscheidung nicht betroffen. Wenn der Bildschirmausschnitt ausschließlich Werbung und *keinen* Mediendienst enthält, richtet sich die Zulässigkeit nach wie vor nach dem RStV.

c. Split-Screening bei BloombergTV

Auch der Wirtschaftsnachrichtensender BloombergTV sendet mitunter Werbung im geteilten Bildschirm. Der Bildschirm wird gleich mehrfach geteilt, wobei während des Hauptprogramms in kleinen Fenstern am rechten und linken Bildschirmrand Börsennachrichten, Wettervorhersagen und ähnliches ausgestrahlt werden. Mitunter wurde in diesen separaten Fenstern auch Werbung gezeigt,

---

[604] VG Berlin, ZUM 1999, S. 165 ff. (166 ff.).

[605] OVG Berlin, ZUM 1999, S. 500 f. (501) mit Hinweis auf das "Erste Strukturpapier über die Zuständigkeit der Landesmedienanstalten im Grenzbereich zwischen Rundfunk und Mediendiensten und die Unterscheidung von Mediendiensten" vom 16. September 1997, abgedruckt bei Hartstein, u.a., Rundfunkstaatsvertrag, § 2, Rn. 9). Danach ist vorgesehen, daß bei der vorzunehmenden Gesamtbewertung für den Teil eines Textangebotes das Rundfunkrecht maßgebend ist, "der mit dem im Bewegtbild Dargebotenen in einem engen Zusammenhang steht (Nr. 2.2.2.3 Abs. 2). Zwar sei das Gericht durch das Strukturpapier nicht gebunden, weil es sich um eine norminterpretierende Verwaltungsvorschrift handele. Der enge Zusammenhang sei im Falle des Laufbandes bei n-tv ohnehin nicht gegeben.

[606] Das führt beispielsweise dazu, daß Werbung auch während einer Nachrichtensendung ausgestrahlt werden dürfte.

ohne daß diese Praxis bisher beanstandet worden wäre[607]. Der Grund dafür dürfte in der ausdrücklichen Zulassung von BloombergTV als „gemischtem" Angebot liegen. Der Veranstalter erhielt die Genehmigung zur Ausstrahlung eines Fernsehprogramms einschließlich der Ausstrahlung von Mediendiensten im geteilten Bildschirm[608]. Im Unterschied zu n-tv und allen übrigen Rundfunksendern ist BloombergTV also bereits mit der Erlaubnis zur Bildschirmteilung zugelassen worden.

2. Probleme der Zulassung des Split-Screening im 4. RStV

a. Die Entstehungsgeschichte der Neuregelung

Im ersten Diskussionsentwurf der Rundfunkreferenten zum 4. RÄndStV war zunächst keine Regelung zum Split-Screening vorgesehen[609]. Die Notwendigkeit einer rundfunkrechtlichen Regelung für die werbliche Teilnutzung des Bildschirms wurde durch die von n-tv praktizierte Werbung im Laufband deutlich und vom VPRT durch seine Forderung nach der Zulassung des Split-Screening unterstrichen. Der VPRT hatte verlangt, die Zulässigkeit von Split-Screening wenigstens in der Begründung zum 4. RStV klarzustellen[610]. Die endgültige Fassung des 4. RÄndStV enthält die nunmehr von den Ländern verabschiedete Regelung zum Split-Screening in dem neuen § 7 Abs. 4 RStV mit folgendem Wortlaut:

> *"Eine Teilbelegung des ausgestrahlten Bildes mit Werbung ist zulässig, wenn die Werbung vom übrigen Programm eindeutig optisch getrennt und als solche gekennzeichnet ist. Diese Werbung wird auf die Dauer der Spotwerbung nach §§ 15 und 45 angerechnet. § 14 Abs. 1 und § 44 Abs. 1 gelten entsprechend."*

Die Länder haben sich also für eine beschränkte Zulassung des Split-Screenings entschieden und der Forderung der privaten Rundfunkveranstalter damit teilweise entsprochen. Entgegen den Vorstellungen der Privatsender muß Split-Screen-Werbung allerdings auf die zulässigen Werbezeiten angerechnet werden[611]. Die Vorschrift gilt aufgrund der Verankerung in den allgemeinen Vorschriften des RStV sowohl für den privaten als auch den öffentlich-rechtlichen Rundfunk. Die amtliche Begründung zu § 7 Abs. 4 lautet:

> *"Neu eingefügt ist Absatz 4 mit einer Bestimmung über die Teilbelegung des ausgestrahlten Bildes mit Werbung. Nach Satz 1 ist die Teilbelegung danach zulässig, wenn die Werbung vom übrigen Programm eindeutig optisch getrennt und als solche gekennzeichnet ist. Damit wird klargestellt, daß dem Trennungsgebot von Werbung und Programm nicht nur in zeitlicher Hinsicht, sondern auch räumlich bei einer Unterteilung des Bildschirms Rechnung getragen werden kann. Nach Satz 2 ist bestimmt, daß bei einer Teilbelegung des Bildschirms mit Werbung diese Werbung als Spotwerbung angesehen und auf die Höchstgrenzen der Spot-Werbung für den öffentlich-rechtlichen Rundfunk bzw. privaten Rundfunk angerechnet wird. Gemäß Satz 3 ist aber zu beachten, daß eine Teil-*

[607] Castendyk in: Schwarze, Werbung und Werbeverbote, S. 160.
[608] Vgl. Kreile, ZUM 2000, S. 194 ff. (196).
[609] Entwurf vom 25.6.1998.
[610] VPRT-Positionspapier vom 31.1.1998.
[611] Zum Regelungsinhalt des § 7 Abs. 4 RStV siehe auch 2. Kapitel Ziff. III.3.b.

belegung des Bildschirms bei der Übertragung von Gottesdiensten sowie bei Sendungen für Kinder sowohl im öffentlich-rechtlichen Rundfunk (§ 14 Abs. 1) als auch im privaten Rundfunk (§ 44 Abs. 1) nicht zulässig ist.
Die Regelung bezieht insgesamt nicht nur Werbung in Bewegtbildern, sondern auch durch Standbilder oder Schriftbänder bzw. feststehende Schriften ein. Damit wird klargestellt, daß es sich bei solcher Werbung nicht um eigenständige Mediendienste handelt. Vielmehr ist eine Gesamtbetrachtung der Angebote auf dem Bildschirm vorzunehmen. Eine andere Auslegung würde Umgehungen der Zeitgrenzen ermöglichen und dem staatsvertraglichen Regelungsziel widersprechen."[612]

Die amtliche Begründung betont, daß auch Standbilder und Schriftbänder unter die Regelung fallen und keine eigenständigen Mediendienste darstellen. Damit wird auf die n-tv-Entscheidung des VG Berlin reagiert, um die Anrechnung des Split-Screening auf die Werbezeit zu erreichen[613]. Der Medienrat der Landesmedienanstalt des Saarlandes hat inzwischen gefordert, daß nicht nur bei Kindersendungen und Gottesdiensten, sondern auch bei Nachrichten sowie Sendungen politischen und religiösen Inhalts Split-Screening unzulässig sein solle[614]. Gesetzgeberische Aktivitäten in dieser Richtung sind derzeit allerdings nicht zu beobachten.

b. Die praktische Anwendung des § 7 Abs. 4 RStV

(1) Trennung und Kennzeichnung

§ 7 Abs. 4 RStV verlangt, daß die Werbung im geteilten Bildschirm eindeutig optisch getrennt und als solche gekennzeichnet wird. In welcher Form dies zu geschehen hat, besagt weder die Vorschrift selbst, noch die amtliche Begründung. In Ziff. 7 der DLM-Richtlinien wird allerdings betont, daß eine eindeutige Trennung insbesondere durch eine Kennzeichnung mit dem Schriftzug „Werbung" während der gesamten Dauer gewährleistet wird.

Herkömmliche Spotwerbung wird mit einem Werbetrenner am Anfang und ggf. am Ende eines Werbeblocks gewährleistet. Während eines laufenden Werbeblocks wird davon ausgegangen, daß die Zuschauer den Werbecharakter der Sendungen erkennen können. Beim Split-Screening im Werbeblock kann die Trennung genauso gehandhabt werden. Es ist nicht erforderlich, daß die Werbung dauerhaft als solche gekennzeichnet wird. Insofern kann *Kreile* nicht zugestimmt werden, daß die Kennzeichnung (immer) während der gesamten Dauer der Werbung erforderlich sei[615]. Wenn der Gesetzgeber in jedem Fall eine dauerhafte Kennzeichnung verlangt, muß er dies in der Vorschrift eindeutig zum Ausdruck bringen, wie es zum Beispiel bei der Regelung zur Dauerwerbesendung in § 7 Abs. 5 RStV geschehen ist. Da Split-Screening aber in völlig unterschiedlichen Formen auftreten kann, kann die Kennzeichnung flexibel gehandhabt werden. Bei der Laufbandwerbung wäre eine dauerhafte Kennzeichnung

612 Begründung zum 4. RÄndStV zu § 7 RStV.
613 Vgl. Kreile, ZUM 2000, S. 194 ff. (196). Das VG hatte das Laufband bei n-tv als eigenständiger Mediendienst eingestuft und hat diese Werbeform als zulässig anerkannt, VG Berlin, ZUM 1999, S. 742 ff. Siehe dazu auch oben Ziff. II.1.b.
614 Vgl. Berliner Zeitung vom 18.11.1999.
615 Kreile, ZUM 2000, S. 194 ff. (196).

zudem kaum machbar, weil der Bildschirmausschnitt zu klein wäre, um gleichzeitig Werbung und die entsprechende Kennzeichnung zu zeigen. Es genügt, wenn am Anfang und am Ende durch Schrifteinblendungen auf die Werbung hingewiesen wird.

Die Kennzeichung am Anfang und am Ende der Split-Screen-Werbung muß nicht den gesamten Bildschirm ausfüllen. Das Gesetz statuiert keine entsprechende Pflicht, so daß eine Kennzeichnung auf dem für die Werbung verwendeten Bildschirmausschnitt ausreicht.

Ob die Sender gezwungen sind, Werbung und Programm durch einen (farbigen) Strich zu trennen, ist fraglich, da eine Trennung auch durch notwendigerweise nebeneinanderliegende Bildsegmente gewährleistet wird, wenn sich daraus für den Zuschauer eindeutig zwei verschiedene Elemente des Angebots erkennen lassen. Die Trennung ist gegeben, wenn die Bilder eindeutig voneinander zu unterscheiden sind und irgendeine Form von Übergang besteht. Ein Strich ist dagegen nicht zwingend[616].

Die Phantasie der Rundfunkveranstalter sollte an dieser Stelle nicht unnötig eingeengt werden. Es kommt daher auf die im Einzelfall gewählte Gestaltung des Split-Screening an. *Kreile* weist zurecht darauf hin, daß Split-Screening horizontal, vertikal, schräg oder auch kreisförmig eingesetzt werden kann[617]. Es muß sich in der Praxis zeigen, welche Varianten des Split-Screening die Rundfunkveranstalter entwickeln und nutzen werden. Zum jetzigen Zeitpunkt einen Strich als einziges geeignetes Trennungsmittel vorzuschreiben, ist eine überflüssige Einschränkung und ohne Grundlage im Gesetz.

(2) Akustische Gestaltung des geteilten Bildschirms

In akustischer Hinsicht kann der Bildschirm nicht geteilt werden. Beim Split-Screening im Werbeblock geht der Ton von den Werbespots aus, während bei n-tv die Werbung im Laufband ohne Ton läuft. Beide Varianten sind nach der Regelung in § 7 Abs. 4 RStV denkbar und zulässig, da die Vorschrift keinen Hinweis darauf enthält, daß der Ton von dem Rundfunkangebot ausgehen müsse[618]. Aus der zwingenden Anrechnung des Split-Screening auf die Werbezeit läßt sich zwar ableiten, daß der Gesetzgeber von der Variante ausgegangen ist, daß die Werbung (mit Ton) im Vordergrund steht. Da in der amtlichen Begründung jedoch auch Stand- und Schriftbilder erwähnt werden, wird klargestellt, daß auch stumme Werbung im Wege des Split-Screening ausgestrahlt werden darf.

---

[616] A.A. Kreile, ZUM 2000, S. 194 ff. (196).
[617] Kreile, ZUM 2000, S. 194 ff. (197), vgl. auch Meyer-Harport, Neue Werbeformen im Fernsehen, S. 88.
[618] A.A. Kreile, ZUM 2000, S. 194 ff. (197).

(3) Abgrenzung zum Grafik-Sponsoring

Ähnlichkeit mit Split-Screen-Werbung weist das sogenannte Grafik-Sponsoring auf[619]. Grafik-Sponsoring ist kein Sponsoring im rundfunkrechtlichen Sinne. Abgesehen von der Frage, ob es sich hierbei überhaupt um die Finanzierung einer Sendung handelt, dürfte der "Sponsor" ohnehin nicht während des laufenden Programms genannt werden. Strenggenommen ist auch das Grafik-Sponsoring eine werbliche Teilnutzung des Bildschirms, die also entsprechend gekennzeichnet, vom übrigen Programm getrennt und auf die Werbezeit angerechnet werden müßte. Das Grafik-Sponsoring wird aber von den Landesmedienanstalten wegen des inhaltlichen Bezugs zum redaktionellen Programm als zulässig akzeptiert[620]. Die neuen DLM-Richtlinien enthalten eine entsprechende Regelung zum Grafik-Sponsoring, so daß es nicht in den Anwendungsbereich des § 7 Abs. 4 RStV fällt[621].

(4) Abgrenzung zu Ausstatterhinweisen

Von manchen Sendern wird der Bildschirm während des Abspanns von Sendungen geteilt und in einer Bildschirmhälfte Ausstatterhinweise gezeigt. Soweit Ausstatterhinweise nicht den Vorgaben der DLM-Richtlinien[622] entsprechen, sind sie eine Form der Split-Screen-Werbung, die ohne eindeutige Trennung vom Programm und entsprechende Kennzeichnung unzulässig ist.

c. Split-Screening im Rahmen der Werberegeln

(1) Neues Verständnis des Trennungsgebotes

Der Streit, ob Split-Screening gegen das Trennungsgebot verstößt, ist durch den Staatsvertrag entschieden worden. Das bisherige Verständnis des Trennungsgebotes im Sinne einer Pflicht zur zeitlichen Trennung von Werbung und Programm wird durch eine flexiblere Sichtweise abgelöst. Die Länder befürworten ein weite Auslegung des Trennungsgebotes und wollten dies laut amtlicher Begründung mit dem neuen § 7 Abs. 4 RStV klarstellen.

Nach Auffassung von *Ladeur* ist durch die Regelung zum Split-Screening ein Wandel der Auffassungen über die Zulässigkeit von Werbeformen zu erkennen. Das Nebeneinander unterschiedlicher Botschaften in Fernsehprogrammen werde von den Ländern explizit akzeptiert, wenn der Bildschirm geteilt werde[623]. Dage-

---

619 Grafik-Sponsoring ist die Nennung von Firmen oder Produkten im Verlauf der Einblendung von Grafiken bei Sportberichterstattungen. Zum Grafik-Sponsoring siehe 2. Kapitel Ziff. III.3.a.

620 Platho, ZUM 2000, S. 46 ff. (50).

621 Vgl. Ziff. 19 Abs. 2 der DLM-Richtlinien. Zulässig ist Grafik-Sponsoring, wenn ein direkter funktionaler Zusammenhang mit der Einblendung besteht. Das bedeutet, es ist erforderlich, daß das jeweilige Unternehmen tatsächlich an der Entstehung der Grafik oder der Berechnung der wiedergegebenen Ergebnisse beteiligt ist.

622 Austatterhinweise sind nach Ziff. 19 Abs. 1 der DLM-Richtlinien am Ende von Sendungen zulässig und werden nicht als Werbung behandelt, wenn sie wie Sponsorhinweise gestaltet sind.

623 Ladeur, ZUM 1999, S. 672 ff. (678).

gen wendet sich *Platho*, nach dessen Ansicht die Erstreckung der Trennungsmöglichkeit von der zeitlichen auf die räumliche Darstellung nicht an die Substanz des Trennungsgebotes gehe, da das Trennungsgebot ohnehin keine absolute Geltung beanspruchen könne. Das Prinzip des Trennungsgrundsatzes sei durch eine entsprechende Kennzeichnung gewahrt[624].

Tatsächlich ist allgemein eine Veränderung des Verständnisses des Trennungsgebotes festzustellen. Durch eine Reihe von neueren Werbeformen, wie etwa im Fall des Grafik-Sponsoring, wird das Trennungsgebot stark strapaziert. *Platho* ist dennoch zuzustimmen, wenn er darauf hinweist, daß das Trennungsgebot von Anfang an keine absolute Geltung beanspruchen konnte. Die Programmfreiheit der Rundfunkveranstalter steht in einem ständigen Spannungsverhältnis mit dem Gebot der Trennung von Werbung und Programm und das Rundfunkrecht muß sich mit seinen Vorschriften auf neue Bedingungen der Medienlandschaft einstellen können. Eine Erweiterung der Gestaltungsmöglichkeiten von Werbung führt daher noch nicht zur Bedeutungslosigkeit des Trennungsgebotes. Der Zuschauer soll Werbung und redaktionelles Programm durch eine eindeutige Abhebung erkennen können. Dieses Prinzip wird auch durch die Regelung zum Split-Screening nicht aufgegeben. Der Kern des Trennungsgebotes kann nach wie vor Geltung beanspruchen. Die Flexibilität der Vorschrift ist unabdingbar für eine Anpassung an das sich schnell verändernde Umfeld[625].

(2) Werbezeiten, Abstands- und Unterbrechungsregeln

§ 7 Abs. 4 RStV verweist ausdrücklich auf die Vorschriften der § 14 Abs. 1 und § 44 Abs. 1 RStV, wonach Kindersendungen und Gottesdienste nicht unterbrochen werden dürfen. Das heißt, daß in diesen Sendungen auch kein Split-Screening betrieben werden darf. Die übrigen Regelungen zur Unterbrechung von Sendungen nach § 14 Abs. 2 bis 4 und § 44 Abs. 2 bis 5 RStV sind auf das Split-Screening nicht entsprechend anwendbar. Insbesondere muß der für Werbeblöcke geltende Soll-Abstand von 20 Minuten gem. § 44 Abs. 3 RStV nicht eingehalten werden. Split-Screening wird dagegen voll auf die Werbezeit nach §§ 15, 45 RStV angerechnet. Inklusive Split-Screening darf also pro Stunde höchstens 12 Minuten Werbung laufen.

Die Anrechnung des Split-Screening auf die Werbezeit verdeutlicht, daß der Gesetzgeber bestrebt war, zwar die Formen der Werbung, nicht aber deren Quantität zu erweitern, wie es auch bei der Regelung zur virtuellen Werbung der Fall ist. Allerdings bedient sich der Gesetzgeber hier mit der Werbezeitanrechnung eines anderen Mittels als bei der virtuellen Werbung, wo die Quantität anhand der an Sportstätten vorhandenen Werbung festgemacht werden soll. Die Quantität von virtueller Werbung hat der Gesetzgeber damit an ein Kriterium gekoppelt, auf

---

[624] Platho, ZUM 2000, S. 46 ff. (51).

[625] Vgl. Zippelius, Juristische Methodenlehre, S. 44: *"Dieser Bedeutungsspielraum verleiht den generellen Gesetzesworten eine gewisse Anpassungsfähigkeit an die Vielgestaltigkeit der geregelten Lebensumstände und Rechtsprobleme und vor allem auch an einen Wandel der tatsächlichen Gesamtsituation und der herrschenden sozialethischen Vorstellungen; so kann sich in diesem Feld auch ein Bedeutungswandel des Gesetzes vollziehen."*

das der Rundfunkveranstalter unter Umständen gar keinen Einfluß hat. Die Werbezeitanrechnung ist demgegenüber sicher die effektivere und geeignetere Möglichkeit, da sie die Verantwortung für die Quantität in der Hand der Rundfunkveranstalter beläßt, die sich entscheiden können, ob sie einen normalen Werbespot oder Split-Screening schalten, auch wenn vor allem die privaten Anbieter mit der Werbezeitanrechnung nicht zufrieden sind und sie angesichts der n-tv-Entscheidung die Hoffnung hatten, daß sich mit Split-Screening, das nicht angerechnet wird, neue Einnahmequellen erschließen lassen würden.

Es wäre denkbar gewesen, statt einer vollen auch eine anteilige Werbezeitanrechnung vorzusehen, je nachdem, wieviel Platz auf dem Bildschirm durch Werbung vereinnahmt wird. Denn es leuchtet tatsächlich nicht auf den ersten Blick ein, wieso ein normaler Werbeblock, bei dem in einem Fenster stumm das Programm zu sehen ist, genauso behandelt wird, wie ein Laufband, in dem ein Werbeschriftzug zu sehen ist, der nur einen geringen Teil des Bildes ausmacht und somit in der auch nicht die volle Aufmerksamkeit der Zuschauer erreichen wird.

Die Forderung der saarländischen Landesmedienanstalt, Split-Screening auch während Nachrichtensendungen, Sendungen politischen und religiösen Inhalts zu verbieten, bezieht sich auf § 44 Abs. 5 RStV, wonach solche Sendungen nur unterbrochen werden dürfen, wenn deren programmierte Sendezeit weniger als 30 Minuten beträgt. Für Kindersendungen und Gottesdienste gilt dagegen ein absolutes Unterbrechungsverbot. Der Gesetzgeber hat damit indirekt die Zuschauer solcher Sendungen als weniger schutzbedürftig von Werbeeinflüssen eingestuft. Ein weitergehendes Verbot von Split-Screening erscheint vor dem Hintergrund dieser gesetzgeberischen Wertung nicht erforderlich.

(3) Split-Screening und Mediendienstestaatsvertrag

Das VG Berlin hat das von n-tv verwendete Laufband als Mediendienst eingestuft und die Werberegeln des MDStV mit der Folge angewendet, daß die Werbung nicht auf die nach dem RStV zulässige Werbezeit angerechnet werden muß. Das Hauptprogramm und das Laufband wurden also unterschiedlichen Rechtsgrundlagen zugeordnet[626].

Im Gegensatz dazu wird in der amtliche Begründung ausgeführt, daß Standbilder, Schriftbänder und feststehende Schriften in den Anwendungsbereich der Vorschrift fallen und nicht als eigenständige Mediendienste anzusehen seien, um „Umgehungen“ der Zeitgrenzen zu vermeiden. Vielmehr soll das Angebot auf dem Bildschirm einer „Gesamtbetrachtung“ unterzogen werden. Mit diesem Hinweis auf den gesetzgeberischen Willen soll ganz offensichtlich der vom VG Berlin eingeschlagene Lösungsweg ausgeschlossen werden. Die jetzige Regelung, wonach jegliche Form des Split-Screening auf die Werbezeiten angerechnet wird, ist für die Rundfunkveranstalter wegen des Verlustes wertvoller Werbezeiten natürlich weniger interessant.

---

[626] Siehe oben Ziff. II.1.b.

Angesichts des Widerspruchs der n-tv-Entscheidung zu der amtlichen Begründung des § 7 Abs. 4 RStV stellt sich die Frage nach dem Verhältnis von Rundfunk- und Mediendienstestaatsvertrag im Hinblick auf deren parallele Anwendung. Weder der RStV noch der MDStV enthalten eine Regelung, die eine gleichzeitige Anwendung beider Staatsverträge ausschließt[627]. Daran hat auch die Novellierung des RStV nichts geändert. § 7 Abs. 4 RStV selbst äußert sich nicht zu der Frage, ob nur Werbung in Rundfunkprogrammen oder auch Werbung in Angeboten, die als Mediendienst einzustufen sind, umfaßt werden. Nach dem Wortlaut wären also beide Varianten denkbar.

Die amtliche Begründung zum RStV dient allerdings als Auslegungshilfe für die Ermittlung des Willens des Gesetzgebers zum Zeitpunkt der Verabschiedung[628]. Der gesetzgeberische Wille geht aus der Begründung in diesem Falle eindeutig hervor. Eine isolierte Anwendbarkeit des MDStV auf Teile des Bildschirms soll nicht möglich sein. Der Rundfunkgesetzgeber will die Kontrolle über die im Rahmen eines Rundfunkprogramms ausgestrahlte Werbung nicht aus der Hand geben. Auch wenn - wie die Argumente des VG gezeigt haben - in systematischer und teleologischer Hinsicht nichts dagegen spricht, den MDStV auf bestimmte Formen des Split-Screening anzuwenden, kann der eindeutig geäußerte (und aktuelle!) Wille des Gesetzgebers hier nicht übergangen werden.

(4) Anwendbarkeit der Sponsoringregeln

In der Literatur wird die Ansicht vertreten, trotz der neuen Regelung zum Split-Screening sei das Sponsoring eines Textangebotes im geteilten Bildschirm zulässig und nicht auf die Werbezeiten anzurechnen, da für die getrennten Teile jeweils § 8 RStV gelte[629]. Soweit es sich dabei inhaltlich um einen Mediendienst handelt, ist dies nicht ganz fernliegend, weil das Sponsoring nach dem MDStV unter den gleichen Voraussetzungen wie im Rundfunk zulässig ist[630]. Eine unterschiedliche Beurteilung der Bildschirmteile verbietet sich zwar nach der amtlichen Begründung zu § 7 Abs. 4 RStV. Allerdings könnte ein Laufband ggf. auch als Rundfunksendung nach § 8 RStV gesponsert werden.

Die Frage der Zulässigkeit eines Sponsorhinweises hängt also davon ab, ob das gesponserte Textangebot eine *Sendung* im Sinne von § 8 RStV zu sehen ist. Es muß sich um eine eigenständige Sendung handeln. In Textangeboten, die parallel zum Hauptprogramm laufen, werden in der Regel einfache Mitteilungen, wie eben Wetter- und Börsendaten kommuniziert, so daß der redaktionelle Gestaltungsaufwand gering ist. Wenn allerdings auch der klassische Wetterbericht als eigenständige Sendung und deren Sponsoring als zulässig angesehen wird, muß dies auch für ähnliche Kommunikationsinhalte gelten. Insofern ist das Sponsern

627 Vgl. VG Berlin ZUM 1999, S. 165 ff. (167).
628 Zippelius, Juristische Methodenlehre, S. 47.
629 Kreile, ZUM 2000, S. 194 ff. (197); so auch in Hartstein u.a., Rundfunkstaatsvertrag, § 7 Rn. 32 d.
630 § 9 MDStV verweist auf § 8 RStV.

eines Laufbandes weiterhin zulässig, soweit die Regeln des § 8 RStV eingehalten werden.

d. Verfassungsrechtliche Zulässigkeit

Es stellt sich die Frage, ob die Werbung im geteilten Bildschirm mit dem in Art. 5 Abs. 1 S. 2 GG verfassungsrechtlich verankerten Gebot der Trennung von Werbung und Programm vereinbar ist[631]. Die Annahme der Unvereinbarkeit von Werbung und Programm basiert auf der dem Rundfunk in der deutschen Verfassung zukommenden Informations- und Integrationsfunktion. Werbung zur Finanzierung der Programme ist zwar zulässig, muß aber von der Programmfunktion getrennt werden[632]. Der Rundfunk dient der freien, umfassenden und wahrheitsgemäßen Meinungsbildung der Zuschauer[633]. Somit ist das Vertrauen der Zuschauer in die Unabhängigkeit der redaktionellen Beiträge einerseits und die Unabhängigkeit des Rundfunks vor fremder Einflußnahme andererseits zu gewährleisten[634]. Diese Ziele sollen mit der Trennung von Werbung und Programm im Rundfunk erreicht werden. Das Trennungsgebot gehört zu den Gesetzen, die der Ausgestaltung der Rundfunkfreiheit dienen, und bei denen dem Gesetzgeber ein weiter Gestaltungsspielraum bei der Konkretisierung zusteht[635]. Die durch diesen Grundsatz bewirkte Einschränkung der Programmfreiheit der Rundfunkveranstalter muß allerdings bei der Anwendung des Trennungsgebotes berücksichtigt werden[636].

Die Regelung in § 7 Abs. 4 RStV konkretisiert das Gebot der Trennung von Werbung und Programm. Die neue Werbeform Split-Screening rüttelt an diesem für die Gewährleistung der Rundfunkfreiheit wichtigen Grundsatz, da redaktionelle Inhalte und Werbung zeitgleich präsentiert werden. Die Auslegung der einfachgesetzlichen Ausgestaltung des Trennungsgebotes in § 7 Abs. 3 RStV hat ergeben, daß eine räumliche Trennung von Werbung und Programm ausreichend ist und Split-Screening somit unter der Voraussetzung entsprechender Kennzeichnung zulässig ist[637]. Der Gesetzgeber hat dies in § 7 Abs. 4 RStV klargestellt. Diese Auslegung und gesetzliche Ausgestaltung muß aber auch mit der verfassungsrechtlichen Vorgabe vereinbar sein. Dies wäre nicht der Fall, wenn durch die Werbung im Split-Screen die durch den Trennungsgrundsatz verfolgten Ziele gefährdet wären.

Der Schutz des Vertrauens der Zuschauer in die redaktionelle Unabhängigkeit kann durch die Kennzeichnung der Split-Screen-Werbung gewährleistet werden.

---

[631] Das Trennungsgebot ist einfachgesetzlich in § 7 Abs. 3 RStV ausgeformt und in Art. 5 Abs. 1 sowie Art. 2 Abs. 1 GG verankert, Platho, ZUM 2000, S. 46 ff. (47).
[632] Ladeur, ZUM 1999, S. 672 ff. (679).
[633] Vgl. z.B. BVerfGE 57, 295, 320 -„FRAG-Urteil"-; BVerfGE 87, 181, 197 -„Hessen-3-Beschluß"-.
[634] Engels, RuF 1997, S. 214 ff. (218).
[635] Engels, Fernsehwerbung für Kinder, S. 128 ff.; Volpers u.a., Trennung von Werbung und Programm, S. 113; Ladeur, ZUM 1999, S. 672 ff. (675); Engels, RuF 1997, S. 214 ff. (216).
[636] Engels, RuF 1997, S. 214 ff. (218).
[637] Siehe dazu oben Ziff. II.2.b. (1).

Soweit in einem Bildschirmteil Werbung zu sehen ist, muß der Zuschauer aufgeklärt werden, daß es sich um einen nicht mit dem redaktionellen Programm identischen Kommunikationsinhalt handelt. Es darf kein Irrtum darüber aufkommen, welcher Teil des Bildschirms mit werblichen Aussagen und welcher mit redaktionellen Aussagen belegt ist. Dazu ist die Kennzeichnung und die optisch deutlich gemachte Trennung geeignet.

Neben der Kennzeichnung als Werbung ist aber auch erforderlich, daß keine Verwechslungsgefahr zwischen den Inhalten entsteht, bzw. kein zu enger inhaltlicher Zusammenhang besteht. In einer Sendung mit einem Bericht über den Nutzen homöopathischer Heilmittel wäre eine Split-Screen-Werbung für ein bestimmtes Heilmittel durchaus geeignet, eine Irreführung der Zuschauer zu bewirken. In den bisher praktizierten Split-Screen-Formen (Programmfenster im Werbeblock, Laufbandwerbung) ist eine solche Gefahr allerdings so gut wie ausgeschlossen, da dem Zuschauer die werblichen Inhalte ohne weiteres als solche erkennbar sind. § 7 Abs. 4 RStV enthält kein Tatbestandsmerkmal, das die inhaltliche Abstimmung der Werbung auf das Programm verhindert. Allerdings ist dieser Gefahr auch mit den übrigen Mitteln des Rundfunkwerberechts beizukommen. § 7 Abs. 1 RStV verbietet allgemein irreführende Werbung und § 7 Abs. 2 RStV eine Einflußnahme der Werbetreibenden auf das Programm. Die Aufsichtsinstanzen wären daher aufgrund der allgemeinen Vorschriften befähigt, auf solche irreführenden Formen der Werbung zu reagieren. Daher führt das Fehlen eines speziellen Verbots der inhaltlichen Abstimmung von Werbung und Programm in § 7 Abs. 4 RStV nicht zu einem mangelhaften Schutz der Zuschauer.

Weiter darf die Zulassung des Split-Screening nicht zu einer Gefahr für die Unabhängigkeit der Rundfunkveranstalter führen oder die Einflußmöglichkeiten der Werbetreibenden verstärken. Split-Screening führt zwar zu einer engeren Verknüpfung zwischen Werbung und Programm, stellt jedoch aufgrund der erforderlichen Trennung und Kennzeichnung keine größere Gefahr für die Unabhängigkeit der Rundfunkveranstalter als andere zulässige Werbeformen dar. Split-Screening wird im übrigen wie Spotwerbung behandelt, so daß auch keine Quantitätszunahme der Werbung bevorsteht.

Einen Schutz vor Belästigung durch Werbung bietet das Trennungsgebot dagegen nicht[638]. Das Rundfunkrecht schützt die Funktion des Rundfunks als unabhängigen Beitrag zur Meinungsbildung und damit einhergehend den Zuschauer vor irreführenden Werbemethoden. Die Rundfunkveranstalter sind im Rahmen der Ausgestaltung berechtigt, Werbung auszustrahlen, weil die Werbeeinnahmen ihre Existenzgrundlage darstellen. Schon die Werbeunterbrechungen in Filmen mögen viele Zuschauer als störend ansehen, dennoch sind sie als Finanzierungsmittel zulässig. Auch der zu Werbezwecken geteilte Bildschirm mag vielen Zuschauern lästig erscheinen. Andererseits sind die Versuche bei RTL mit Programmfenstern im Werbeblock auf durchaus positive Reaktionen bei den Zu-

---

[638] Zum wettbewerbsrechtlichen Aspekt der belästigenden Werbung siehe 5. Kapitel.

schauern gestoßen[639]. Es kann also auch nicht pauschal von einer Belästigung durch Split-Screening gesprochen werden. Zudem ändern sich die Sehgewohnheiten der Zuschauer. Wer im Internet surft, ist ständig mit verschiedenen Kommunikationsinhalten gleichzeitig konfrontiert. Werbefenster sind fast auf jeder Seite zu sehen. Die Internet-Nutzer müssen sich notgedrungen an eine selektive Wahrnehmung gewöhnen, um die Werbung, die sie nicht interessiert, zu „übersehen". Man stellt sich allmählich auf die Allgegenwart der Werbung ein. Insofern ist davon auszugehen, daß zwar ein gewisser Lästigkeitseffekt beim Split-Screening eintritt, der aber längst nicht mehr als so schwerwiegend empfunden werden dürfte, wie dies noch vor einigen Jahren der Fall gewesen wäre. Im Ergebnis ist daher festzuhalten, das § 7 Abs. 4 RStV mit dem sich aus der Rundfunkfreiheit ergebenden Trennungsgebot vereinbar ist.

3. Split-Screening und Urheberrecht

a. Split-Screening in Spielfilmen

Die Teilung des Bildschirms während der Ausstrahlung von Spiel- oder Dokumentarfilmen könnte urheberrechtlich unzulässig sein[640]. Bei Spielfilmen könnte Split-Screening in der Form von Laufbändern oder aber auch auf den schwarzen Bildschirmrändern bei Spielfilmen eingesetzt werden[641]. Spiel- und Dokumentarfilme sind nach § 2 Abs. 1 Nr. 6 und §§ 88 ff. UrhG als Filmwerke geschützt. Nach § 93 UrhG verbleiben bei den Urhebern persönlichkeitsrechtliche Ansprüche, aus denen sich bei gröblicher Entstellung oder gröblicher Beeinträchtigung ein Verbietungsrecht ergibt. Man unterscheidet dabei zwischen direkten Eingriffen in die Substanz eines Werkes (Entstellungen) und indirekten Eingriffen, die das Umfeld des Werkes betreffen (Beeinträchtigungen)[642].

Beim Split-Screening wird der Film als solcher unverändert ausgestrahlt. Die Frage, ob das Werk gröblich entstellt wird, betrifft in erster Linie das Umfeld des Filmes, da der Film gleichzeitig mit der Werbung ausgestrahlt wird. Mehr noch als bei der Werbeunterbrechung wird der Film beim Split-Screening mit der Werbung in Verbindung gebracht. Zutreffend geht daher *Kreile* davon aus, daß Split-Screening bei Spielfilmen einen massiven Eingriff in das künstlerische Werk darstellt und daher von den Urhebern untersagt werden kann[643].

b. Split-Screening bei Sportveranstaltungen

Sportveranstaltungen oder ähnliche Ereignisse genießen keinen Schutz als künstlerische Werke[644]. Sportveranstalter können sich auch nicht auf das Veran-

---

[639] Vgl. Horizont vom 9.6.2000.
[640] Zur Änderungsbefugnis des Urhebers und den Abwehransprüchen gegen Beeinträchtigung siehe oben Ziff. I.3.b. (1).
[641] An diese Form des Einsatzes von Split-Screening denkt das ProSieben-Vermarktungsunternehmen MGM; vgl. epd medien Nr. 24 vom 25.3.2000.
[642] Pfeifer, GRUR Int. 1995, S. 25 ff. (29).
[643] Kreile, ZUM 2000, S. 194 ff. (198).
[644] Vgl. v. Westerholt, ZIP 1996, S. 264 ff. (264). Siehe auch oben Ziff. I.3.b. (1).

staltungsrecht nach § 81 UrhG stützen, da dieses nur Veranstalter von Darbietungen ausübender Künstler (etwa Theateraufführungen, Konzerte) in Anspruch nehmen können[645]. Wenn der Rundfunkveranstalter selbst Inhaber der Übertragungsrechte ist und das Filmmaterial herstellt, liegen die Urheberrechte - soweit sie überhaupt entstehen - bei den Filmurheber, die in der Regel Angestellte des Rundfunkveranstalters sein werden. In einem solchen Fall kann Split-Screen-Werbung ohne weiteres eingefügt werden. Wenn der Rundfunkveranstalter dagegen bereits fertige Bildsignale erwirbt, stehen ihm weder Urheber- noch Änderungsrechte zu. Der bei einer Live-Sendung von Veranstaltungen entstehende Film ist entweder als „Filmwerk" oder als „Laufbild" (§ 95 UrhG) anzusehen[646]. Die Urheber der zu übertragenden Live-Bilder können dann die gleichen Rechte wie die Urheber von Spielfilmen nach § 93 UrhG geltend machen, also den Schutz vor gröblicher Entstellung oder Beeinträchtigung durchsetzen. In der Praxis müssen diese Fragen im vertraglichen Bereich gelöst werden. Die urheberrechtlichen Regelungen sind in diesem Bereich dispositiv, so daß einerseits der Filmhersteller die Ausstrahlung mit Split-Screen-Werbung vertraglich ausschließen lassen und umgekehrt der Rundfunkveranstalter durch eine entsprechende Klausel die Zulässigkeit des Split-Screening vorab klären kann[647].

III. Zusammenfassung

In der Entstehungsgeschichte des § 7 Abs. 6 S. 2 RStV zeigt sich eine gewisse Unsicherheit des Gesetzgebers im Hinblick auf die Regelungskonzeption. Während sich ein erster Entwurf des RStV an die Empfehlung des Ständigen Komitees des Europarates zur virtuellen Werbung anlehnte, wurde die als neuer Abs. 4 des § 7 RStV vorgesehene Regelung im Verlauf der Staatsvertragsverhandlungen wieder fallengelassen und es sollte ganz auf eine Regelung verzichtet werden. Die endgültige Fassung des neuen § 7 Abs. 6 S. 2 RStV ist dagegen dem britischen ITC Sponsoring Code nachempfunden. Wenn auch die internationale Entwicklung in diesem Bereich durchaus für eine Annäherung der Vorschriften zur virtuellen Werbung spricht, läßt der RStV eine gründlich durchdachte Regelung zu dieser Frage vermissen.

Im Hinblick auf die praktische Anwendung ist neben dem Fehlen einer Begriffsbestimmung für virtuelle Werbung vor allem das Tatbestandsmerkmal der am Ort der Übertragung vorhandenen Werbung zu kritisieren. Zusätzliche virtuelle Werbung bei Sportübertragungen ist aufgrund dieses Erfordernisses unzulässig. Soweit der Gesetzgeber damit eine quantitative Begrenzung der virtuellen Werbung erreichen wollte, ist das Kriterium ungeeignet. Die Werbeflächen lassen sich trotz dieser scheinbaren Beschränkung beliebig vermehren, so daß es letztlich in der Hand der Sport- und Rundfunkveranstalter liegt, wieviel Werbung dem Zuschauer zugemutet wird. Für die Landesmedienanstalten wird eine Kontrolle der Einhaltung sehr aufwendig. Die Ausgestaltung des Hinweises auf virtu-

---

[645] Vgl. v. Westerholt, ZIP 1996, S. 264 ff. (265).
[646] Schricker, Urheberrecht, 2. Aufl., vor § 88 Rn. 26.
[647] Vgl. Kreile, ZUM 2000, S. 194 ff. (198).

elle Werbung ist nicht näher vorgeschrieben, obwohl sich eine Konkretisierung und Vereinheitlichung gerade dieser Vorschrift in den Werberichtlinien angeboten hätte. Die Rundfunkveranstalter werden eine angemessene Form der Aufklärung entwickeln müssen. Virtuelle Werbung wird, auch wenn die Rundfunkveranstalter damit Einnahmen erzielen, nicht auf die Werbezeit angerechnet und unterliegt auch keinen sonstigen zeitlichen Beschränkungen.

Die Regelung zur virtuellen Werbung hätte systematisch nicht dem Schleichwerbeverbot, sondern dem Trennungsgebot zugeordnet werden müssen, das durch diese Regelung weiter ausgehöhlt wird. Eine Aufgabe des Trennungsgebotes insgesamt läßt sich dadurch jedoch nicht rechtfertigen. Virtuelles Placement in fiktionalen Sendungen ist von der Regelung nicht umfaßt, so daß sich dessen Zulässigkeit nach den Vorschriften über die Schleichwerbung richtet. Die produktbezogenen Werbeverbote müssen auch bei virtueller Werbung eingehalten werden. Eine virtuelle Überblendung von Werbung für Produkte, die Werbeverboten unterliegen, wird von den Rundfunkveranstaltern dagegen nicht verlangt.

In verfassungsrechtlicher Hinsicht ist vor allem die Frage der Geeignetheit des § 7 Abs. 6 S. 2 RStV problematisch. Während sich die neue Regelung mit der Berufs- und Meinungsfreiheit sowie dem Gleichheitssatz vereinbaren läßt, ist sie als Ausgestaltungsregelung der Rundfunkfreiheit dem Gesetzesvorbehalt unterworfen und muß verhältnismäßig sein. Die Frage nach dem Ziel der Regelung kann anhand der amtlichen Begründung nicht befriedigend gelöst werden. Die angestrebte Begrenzung der Quantität der Werbung kann mit § 7 Abs. 6 S. 2 RStV praktisch nicht erreicht werden, da die reale Werbung rundfunkrechtlich keiner Quantitätsbegrenzung zu unterwerfen ist. Allerdings kann eine Beschränkung der Werbung auf das an der Darstellung der Lebenswirklichkeit orientierte Ausmaß als zulässiges Ziel angesehen werden, dem die neue Regelung in geeigneter Weise dient. Somit ist die Regelung auch als mit Art. 5 Abs. 1 S. 2 GG vereinbar anzusehen.

Nach § 7 Abs. 6 S. 3 RStV bleiben die Urheber- und Leistungsschutzrechte sowie vertragliche Vereinbarungen von der neuen Regelung unberührt. Das betrifft die Beziehungen der an der Vermarktung von Sportereignissen beteiligten Personen. Soweit sich aus dem UrhG oder aus den Verträgen ein Verbot des Einsatzes virtueller Werbung ergibt, ist dies zu beachten. Die Rundfunkveranstalter sind nicht berechtigt, entgegen diesen Regelungen virtuelle Werbung zu schalten. Die Beteiligten an der Vermarktung von Sportveranstaltungen sollten in Zukunft die Zulässigkeit des Einsatzes virtueller Werbung möglichst vertraglich regeln[648].

Der neue § 7 Abs. 4 RStV bewirkt eine Liberalisierung des Trennungsgebotes, indem eine rein räumliche Trennung von Werbung und Programm ausdrücklich als zulässig anerkannt wird. Insofern ist der Gesetzgeber von der Vorstellung abgerückt, Werbung und Programm müßten stets zeitlich getrennt werden. Der Streit vor dem VG und dem OVG Berlin um die Laufbandwerbung bei n-tv hat die Problematik um das Split-Screening verschärft, da die Bildschirmteile ver-

[648] Herkströter in: Digital oder Original, S. 32.

schiedenen Regelungsmaterien und damit unterschiedlichen Anforderungen unterstellt wurden. Nach dieser Lösung entfiel eine Anrechnung auf die Werbezeit, soweit die Werbung in einem als Mediendienst einzustufenden Textangebot enthalten war.

Mit § 7 Abs. 4 RStV sollen die Interessen der Beteiligten an dieser neuen Werbeform in Einklang gebracht werden. Den Rundfunkveranstaltern wird eine großzügigere Handhabung erlaubt, gleichzeitig aber die Quantität der Werbung auf das bisher zulässige Maß begrenzt. Split-Screen-Werbung muß gekennzeichnet und deutlich getrennt werden, wobei nach den DLM-Richtlinien insbesondere dann Eindeutigkeit vorliegt, wenn die Werbung während des gesamten Verlaufs mit dem Schriftzug „Werbung" gekennzeichnet wird. Split-Screening wird voll auf die Werbezeit angerechnet und ist nicht zulässig in Kindersendungen und bei der Übertragung von Gottesdiensten. Die Gestaltung des Split-Screening in akustischer Hinsicht steht den Rundfunkveranstaltern frei. Nicht unter die Split-Screen-Regelung fällt das Grafik-Sponsoring und die Ausstatterhinweise. Soweit diese den Anforderungen der DLM-Richtlinien entsprechen, sind sie nicht auf die Werbezeit anzurechnen. Das Sponsorn eines Bildschirmteils ist zulässig, sofern es sich bei dem jeweiligen Angebot um eine eigenständige Sendung handelt. Die vom VG Berlin für die Laufbandwerbung entwickelte parallele Anwendung von RStV und MDStV ist nach Inkrafttreten des 4. RStV nicht mehr zulässig. Auch Laufbandwerbung muß künftig auf die Werbezeit angerechnet werden. In verfassungsrechtlicher Hinsicht ist § 7 Abs. 4 RStV nicht zu beanstanden, da das Trennungsgebot nicht in einer Weise gelockert wird, das dessen Zielsetzung gefährden würde.

Urheberrechtliche Probleme können sich vor allem beim Split-Screening in Spiel- und Dokumentarfilmen ergeben, da dem Urheber ein Schutz vor gröblicher Entstellung zusteht. Es empfiehlt sich daher, eine vertragliche Vereinbarung über die Zulässigkeit von Split-Screening während der Ausstrahlung von Filmen zu treffen.

4. Kapitel: Auswirkungen des europäischen und internationalen Rechts

Während sich die beiden vorangegangenen Kapitel mit virtueller Werbung und Split-Screening im Rahmen des deutschen Rundfunkrechts beschäftigt haben, soll es in diesem Kapitel um die Vereinbarkeit dieser Werbeformen und den neuen Regelungen in § 7 Abs. 6 S. 2 und § 7 Abs. 4 RStV mit dem europäischen Rundfunkrecht gehen. Das Rundfunkrecht wird in der Bundesrepublik und den anderen Ländern der Europäischen Gemeinschaft seit 1989 nicht mehr nur von den nationalen Gesetzen, sondern auch durch die einheitlichen Vorgaben der EG-Fernsehrichtlinie bestimmt. Die Richtlinie 89/552/EWG[649] zur Koordinierung bestimmter Rechts- und Verwaltungsvorschriften der Mitgliedstaaten über die Ausübung der Fernsehtätigkeit wurde im Jahre 1989 verabschiedet und durch die Richtlinie 97/36/EG[650] im Jahre 1997 geändert. Auf völkerrechtlicher Ebene sind das Übereinkommen des Europarates über das grenzüberschreitende Fernsehen (FsÜ) und die Europäische Menschenrechtskonvention (EMRK) für die nationalen Werberegeln von Bedeutung.

I. Fernsehwerbung und Europäisches Gemeinschaftsrecht

1. Die EG-Richtlinie über das grenzüberschreitende Fernsehen

a. Die Grundsätze der Fernsehrichtlinie

(1) Die freie Ausstrahlung von Fernsehsendungen als Regelungsziel

Die EG-Fernsehrichtlinie bezweckt die Sicherstellung der freien Ausstrahlung von Fernsehsendungen mit dem Ziel der Schaffung eines gemeinsamen Marktes für die Herstellung und Verbreitung von Programmen unter fairen Wettbewerbsbedingungen[651]. Zu diesem Zweck enthält sie eine ganze Reihe von Vorschriften, die Mindeststandards für die Ausstrahlung von Fernseh- und Werbesendungen festlegen.

Da der EuGH die Ausstrahlung von Fernsehsendungen als Dienstleistung einstuft, wurde die Richtlinie auf die Vorschriften über die Dienstleistungsfreiheit, Art. 57 Abs. 2 und Art. 66 EG-Vertrag, gestützt[652]. Die Regelungskompetenz der EG für ein Tätigwerden auf dem Gebiet des Rundfunks war in der Bundesrepublik zunächst sehr umstritten. Die Gemeinschaft darf aufgrund des Prinzips der begrenzten Einzelermächtigung nur bei einer entsprechenden Kompetenzgrundlage tätig werden[653]. Besonders die Bundesländer bemängelten das Fehlen einer

---

[649] Richtlinie 89/552/EWG vom 17.10.1989, ABl. L 298/23, abgedruckt in: Europäisches Medien- und Telekommunikationsrecht, 1998, S. 25 ff.

[650] Richtlinie 97/36/EG vom 30.7.1997 zur Änderung der Richtlinie 89/552/EWG, ABl. L 202/60. Konsolidierte Fassung abgedr. in: Europäisches Medien- und Telekommunikationsrecht, 1998, S. 63 ff.

[651] Vgl. EuGH, EuZW 1997, S. 654 ff. (654) (De Agostini).

[652] Art. 47 Abs. 2 und Art. 56 EGV in der Fassung des Amsterdamer Vertrages. Zur Rechtsprechung des EuGH zur Dienstleistungsfreiheit siehe unten Ziff. 2.a.

[653] Vgl. Bleckmann, Europarecht, 6. Aufl., Rn. 380 ff.

ausreichenden rechtlichen Grundlage für die Richtlinie im EG-Vertrag und sahen darin einen Eingriff in die ihnen nach dem Grundgesetz zustehende Rundfunkhoheit[654]. Das BVerfG hat in den beiden Entscheidungen zur Fernsehrichtlinie die Kompetenz der Gemeinschaft zum Erlaß von Regelungen für das Fernsehen unter dem Aspekt der Dienstleistungsfreiheit bestätigt[655]. Die Bundesländer haben die Richtlinie in den jeweiligen Landesgesetzen und im RStV umgesetzt.

Die EG-Richtlinie (Art. 249 Abs. 3 EGV[656]) wird als Mittel der Rechtsvereinheitlichung eingesetzt[657]. Auch der Richtlinie, die sich unmittelbar an die Mitgliedstaaten richtet, kann unter bestimmten Voraussetzungen unmittelbare Geltung zukommen[658]. Grundsätzlich muß eine Richtlinie von den Mitgliedstaaten fristgemäß, vollständig und richtig in nationales Recht umgesetzt werden[659]. Die Richtlinie ist für die Mitgliedstaaten im Gegensatz zur Verordnung nicht in allen ihren Teilen, sondern nur im Hinblick auf ihre Ziele verbindlich, so daß es den Mitgliedstaaten freisteht, wie sie das vorgegebene Ziel erreichen. Abweichende Regeln dürfen aber nicht im Widerspruch zu gemeinschaftsrechtlichen Vorgaben stehen[660].

(2) Das Sendestaatsprinzip

Wesensmerkmal der europäischen Rundfunkregulierung ist das sogenannte Sendestaatsprinzip, wonach die Kontrolle der Fernsehsendungen nur dem Mitgliedstaat zusteht, in dessen Hoheitsbereich der Rundfunkveranstalter seinen Sitz hat[661]. Fernsehsendungen müssen den Vorschriften dieses Mitgliedstaates entsprechen (Art. 2). Die Mitgliedstaaten sind wiederum verpflichtet, den freien Empfang von Fernsehsendungen zu gewährleisten und die Weiterverbreitung von Sendungen aus anderen Mitgliedstaaten nicht aus Gründen zu behindern, die in Bereiche fallen, die durch die RL koordiniert sind (Art. 2a Abs. 1). Programme von ausländischen Rundfunkveranstaltern müssen ohne weitere Prüfung durch den Empfangsstaat terrestrisch oder über Satellit empfangen bzw. in die Kabelnetze eingespeist werden, wenn sie am Sendeort rechtmäßig ausgestrahlt werden[662]. Der EuGH hat in einer Reihe von Urteilen zum Sendestaatsprinzip bestä-

---

654 Vgl. Lecheler, Jura 1998, S. 225 ff. (226), Kopp, K&R 1998, S. 513 ff. (514).

655 BVerfG, ZUM 1989, 235 ff.; BVerfG, ZUM 1995, S. 405 ff.

656 Bestimmungen des EG-Vertrages im Folgenden in der Fassung des Vertrages von Amsterdam, ansonsten Kennzeichnung mit dem Zusatz a.F..

657 Vgl. Schweitzer, Staatsrecht III, 6. Auflage, Rn. 347.

658 Nach der ständigen Rechtsprechung des EuGH entfaltet eine Richtlinie unmittelbare *Wirkung*, wenn die Umsetzungsfrist abgelaufen ist, ohne daß eine Umsetzung erfolgt ist, die Richtlinie hinreichend bestimmt ist und den einzelnen begünstigt, EuGH, Slg. 1970, S. 825 ff. (838) - Leber-Pfennig; EuGH, Slg. 1974, S. 1337 ff. (1348) - van Duyn, EuGH, Slg. 1979, S. 1629 ff., (1641) - Ratti; siehe dazu auch Schweizer, Staatsrecht III, 6. Auflage, Rn. 348.

659 Biervert in: Schwarze, EU-Kommentar, Art. 249 EGV, Rn. 27.

660 Schweitzer, Staatsrecht III, 6. Auflage, Rn. 344 und 346.

661 Zum Sendestaatsprinzip siehe Henning-Bodewig in: Schwarze, Werbung und Werbeverbote, S. 173 sowie Helberger, ZUM 1998, S. 50 ff.

662 Vgl. Bremer u.a., Rundfunk in der Verfassungs- und Wirtschaftsordnung, S. 101; Henning-Bodewig in: Schwarze, Werbung und Werbeverbote, S. 173.

tigt, daß die Empfangsstaaten zu einer unbedingten Weiterübertragung verpflichtet sind. Eine Aussetzung der Weiterverbreitung ist auch dann unzulässig, wenn das Recht des Sendestaates gegen die Bestimmungen der Fernsehrichtlinie verstößt[663]. Nur bei schweren und offensichtlichen Verstößen eines Mitgliedstaates gegen Art. 22 Abs. 1 und 2 sowie Art. 22a dürfen die Mitgliedstaaten den Empfang oder die Weiterverbreitung einer Sendung unterbinden (Art. 2a Abs. 2)[664].

Da mit der Richtlinie nur eine Teilharmonisierung angestrebt wird, dürfen die Empfangsstaaten Sendungen aus anderen Mitgliedstaaten allerdings kontrollieren, soweit es um Bereiche geht, die in der Richtlinie *nicht* geregelt sind. Die wettbewerbsrechtliche Kontrolle von Fernsehsendungen bleibt daher grundsätzlich zulässig. Das gilt allerdings nicht für die in der Richtlinie behandelten Bereiche wie etwa das Verbot der Schleichwerbung[665].

Der Sendestaat muß dafür sorgen, daß die Bestimmungen der Richtlinie von den ihrer Rechtshoheit unterworfenen Rundfunkveranstaltern eingehalten werden (Art. 3 Abs. 2) und daß geeignete Verfahren existieren, damit sich direkt betroffene Dritte an die zuständigen Justizbehörden oder sonstige Stellen wenden können, um die tatsächliche Einhaltung der Richtlinienbestimmungen durch die nationalen Vorschriften zu erwirken (Art. 3 Abs. 3)[666]. Die Einhaltung der rundfunkrechtlichen Vorschriften ist also nur im jeweiligen Sendestaat einklagbar und die Mitgliedstaaten müssen entsprechende Rechtsschutzmöglichkeiten schaffen.

(3) Der Regelungsinhalt und die Novellierung der Richtlinie

Die Fernsehrichtlinie, deren nächste Novellierung (und damit verbunden möglicherweise eine Beschäftigung mit dem Thema der virtuellen Werbung und dem Split-Screening) frühestens im Jahr 2002 zu erwarten ist, ist derzeit das wichtigste gemeinschaftsrechtliche Instrument im Rundfunk(werbe)recht[667]. Auf dem Gebiet der audiovisuellen Politik der Gemeinschaft existieren daneben eine Reihe weiterer Richtlinien, die jedoch keine Regelungen zur Fernsehwerbung enthalten[668].

---

663 EuGH, ZUM 1996, S. 880 ff. (Kom../.Vereinigtes Königreich); EuGH, ZUM 1997, S. 746 ff. (Paul Denuit); EuGH, EuZW 1998, S. 91 ff. (VT 4 Ltd../.Vlaamse Gemenschap); EuGH, ZUM 1996, S. 873 ff. (Kom../.Königreich Belgien); EuGH, ZUM 1997, S. 929 ff. (Konsumentenombudsmann); ausführliche Darstellung der Rechtsprechung des EuGH bei Helberger, ZUM 1998, S. 50 ff. (56).

664 Art. 22 Abs. 1 und 2 (Schutz von Minderjährigen) und Art. 22a RL (Verbot von Sendungen, die zu Haß aufgrund von Rasse, Geschlecht, Religion oder Nationalität aufstacheln).

665 Vgl. EuGH, EuZW 1997, S. 654 ff. -„De Agostini“-; Schricker, Recht der Werbung in Europa, Einführung, Rn. 183.

666 In der Bundesrepublik bieten die VwGO und das Wettbewerbsrecht ausreichenden Rechtsschutz, vgl. Schmitt-Vockenhausen, ZUM 1998, S. 377 ff. (378). Zum Wettbewerbsrechts siehe 5. Kapitel.

667 Gemäß Art. 25a RL soll die Kommission zum 19.6.2002 einen Berichts zur Überprüfung der Anwendung der Richtlinie gegebenenfalls mit Änderungsvorschlägen erstellen.

668 Ausführliche Darstellung der Aktivitäten der Europäischen Institutionen auf dem Gebiet der audiovisuellen Politik bei Schmittmann/de Vries/von Loesch, AfP 2000, S. 37 ff.

Der Anwendungsbereich der Fernseh-RL erfaßt grenzüberschreitende und inländische Fernsehprogramme und regelt vier Sachbereiche: die Förderung der Verbreitung und Herstellung von europäischen Fernsehprogrammen, Fernsehwerbung, Sponsoring und Teleshopping, den Schutz Minderjähriger und die öffentliche Ordnung sowie das Recht auf Gegendarstellung.

Die Werbevorschriften sind ähnlich detailliert und umfassend wie die des RStV: Art. 10 enthält das Gebot der Trennung von Werbung und Programm (Abs. 1), das Blockwerbegebot (Abs. 2), das Verbot der unterschwelligen Werbung und der Schleichwerbung (Abs. 3 und 4). Art. 11 und 18 enthalten die Vorgaben über die Werbeunterbrechungen sowie über die zulässige Dauer der Werbung. Das Sendungssponsoring ist nach Art. 17 erlaubt. Art. 18a enthält eine Sonderregelung zu Teleshopping-Fenstern. Allgemeine inhaltliche Anforderungen an die Fernsehwerbung sind in Art. 12, produkt- und branchenspezifische Einschränkungen und Verbote in Art. 13 bis 15, der Kinder- und Jugendschutz in Art. 16 geregelt.

Auf der Grundlage des Berichtes über die Anwendung der Richtlinie 89/552/EWG wurde am 30.07.1997 deren Novellierung zur Anpassung an die aktuellen Entwicklungen im Fernsehbereich beschlossen[669]. Das Sendestaatsprinzip wurde konkretisiert und eine Regelung über die Exklusivrechte bei wichtigen Ereignissen, mit der der freie Empfang der Übertragung von wichtigen Ereignissen sichergestellt werden soll, aufgenommen. Die Regelungen zur Werbung wurden auf das Teleshopping ausgedehnt, das Sponsoring von Arzneimittelherstellern liberalisiert und die Jugendschutzbestimmungen erweitert. Reine Teleshopping- und Eigenwerbekanäle wurden ausdrücklich als neue Werbe- bzw. Programmformen anerkannt[670]. Nach dem neuen Art. 18 Abs. 2 sind Hinweise auf Begleitmaterialien und Spendenaufrufe nicht auf die Werbezeit anzurechnen. Art. 19, wonach die Mitgliedstaaten strengere Vorschriften über die Werbezeiten erlassen durften, ist ersatzlos gestrichen worden[671]. Zur Überwachung der Umsetzung der Richtlinie ist ein Kontaktausschuß eingerichtet worden.

Ein Vergleich der Richtlinienbestimmungen zur Trennung von Werbung und Programm und zur Schleichwerbung mit den entsprechenden Regelungen des RStV ergibt, daß sich die Vorschriften im wesentlichen decken. Das Trennungsgebot in Art. 10 Abs. 1 EG-Fernsehrichtlinie lautet:

> *"Fernsehwerbung und Teleshopping müssen als solche klar erkennbar und durch optische und/oder akustische Mittel eindeutig von anderen Programmteilen getrennt sein."*

§ 7 Abs. 3 RStV unterscheidet sich von dieser Regelung nur im Hinblick auf die Durchführung der Trennung. Während der RStV zwingend eine optische Tren-

---

[669] Zu den Änderungen Schmittmann/de Vries, AfP 1997, S. 879 ff. (880); Dörr/Eckl, NJW 1999, S. 1925 ff. (1926); Schmitt-Vockenhausen, ZUM 1998, S. 377 ff.
[670] Schmitt-Vockenhausen, ZUM 1998, S. 377 ff. (379).
[671] Zu Bedeutung dieser Vorschrift siehe Jarass, ZUM 1997, S. 769 ff.

nung verlangt, läßt die Richtlinie eine optische *oder* akustische Trennung zu. Das Schleichwerbeverbot in Art. 10 Abs. 4 lautet:

> *"Schleichwerbung und entsprechende Praktiken im Teleshopping sind verboten."*

Schleichwerbung ist in Art. 1 lit. d) EG-Fernsehrichtlinie legal definiert als:

> *"die Erwähnung oder Darstellung von Waren, Dienstleistungen, Namen, Warenzeichen oder Tätigkeiten eines Herstellers von Waren oder eines Erbringers von Dienstleistungen in Programmen, wenn sie vom Fernsehveranstalter absichtlich zu Werbezwecken vorgesehen ist und die Allgemeinheit hinsichtlich des eigentlichen Zwecks dieser Erwähnung oder Darstellung irreführen kann. Eine Erwähnung oder Darstellung gilt insbesondere dann als beabsichtigt, wenn sie gegen Entgelt oder eine ähnliche Gegenleistung erfolgt."*

Die Definition entspricht derjenigen im RStV. Insbesondere ist dort auch das Erfordernis der Absicht aufgenommen worden.

Das Thema virtuelle Werbung oder Split-Screening spielte bei der Novellierung der Richtlinie dagegen keine Rolle. Weder im Richtlinientext selbst noch in den Begründungserwägungen wird auf diese Werbeformen eingegangen. Die neuen Vorschriften in §§ 7 Abs. 4 und Abs. 6 S. 2 RStV wurden nicht in Umsetzung von Richtlinienbestimmungen sondern auf eigene Initiative der Bundesländer erlassen. Das wird auch aus der Begründung zum RStV deutlich, in der es heißt, daß der 4. RÄndStV der Umsetzung der Fernseh-RL und des FsÜ diene und "darüber hinaus" noch "Regelungen über [...] bestimmte Erscheinungsformen der Werbung" enthalte[672]. Da den Mitgliedstaaten bei der Umsetzung von Richtlinien ein gewisser Spielraum verbleibt, sind sie grundsätzlich nicht daran gehindert, in ein der Umsetzung dienendes Regelungswerk auch andere, nicht der Richtlinie entstammende Bestimmungen aufzunehmen.

b. Vereinbarkeit von § 7 Abs. 6 S. 2 und § 7 Abs. 4 RStV mit der Fernsehrichtlinie

(1) Vorliegen einer inhaltlichen Abweichung

aa. Abweichung vom Trennungsgebot

Die EG-Fernsehrichtlinie erlaubt in gewissem Rahmen von den Mindeststandards für die Ausstrahlung von Fernsehsendungen abweichende nationale Regelungen. Die Frage, ob § 7 Abs. 6 S. 2 und § 7 Abs. 4 RStV mit dem Trennungsgebot und dem Schleichwerbeverbot der Fernseh-RL vereinbar sind, kann daher nur beantwortet werden, wenn feststeht, ob die fraglichen deutschen Regelungen inhaltlich von der Richtlinie abweichen und ob diese Abweichungen zulässig sind[673].

Im Bereich des RStV stellt die Vorschrift zur virtuellen Werbung in § 7 Abs. 6 S. 2 RStV eine Ausnahmevorschrift zum Trennungsgrundsatz dar, durch die den Rundfunkveranstaltern eine Werbemöglichkeit eröffnet wird, die nach der frühe-

[672] Begründung zum 4. RÄndStV unter „Allgemeines".
[673] Zu dieser Vorgehensweise siehe Jarass, ZUM 1997, S. 769 ff. (770).

ren Rechtslage unzulässig war[674]. Gegenüber dem klassischen Verständnis des Trennungsgebotes stellt § 7 Abs. 6 S. 2 RStV somit eine Liberalisierung dar.

Ob die Regelung zur virtuellen Werbung eine Abweichung auch vom *gemeinschaftsrechtlichen* Trennungsgebot darstellt, hängt davon ab, ob das gemeinschaftsrechtliche Trennungsgebot ebenso wie das rundfunkstaatsvertragliche Trennungsgebot ausgelegt werden muß. Die gemeinschaftsrechtliche Auslegung der Werbebeschränkungen muß sich an der freiheitlichen Zielrichtung der Richtlinie orientieren. Mit der Richtlinie sollen vor allem Hemmnisse des freien Dienstleistungsverkehrs im Binnenmarkt abgebaut werden, so daß sie in erster Linie dem wirtschaftlichen Aspekt, der Gewährleistung der Dienstleistungsfreiheit, und nicht dem Verbraucherschutz dient. Der EuGH hat sich zur Auslegung der Werberegelungen in seiner Entscheidung zur Berechnung der Werbeunterbrechungen wie folgt geäußert[675]:

> *"Eine Vorschrift, die im Bereich der Dienstleistungen eine die Ausübung einer grundlegenden Freiheit betreffende Tätigkeit wie die freie Ausstrahlung von Fernsehsendungen einer Beschränkung unterwirft, muß diese Beschränkung klar zum Ausdruck bringen. Unterwirft eine Bestimmung der RL 89/552 die Ausstrahlung und Verbreitung von Fernsehsendungen einer Beschränkung, ohne daß der Gemeinschaftsgesetzgeber die Beschränkung klar und eindeutig formuliert hat, ist sie eng auszulegen."*

Im Falle des Streits um die Berechnung der Werbeunterbrechungen hat sich der EuGH demgemäß für das großzügigere Bruttoprinzip ausgesprochen und gleichzeitig betont, daß die Mitgliedstaaten berechtigt sind, für die ihrer Rechtshoheit unterworfenen Sender das strengere Nettoprinzip vorzuschreiben, soweit die Vorschriften mit dem sonstigen einschlägigen Gemeinschaftsrecht vereinbar sind. Der EuGH hat damit einen allgemeinen Auslegungsgrundsatz für die Bestimmungen der Fernsehrichtlinie aufgestellt: Beschränkungen im Bereich der Fernsehwerbung müssen ausdrücklich geregelt sein und sind eng auszulegen[676]. Soweit also eine Beschränkung nicht "klar zum Ausdruck" gebracht wird, sind liberalere nationale Regelungen als zulässig anzusehen. Daran zeigt sich das in allen Mitgliedstaaten und im EG-Recht geltende Prinzip der Werbefreiheit[677].

Es stellt sich daher die Frage, ob die Zulassung virtueller Werbung schon deshalb nicht in Konflikt mit dem Trennungsgebot gerät, weil kein ausdrückliches Verbot für virtuelle Werbung besteht. Ein solches dürfte in der Richtlinie allerdings schon mangels Bekanntheit dieser Werbeform zum Zeitpunkt der Novellierung der Richtlinie fehlen. Insofern kann aus Ihrem Fehlen kein Schluß gezogen werden, weil sonst alle neuen Werbeformen als zulässig angesehen werden müßten, allein weil sie nicht ausdrücklich verboten sind.

Vielmehr muß geprüft werden, ob eine entsprechende Beschränkung in der RL "klar zum Ausdruck" kommt. Die Trennung von Werbung und Programm ist beim Einsatz virtueller Werbung ihrem Wesen nach aufgehoben. Eine Trennung

---

674 Siehe 3. Kapitel Ziff. I.1.a. (2).
675 EuGH, K&R 1999, S. 562 ff. (564) -„Bruttoprinzip“-.
676 Charissé K&R 2000, S. 85 ff. (87).
677 Schricker, GRUR Int. 1991, S. 185 ff. (185).

durch optische oder akustische Mittel wird auch nicht durch eine Ankündigung des Einsatzes virtueller Werbung erreicht, da damit zwar eine Kenntlichmachung, aber keine Trennung erreicht wird. Bei virtueller Werbung werden die Elemente des Programms und der Werbung vielmehr gezielt miteinander vermischt. Virtuelle Werbung erfüllt daher nicht die Anforderungen des gemeinschaftsrechtlichen Trennungsgebotes, weil die Unzulässigkeit virtueller Werbung im Trennungsgebot klar zum Ausdruck kommt. Die Regelung in § 7 Abs. 6 S. 2 RStV stellt damit eine inhaltliche Abweichung vom gemeinschaftsrechtlichen Trennungsgebot dar.

Im Hinblick auf die Regelung zum Split-Screening ist festzustellen, daß das gemeinschaftsrechtliche Trennungsgebot ebensowenig wie der RStV ausdrücklich eine zeitliche Trennung von Werbung und Programm verlangt. In sprachlicher Hinsicht erfaßt Art. 10 Abs. 1 der RL sowohl eine zeitliche als auch eine räumliche Trennung. Nach dem oben beschriebenen Auslegungsgrundsatz des EuGH ist die Beschränkung, die der Trennungsgrundsatz den Rundfunkveranstaltern auferlegt, im Zweifel eng auszulegen. Da der Wortlaut zwei Varianten eröffnet, ist von der großzügigeren auszugehen. Eine räumliche Trennung von Werbebotschaft und Programm, wie die neue Regelung in § 7 Abs. 4 RStV vorsieht, genügt daher auch dem gemeinschaftsrechtlichen Trennungsgebot und weicht somit inhaltlich nicht davon ab[678].

bb. Abweichung vom Schleichwerbeverbot

Die Formen der virtuellen Werbung, die § 7 Abs. 6 S. 2 RStV erlaubt, kommen mit dem Verbot der Schleichwerbung nicht in Konflikt, da aufgrund der eindeutigen Erkennbarkeit der Werbung als solcher bei den Zuschauern kein Irrtum über den Zweck der Darstellung einzutreten droht[679]. Da der Tatbestand der Schleichwerbung die Möglichkeit eines solchen Irrtums voraussetzt, ist kein Fall von Schleichwerbung gegeben. Die Regelung zur virtuellen Werbung stellt daher keine Ausnahmeregelung zum Schleichwerbeverbot und somit auch keine inhaltliche Abweichung von der entsprechenden gemeinschaftsrechtlichen Bestimmung dar.

Die Regelung zum Split-Screening stellt auch keine inhaltliche Abweichung vom gemeinschaftsrechtlichen Schleichwerbeverbot dar. Beim Split-Screening ist die Werbung als solche erkennbar, so daß ein Irrtum im Sinne des Schleichwerbeverbotes auszuschließen ist.

Im Ergebnis ist festzuhalten, daß die Regelung in § 7 Abs. 6 S. 2 RStV zur virtuellen Werbung inhaltlich von den Vorgaben des Trennungsgebotes abweicht und demgegenüber eine liberalere Regelung darstellt, im übrigen aber keine inhaltlichen Abweichungen vorliegen.

---

678 So auch Kreile, ZUM 2000, 194 ff. (195); Hartstein u.a., Rundfunkstaatsvertrag, § 7 Rn. 32a.

679 Auf die Problematik des virtuellen Placements, das mit dem Schleichwerbeverbot in Konflikt geraten kann, kommt es hier nicht an, da diese Variante der virtuellen Werbung durch die Regelung in § 7 Abs. 6 S. 2 RStV nicht erfaßt wird.

(2) *Zulässigkeit der Abweichung*

aa. Art. 3 EG-Fernsehrichtlinie

Art. 3 Abs. 1 RL enthält einen allgemeinen Vorbehalt zugunsten strengerer oder ausführlicherer nationaler Vorschriften für alle der Rechtshoheit eines Mitgliedstaates unterworfenen Sender und ist damit Ausdruck der generellen Zulässigkeit der Inländerdiskriminierung[680]. Art. 3 Abs. 1 der Richtlinie lautet:

> *"Die Mitgliedstaaten können Fernsehveranstalter, die ihrer Rechtshoheit unterworfen sind, verpflichten, strengeren oder ausführlicheren Bestimmungen in den von dieser Richtlinie erfaßten Bereichen nachzukommen."*

Die Mitgliedstaaten dürfen in ihrem Hoheitsbereich strengere Regelungen erlassen, damit es durch die Harmonisierung auf europäischer Ebene nicht zwangsläufig zu einer Anpassung an den niedrigsten Standard kommt[681]. Ob und in welchem Umfang die Mitgliedstaaten von dieser Möglichkeit Gebrauch machen, steht ihnen frei. Die Zulässigkeit von Inländerdiskriminierungen hat der EuGH in seiner Entscheidung zum Bruttoprinzip bestätigt[682].

Art. 3 Abs. 1 RL läßt jedoch ausschließlich strengere oder ausführlichere, nicht dagegen mildere Regelungen zu. § 7 Abs. 6 S. 2 RStV ist weder strenger noch ausführlicher als das Trennungsgebot. Die Vorschrift zur virtuellen Werbung ist gegenüber den Vorgaben der Richtlinie vielmehr eine mildere Regelung, so daß Art. 3 Abs. 1 RL als Rechtfertigungsgrund für eine Abweichung nicht eingreift.

Die Regelung in § 7 Abs. 4 RStV zum Split-Screening erlaubt ausdrücklich eine räumliche Trennung von Werbung und Programm. Da das Trennungsgebot auch in diesem Sinne verstanden werden kann, stellt die neue Regelung zum Split-Screening in § 7 Abs. 4 RStV eine erläuternde und somit ausführlichere Regelung dar, die nach Art. 3 Abs. 1 RL ausdrücklich erlaubt ist. § 7 Abs. 4 RStV stellt somit eine zulässige Abweichung dar[683].

bb. Art. 20 EG-Fernsehrichtlinie

Nach Art. 20 EG-Fernsehrichtlinie sind Abweichungen den Vorgaben der Richtlinie zur Dauer und Einfügung der Werbung unter folgenden Voraussetzungen zulässig:

---

[680] Die Fernseh-RL enthält zwei Vorschriften, wonach unter bestimmten Voraussetzungen strengere, mildere oder konkretisierende nationale Vorschriften erlassen werden dürfen (Art. 3 Abs. 1 und Art. 20 RL). Art. 19 a.F., der eine dritte Möglichkeit zur Abweichung von den Richtlinienbestimmungen enthielt, ist ersatzlos gestrichen worden. Art. 19 a.F. erlaubte strengere Regeln im Hinblick auf die Sendezeit und die Modalitäten der Fernsehübertragung nach Art. 18. Der Anwendungsbereich von Art. 19 a.F. ist allerdings nahezu bedeutungslos geworden, nachdem der EuGH Art. 19 a.F. und Art. 3 Abs. 1 für parallel anwendbar erklärt hat. Damit erklärt sich wohl auch der kommentarlose Verzicht auf diese Vorschrift in der novellierten Richtlinie, vgl. Engel, JZ 1995, S. 938 ff. (941).

[681] Vgl. Rosenthal, Informationsgesellschaft, S. 131.

[682] EuGH, K&R 1999, S. 562 ff. -„Bruttoprinzip“-.

[683] Vgl. Hartstein u.a., Rundfunkstaatsvertrag, § 7 Rn. 32a.

„Unbeschadet des Artikels 3 können Mitgliedstaaten für Sendungen, die ausschließlich für ihr eigenes Hoheitsgebeit bestimmt sind und weder unmittelbar noch mittelbar in einem oder mehreren anderen Mitgliedstaaten empfangen werden können, unter Einhaltung des Gemeinschaftsrechts andere als die in Art. 11 Absätze 2 bis 5 sowie in den Artikeln 18 und 18a festgelegten Bedingungen vorsehen."

Aus dem Wortlaut ergibt sich, daß die Anwendbarkeit des Art. 3 nicht durch Art. 20 als speziellere Vorschrift verdrängt wird[684]. Im Unterschied zu Art. 3 erlaubt Art. 20 generell "andere", also auch mildere Regelungen, während Art. 3 Abs. 1 auf strengere oder ausführlichere Abweichungen beschränkt ist. Art. 20 gilt dagegen nur für Sendungen, die ausschließlich für das eigene Hoheitsgebiet bestimmt sind und weder unmittelbar noch mittelbar in einem oder mehreren anderen Mitgliedstaaten öffentlich empfangen werden können.

§ 7 Abs. 6 S. 2 RStV könnte aufgrund der Regelung in Art. 20 gerechtfertigt sein, da es sich um eine mildere Regelung handelt. Art. 20 ist allerdings nur auf Abweichungen von den Bestimmungen der Art. 11 Abs. 2 bis 5 RL und von Art. 18 und 18a RL anwendbar. Bei virtueller Werbung geht es weder um Werbeunterbrechungen gemäß Art. 11 noch um die Werbezeiten gemäß Art. 18 und ebensowenig um Teleshopping-Fenster gemäß Art. 18a, sondern um das Trennungsgebot gemäß Art. 10. Von den Grundregeln des Art. 10 RL darf auch nach Art. 20 RL nicht abgewichen werden, so daß die Voraussetzungen für eine Abweichung nach Art. 20 nicht vorliegen. Hinzu kommt, daß es im Zusammenhang mit virtueller Werbung nicht um Sendungen geht, die „ausschließlich für ihr eigenes Hoheitsgebiet bestimmt sind und weder unmittelbar noch mittelbar in einem oder mehreren anderen Mitgliedstaaten empfangen werden können".

(3) Ermessenspielraum der Mitgliedstaaten?

Zu einem anderen Ergebnis im Hinblick auf die gemeinschaftsrechtliche Zulässigkeit virtueller Werbung gelangt *Ladeur*, der unter Hinweis auf das weite Ermessen der Mitgliedstaaten bei der Umsetzung von Richtlinien und die in der EG verbreitete Ansicht der Zulässigkeit zumindest des Ersatzes realer Werbung durch virtuelle Werbung die Regelung in § 7 Abs. 6 S. 2 RStV für vereinbar mit dem gemeinschaftsrechtlichen Trennungsgrundsatz hält[685].

In Großbritannien, Spanien, Italien, Frankreich und Deutschland geht die Rundfunkregulierung bzw. die Praxis der Rundfunkaufsicht unterschiedliche Wege im Umgang mit virtueller Werbung. Während in Deutschland und Spanien gesetzliche Vorschriften zur virtuellen Werbung ergangen sind, haben in Großbritannien und Italien unabhängige Regulierungsinstanzen Vorschriften erlassen. Gemeinsam ist diesen Regelungen, daß virtuelle Werbung zum Austausch realer Werbung zulässig ist. Unterschiede bestehen in den weiteren Einzelheiten wie z.B. virtuelle Animationen. In Frankreich gibt es noch keine ausdrückliche Regelung,

---

684 EuGH, K&R 1999, S. 562 ff. (564) -„Bruttoprinzip"-; Jarass, ZUM 1997, S. 769 ff. (771).
685 Ladeur, SpuRt 2000, S. 101 ff. (104).

der Austausch von Bandenwerbung wird jedoch auch dort von der Rundfunkaufsicht nicht beanstandet[686].

Nach Ansicht von *Ladeur* sind EG-Richtlinien nicht „einfach als das gegenüber dem staatlichen Recht höherrangige Recht" zu bewerten. Vielmehr müsse bei der Interpretation die Verknüpfung mit dem nationalen Recht und dessen Anwendungspraxis herangezogen werden. Die Richtlinie lege nur das Ziel, nicht aber die Form und Mittel der Angleichung des Rechts fest. Die Mitgliedstaaten hätten aber nicht nur bei der Form und den Mitteln der Umsetzung einer Richtlinie, sondern auch bei der Interpretation des Ziels ein Ermessen, jedenfalls bei der „Typisierung von Grenzfällen". Dieses Ermessen könne in der Form administrativer Entscheidungen oder durch gesetzliche Spezialregelungen ausgeübt werden. Den Mitgliedstaaten stehe daher bei der Konkretisierung des gemeinschaftsrechtlichen Trennungsgrundsatzes ein Ermessensspielraum zu. Bei der Bestimmung der Ermessensgrenzen müßte die Einheitlichkeit der Auffassungen unter den Mitgliedstaaten ins Gewicht fallen, die jedenfalls hinsichtlich der virtuellen Werbung bestehe, die die reale Werbung ersetze. Daher sei diese Form der virtuellen Werbung als europarechtlich zulässig anzusehen[687].

Dieser Argumentation kann jedoch nicht zugestimmt werden. Zwar haben die Mitgliedstaaten bei der Umsetzung von Richtlinien ein Ermessen, tatsächlich beschränkt sich dieses Ermessen aber auf die Form und die Mittel der Umsetzung. Die Mitgliedstaaten sind an die vorgegebene Zielsetzung gebunden[688]. Gegen rein konkretisierende Regelungen wäre nichts einzuwenden, bei der Regelung in § 7 Abs. 6 S. 2 RStV handelt es sich aber um eine Regelung, die das in der Richtlinie vorgegebene Gebot der Trennung von Werbung und Programm durchbricht. Konkretisierende und strengere Maßnahmen sind nach den ausdrücklichen Richtlinienbestimmungen unter bestimmten Voraussetzungen erlaubt. Diese Voraussetzungen sind vorliegend jedoch nicht gegeben.

Die Richtlinie ist zwar nur ein „weiches Harmonisierungsmittel"[689], die dort festgelegten Mindeststandards müssen aber von den Mitgliedstaaten eingehalten werden. Daran kann auch die von *Ladeur* aufgezeigte einheitliche Grundauffassung der Mitgliedstaaten nichts ändern. Die Mitgliedstaaten müssen bei geänderter Rechtsauffassung auf eine Änderung der gemeinschaftsrechtlichen Vorschriften drängen.

Auch das von Ladeur vorgebrachte Argument, die EuGH-Entscheidung zum Brutto-Prinzip stütze seine Auffassung, kann nicht überzeugen. Zwar ist zutreffend, daß Werbebeschränkungen nach dem EuGH eng auslegt werden müssen. Eine „enge" Auslegung des Trennungsgebots soll dann wohl die Zulässigkeit virtueller Werbung zur Folge haben. Bei der Entscheidung zum Bruttoprinzip enthielt die entsprechende Regelung keine eindeutige Aussage zu Frage, ob die Werbeunterbrechungen bei der Filmlänge mit einzurechnen sind und war somit

686 Ladeur, SpuRt 2000, S. 101 ff. (102 ff.).
687 Ladeur, SpuRt 2000, S. 101 ff. (104).
688 Siehe Bleckmann, Europarecht, 6. Aufl., Rn. 420.
689 Ladeur, SpuRt 2000, S. 101 ff. (104).

der Auslegung zugänglich. Daher hat sich der EuGH für die großzügigere Variante, das Bruttoprinzip, entschieden. M.E. eröffnet das Trennungsgebot keine Auslegungsalternative im Hinblick auf virtuelle Werbung. Obwohl eine ausdrückliche Aussage fehlt, ist bei virtueller Werbung eine eindeutige Trennung nicht gegeben und somit kein Spielraum für die Auslegung vorhanden. Insofern kann die Ausgangssituation beim Bruttoprinzip nicht mit der bei virtueller Werbung verglichen werden. Die Beschränkung (das Verbot virtueller Werbung) kommt im Trennungsgebot vielmehr „klar zum Ausdruck". Die Regelung in § 7 Abs. 6 S. 2 RStV ist daher entgegen der Ansicht *Ladeurs* als unvereinbar mit dem gemeinschaftsrechtlichen Trennungsgebot anzusehen.

(4) Konsequenzen

Das primäre und sekundäre Gemeinschaftsrecht genießt Vorrang gegenüber dem nationalen Recht[690]. Die Legislative ist verpflichtet, kein gegen Gemeinschaftsrecht verstoßendes Recht zu setzen, die Exekutive darf gemeinschaftsrechtswidriges Recht nicht anwenden. Gemeinschaftsrechtswidrige nationale Vorschriften sind grundsätzlich unanwendbar[691]. Die Richtlinie gehört zu den sekundärrechtlichen Rechtsquellen. Daher genießt auch das Trennungsgebot gem. Art. 10 der EG-Fernsehrichtlinie Vorrang gegenüber dem nationalen Recht.

Die Unvereinbarkeit von § 7 Abs. 6 S. 2 und § 7 Abs. 4 RStV mit Art. 10 Abs. 1 der Fernsehrichtlinie hat daher die Unanwendbarkeit der nationalen Bestimmung zur Folge. Da die Fernseh-RL nicht auf grenzüberschreitende Sachverhalte beschränkt anwendbar ist, tritt eine Kollision mit den Richtlinienbestimmungen auch schon bei rein nationalen Sachverhalten ein. Das bedeutet, das auch innerstaatlich die Anwendbarkeit des § 7 Abs. 6 S. 2 RStV gehemmt ist und es somit bei der alten Rechtslage bleibt, wonach virtuelle Werbung unzulässig ist.

Trotz des Verstoßes gegen die Fernsehrichtlinie dürfen andere EG-Staaten den Empfang von Sendungen mit virtueller Werbung nicht unterbinden, da sie verpflichtet sind, den Empfang und die Kabelweiterverbreitung diskriminierungsfrei zu gewährleisten. Umgekehrt wäre auch die Bundesrepublik verpflichtet, Sendungen aus EU-Staaten hinzunehmen, die nicht den deutschen Vorschriften entsprechen, so z.B. wenn virtuelle Werbung auf Flächen projiziert würde, an denen

---

690 Schweizer, Staatsrecht III, 6. Auflage, Rn. 46; EuGH, Slg. 1964, S. 1251 ff. (1269) - Costa/ENEL"-. Inwieweit der Vorrang des Gemeinschaftsrechts auch gegenüber dem deutschen Grundgesetz gilt, war Gegenstand verschiedener Entscheidungen des EuGH und des BVerfG. Der EuGH geht von einem Vorrang des Gemeinschaftsrechts auch gegenüber dem nationalen Verfassungrecht aus, EuGH, Slg. 1970 S. 1125 ff. (1135) -„Internationale Handelsgesellschaft"-. Das BVerfG geht dagegen in der Maastricht-Entscheidung, BVerfGE 89, S. 155 ff., davon aus, daß dem EuGH die Gewährleistung des Grundrechtsschutzes gegenüber Hoheitsakten der EG zustehe und das BVerfG seine Zuständigkeit für die Frage der Anwendbarkeit von abgeleiteten Gemeinschaftsrecht nur in einem Kooperationsverhältnis mit dem EuGH ausübe, vgl. Schweizer, Staatsrecht III, 6. Auflage, Rn. 86.

691 Nach der herrschenden Lehre vom Anwendungsvorrang des Gemeinschaftsrechts wird eine nationale Regelung im Kollisionsfall nur hinsichtlich ihrer Anwendbarkeit, nicht hinsichtlich ihrer Geltung verdrängt. Nach der Lehre vom Geltungsvorrang ist dem Gemeinschaftsrecht entgegenstehendes nationales Recht nichtig. Schweizer, Staatsrecht III, 6. Auflage, Rn. 49.

sich keine reale Werbung befindet. Die Mitgliedstaaten können die Einhaltung der Richtlinienbestimmungen durch eine Vertragsverletzungsklage gemäß Art. 230 EGV, die Kommission durch eine Aufsichtsklage gem. Art. 226 EGV erzwingen. Außerdem können sich direkt betroffene Dritte im Wege der nach Art. 3 Abs. 3 RL zu gewährleistenden Verfahren an die Justizbehörden oder sonstige Stellen wenden.

Daß es zu einer Klage gegen die Bundesrepublik wegen des neuen § 7 Abs. 6 S. 2 RStV kommen könnte, erscheint jedoch eher unwahrscheinlich, da die übrigen Mitgliedstaaten mit dem Phänomen der virtuellen Werbung ebenfalls konfrontiert sind und sich zum Teil schon mit ausdrücklichen Regeln, die die virtuelle Werbung in der Regel in bestimmten Umfang erlauben, auf die neue Werbeform eingestellt haben. Auch die Kommission zeigt derzeit keine Anzeichen gegen die deutsche Regelung vorzugehen. Wünschenswert wäre eine einheitliche Lösung auf gemeinschaftsrechtlicher Ebene anläßlich der nächsten Novellierung der Fernsehrichtlinie.

2. Die primärrechtliche Dienstleistungsfreiheit

a. Rundfunksendungen als Dienstleistungen

Art. 49 EGV garantiert die Dienstleistungsfreiheit innerhalb des Binnenmarktes der EG. Von der Dienstleistungsfreiheit werden alle grenzüberschreitenden Dienstleistungen erfaßt, die gem. Art. 50 EGV in der Regel gegen Entgelt erbracht werden, soweit sie nicht den Vorschriften über den freien Waren- und Kapitalverkehr unterliegen. Beispielhaft sind in Art. 50 EGV gewerbliche, kaufmännische, handwerkliche und freiberufliche Tätigkeiten genannt.

Nach der Rechtsprechung des EuGH fällt die Veranstaltung von Rundfunk und Rundfunkwerbung unter die Dienstleistungsfreiheit gemäß Art. 49, 50 EGV[692]. In der *Sacchi*-Entscheidung aus dem Jahr 1974 qualifizierte der EuGH erstmals Fernsehsendungen als Dienstleistungen im Sinne des EG-Vertrages[693]. In der *Debauve*-Entscheidung aus dem Jahr 1980 hat er die Anwendbarkeit der Dienstleistungsfreiheit auf grenzüberschreitende Fernsehsendungen bestätigt[694]. Ein belgisches Werbeverbot wurde vom EuGH in der Entscheidung *Bond van Adverteerders* von 1988 als unzulässige Beschränkung des Dienstleistungsverkehrs angesehen[695].

Nach Art. 49 EGV sind alle nationalen Maßnahmen verboten, die Angehörige anderer Mitgliedstaaten bei der Erbringung von Dienstleistungen aufgrund ihrer

---

[692] Lecheler, Jura 1998, S. 225 ff. (226). Die Einstufung des Rundfunks als wirtschaftliche Dienstleistung ist insbesondere wegen der kulturellen Funktion des Rundfunks und wegen der fehlenden Gegenseitigkeit von Entgelt und Leistung, ist nicht unumstritten gewesen; Hesse, Rundfunkrecht, S. 312 m.w.N. in Fn. 52; Greissinger, CR 1999, S. 112 ff. (113); Petersen, Rundfunkfreiheit und EG-Vertrag, S. 27.

[693] EuGH, Slg. 1974, 409 -„Sacchi"-.

[694] EuGH, Slg. 1980, 833 -„Debauve"-.

[695] EuGH, NJW 1989, S. 2189 ff. -„Bond von Adverterders"-.

Staatsangehörigkeit benachteiligen (Grundsatz der Inländergleichbehandlung)[696]. Das gilt auch für sogenannte versteckte Diskriminierungen, die zwar nicht ausdrücklich an der Staatsangehörigkeit anknüpfen, die aber typischerweise Angehörige anderer Mitgliedstaaten benachteiligen. Darüber hinaus ist in der Rechtsprechung anerkannt, daß die Dienstleistungsfreiheit ein sogenanntes Beschränkungsverbot enthält, das alle unterschiedslos anwendbaren Maßnahmen verbietet, die geeignet sind, die Ausübung der Dienstleistungsfreiheit durch Gemeinschaftsangehörige zu behindern oder weniger attraktiv zu machen[697]. Da Beschränkungen der Fernsehwerbung grundsätzlich eine Behinderung des freien Dienstleistungsverkehrs darstellen, ist es den Mitgliedstaaten untersagt, Normen zu erlassen, die die grenzüberschreitende Rundfunkwerbung verbieten oder beschränken, wenn die Regelung nicht durch höherrangige Interessen gerechtfertigt ist[698].

b. Vereinbarkeit mit der Dienstleistungsfreiheit

Auf die Vereinbarkeit einer nationalen Regelung mit den Grundfreiheiten kommt es jedoch nur dann an, wenn in dem betreffenden Bereich noch keine Harmonisierung erfolgt ist[699]. Das Fernsehwerberecht wurde durch die Fernseh-RL harmonisiert, so daß sich die gemeinschaftsrechtliche Zulässigkeit der §§ 7 Abs. 4 und Abs. 6 S. 2 RStV nach den Vorgaben der Fernsehrichtlinie bestimmt. Etwas anderes gilt bei strengeren Abweichungen von der Richtlinie zu Lasten inländischer Rundfunkveranstalter in Form der zulässigen Inländerdiskriminierung. Da in einem solchen Fall eine Beschränkung des Dienstleistungsverkehrs vorliegen könnte, muß die Vorschrift nach der Rechtsprechung des EuGH auf ihre Vereinbarkeit mit dem sonstigen Gemeinschaftsrecht, also insbesondere den Grundfreiheiten geprüft werden[700].

Weder die Vorschrift zur virtuellen Werbung noch die zum Split-Screening sind jedoch inländerdiskriminierende Vorschriften, da sie die inländischen Rundfunkveranstalter gegenüber den ausländischen nicht schlechter stellen. Die Regelung zur virtuellen Werbung stellt allenfalls eine Besserstellung gegenüber denjenigen ausländischen Rundfunkveranstaltern dar, die sich an die Richtlinienbestimmungen halten müssen. Beide Vorschriften sind weder aufgrund der Staatsangehörigkeit diskriminierend, noch stellen sie Beschränkungen dar, die

---

696 Bleckmann, Europarecht, 6. Aufl., Rn. 1678 ff.

697 Bleckmann, Europarecht, 6. Aufl., Rn. 1680; Charissé/Dörr AfP 1999, S. 18 ff. (20), m.w.N. Diskriminierungen, die offen an der Staatsangehörigkeit anknüpfen, sind gerechtfertigt, wenn die Voraussetzungen der ausdrücklichen Rechtfertigungsgründe in Art. 46, 55 EGV vorliegen. Versteckte Diskriminierungen und Beschränkungen können nach der Rechtsprechung des EuGH auch durch zwingende Interessen des Allgemeinwohls gerechtfertigt sein. Der EuGH hat z.B. die staatliche Kulturpolitik, die den Pluralismus im Rundfunk gewährleisten will, als zwingendes Interesse des Gemeinwohls anerkannt, EuGH, Slg. 1991, I-4069, Rn. 29 f. -„Kommission/Niederlande“-.

698 Köhler, Rundfunkwerberecht, S. 66; Charissé, K&R 2000, S. 85 ff. (86).

699 Vgl. Wellan, Die Auswirkungen der Harmonisierung durch die Fernsehrichtlinie, S. 66; Köhler, Rundfunkwerberecht, S. 66.

700 EuGH, K&R 1999, S. 562 ff. -„Bruttoprinzip“-; Köhler, Rundfunkwerberecht, S. 67.

die grenzüberschreitende Erbringung von Dienstleistungen, also die Ausstrahlung von Fernsehsendungen, behindern. Daher kommen diese Vorschriften des 4. RStV mit der Dienstleistungsfreiheit nicht in Konflikt.

II. Fernsehwerbung und Internationales Recht

1. Das Europäische Übereinkommen über das grenzüberschreitende Fernsehen (FsÜ)

a. Das Verhältnis zur Fernsehrichtlinie

Die Mitgliedstaaten des Europarates haben 1989 das Europäische Übereinkommen über das grenzüberschreitende Fernsehen (FsÜ) geschlossen[701]. Der Kreis der Vertragsstaaten ist wesentlich größer als der der Mitgliedstaaten der EG, die gleichzeitig der Fernsehrichtlinie unterliegen. Als völkerrechtlicher Vertrag erlangt das FsÜ Gültigkeit durch Ratifikation in den einzelnen Vertragsstaaten. Durch das Zustimmungsgesetz erhält ein ratifizierter völkerrechtlicher Vertrag in der Bundesrepublik den Rang eines einfachen Bundesgesetzes[702].

Ziel des FsÜ ist die Sicherung des freien Flusses von Informationen und der Unabhängigkeit der Rundfunkveranstalter durch die Erleichterung der grenzüberschreitenden Verbreitung von Fernsehprogrammen[703]. Im Gegensatz zur EG-Fernsehrichtlinie gilt das Übereinkommen ausschließlich für grenzüberschreitende Fernsehprogramme (Art. 3). Die Vertragsstaaten sind verpflichtet, den freien Empfang zu gewährleisten und die Weiterverbreitung von Programmen nicht einzuschränken (Art. 4). Wie bei der Fernsehrichtlinie obliegt die Sicherstellung der Einhaltung der Bestimmungen des FsÜ den Sendestaaten (Art. 5). Die Vertragsstaaten sind frei, für die ihrer Rechtshoheit unterworfenen Fernsehveranstalter strengere oder ausführlichere Vorschriften zu erlassen (Art. 28). Sie können beispielsweise über die Verbote für die Werbung für Tabakerzeugnisse oder für bestimmte Formen des Sponsoring hinaus weitere Verbote einführen, die Anzahl und Dauer der nach dem FsÜ zulässigen Werbeunterbrechungen verringern oder die zulässige tägliche Sendezeit für Werbung reduzieren[704].

Art. 27 Abs. 1 FsÜ enthält eine Kollisionsregel, wonach die Bestimmungen der Fernseh-RL für die gegenseitigen Beziehungen der EG-Mitgliedstaaten vorrangig sind, es sei denn, daß es zu dem Regelungsgegenstand keine Richtlinienvor-

---

[701] Europäisches Übereinkommen über das grenzüberschreitende Fernsehen vom 5.5.1989, abgedruckt in: Europäisches Medien- und Telekommunikationsrecht, 1998, S. 441 ff.. Das FsÜ ist im Mai 1993 in Kraft getreten, Dörr, ZUM 1994, S. 342 ff. (343). Das FsÜ ist zwischen Bulgarien, Deutschland, Finnland, Frankreich, Großbritannien, Italien, Lettland, Malta, Norwegen, Österreich, Polen, San Marino, der Schweiz, der Slowakei, Spanien, Türkei, Ungarn, Vatikanstadt und Zypern in Kraft. Unterzeichnet haben das Abkommen weiterhin: Albanien, Estland, Griechenland, Kroatien, Liechtenstein, Litauen, Luxemburg, Niederlande, Portugal, Rumänien, Schweden, Slowenien, Tschechische Republik und die Ukraine, zit. nach Schmittmann/de Vries/von Loesch, AfP 2000, S. 37 ff. (56).

[702] Geiger, Grundgesetz und Völkerrecht, 2. Aufl., S. 177.

[703] Vgl. Präambel und Art. 1 des FsÜ.

[704] Berger, ZUM 1996, S. 119 ff. (126).

schriften gibt. Das bedeutet in der Praxis, daß die Regelungen des FsÜ normalerweise nur im Verhältnis zu Vertragsstaaten, die nicht gleichzeitig der EU angehören, Anwendung finden[705]. Die Werberegeln der Fernseh-RL und des FsÜ stimmten vor der Novellierung der Richtlinie weitgehend überein oder waren zumindest "kompatibel"[706]. Durch die Novellierung der EG-Fernseh-RL im Jahr 1997 sind einige inhaltliche Unterschiede zum FsÜ entstanden[707]. Die Fernseh-RL sieht zum Beispiel beim Teleshopping eine Liberalisierung vor, die über den Standard des FsÜ hinausgeht[708]. Um Ungereimtheiten zu vermeiden, wurde das FsÜ der Richtlinie inzwischen angepaßt. Die Änderungen sollen am 1.10.2000 in Kraft treten[709].

Da für das FsÜ als völkerrechtlicher Vertrag nicht der Vorrang des Gemeinschaftsrechts gilt, sind entgegenstehende nationale Regelungen im Kollisionsfall nicht unanwendbar. Vielmehr werden die Rechtsfolgen der Nichteinhaltung völkerrechtlicher Verträge ausgelöst. Im FsÜ ist ausdrücklich ein Verfahren für den Fall der Verletzung der Bestimmungen des FsÜ (Art. 24) sowie ein Vergleichs- und Schiedsverfahren bei Streitigkeiten über die Anwendung des FsÜ (Art. 25, 26) geregelt.

b. Der Regelungsinhalt des FsÜ

(1) Die Bestimmungen für die grenzüberschreitende Fernsehwerbung

Das FsÜ enthält in seinem 3. Kapitel (Art. 11 bis 18) die Bestimmungen über die Werbung und das Sponsoring. Art. 11 enthält die allgemeinen Grundsätze für die Werbung wie das Irreführungsverbot und das Verbot der Programmbeeinflussung. Art. 12 regelt die zulässige Dauer der Werbung. Art. 13 betrifft die Form und Aufmachung der Werbung und beinhaltet das Trennungsgebot (Abs. 1) sowie das Schleichwerbeverbot (Abs. 3). Art. 14 enthält die Unterbrecherregeln und Art. 15 die produktbezogenen Werbevorschriften (Verbot der Tabakwerbung etc.). Art. 17 und 18 behandeln das Sponsoring. Spezifische Regelungen zur virtuellen Werbung und zum Split-Screening enthält das mehr als zehn Jahre alte FsÜ nicht.

Das Trennungsgebot und das Schleichwerbeverbot entsprechen bis auf die Neuerungen im Bereich des Teleshopping inhaltlich denen der Fernsehrichtlinie. Art. 13 Abs. 1 und Abs. 3 des FsÜ lauten:

---

[705] Für den deutschen Sprachraum ist dies besonders im Hinblick auf die Schweiz von Bedeutung, die nicht Mitglied der EG, aber Vertragsstaat des FsÜ ist. Im übrigen betrifft es vor allem die Länder Osteuropas.

[706] Uckrow in: Europäisches Medienrecht, S. 110.

[707] Uckrow in: Europäisches Medienrecht, S. 117.

[708] Die Mitgliedstaaten der EU sind strenggenommen gehindert, die liberaleren Regelungen der Richtlinie umzusetzen, weil sie gleichzeitig an die Standards des FsÜ gebunden sind und die Vertragsstaaten (und damit jeder EG-Staat) zwar restriktivere, aber keine liberaleren nationalen Sonderregelungen erlassen dürfen; Uckrow in: Europäisches Medienrecht, S. 118; Berger, ZUM 1996, S. 119 ff. (126).

[709] Protokoll zur Änderung des FsÜ vom 9.9.1998, vgl. Hartstein u.a., Rundfunkstaatsvertrag, B. 4, Rn. 60; Schmittmann/de Vries/von Loesch, AfP 2000, S. 37 ff. (56).

"(1) Werbung muß als solche erkennbar und durch optische oder akustische Mittel eindeutig von anderen Programmteilen getrennt sein. Grundsätzlich wird sie in Blöcken gesendet.

(2) [...]

(3) Schleichwerbung, insbesondere die Darstellung von Erzeugnissen oder Dienstleistungen in Sendungen zu Werbezwecken ist verboten."

Nach Art. 16 FsÜ darf Werbung, die sich eigens und häufig an Zuschauer in einem anderen Vertragsstaat richtet, die Vorschriften des Empfangsstaates nicht umgehen. Damit soll verhindert werden, daß sich Rundfunkveranstalter in den Vertragsstaaten mit niedrigem Standard nur zu dem Zweck ansiedeln, um mit Hilfe des Grundsatzes der freien Verbreitung von Sendungen die Werbevorschriften des Heimatstaates zu umgehen. Diese Vorschrift hat in § 14 Abs. 5 und § 44 Abs. 6 RStV Eingang gefunden.

Eine entsprechende Regelung diesen Inhalts ist in der Fernseh-RL nicht vorhanden. Nach der Rechtsprechung des EuGH darf jedoch ein Mitgliedstaat eine in einem anderen Mitgliedstaat niedergelassene Sendeanstalt, deren Tätigkeit ganz oder vorwiegend auf das Gebiet des ersten Mitgliedstaates ausgerichtet ist, einer inländischen Sendeanstalt gleichstellen, wenn diese Niederlassung erfolgt ist, um es dieser Anstalt zu ermöglichen, sich den Regelungen zu entziehen, die auf sie anwendbar wären, wenn sie im Gebiet des ersten Staates niedergelassen wären[710]. Unter engen Voraussetzungen gilt also auch im Bereich des Fernseh-RL ein Umgehungsverbot. Im übrigen ist die Einstrahlung von Werbesendungen, die sich an Zuschauer in einem anderen Mitgliedstaat richten, jedoch zulässig, selbst wenn diese Sendung nach dessen Werbebestimmungen unzulässig wäre.

(2) Die Empfehlung des Standing Committee zur virtuellen Werbung

Nach Art. 21a FsÜ ist ein ständiger Ausschuß (Standing Committee) berechtigt, Empfehlungen gegenüber den Vertragsparteien in bezug auf die Anwendung des FsÜ abzugeben. Dieser nach Art. 20 FsÜ eingerichtete ständige Ausschuß hat zum Umgang mit virtueller Werbung im Fernsehen am 20./21.3.1997 eine Empfehlung mit folgendem Wortlaut abgegeben[711]:

"Virtual techniques are sometimes used to insert advertising messages, notably during the broadcast of sports events, either by the virtual replacement of advertising messages on boardings around the ground, or by inserting new, sometimes three-dimensional images in other parts of the picture.

In the transfrontier context, virtual image technology may, in certain cases, permit the masking of messages banned by law in the receiving country without affecting the broadcast of the sporting event. Sometimes, however, these techniques help to increase the presence of advertising on the screen under conditions wich are detrimental to the perception and the understanding of the event.

In application of Article 21 (a) of the Convention and Article 24 of its Rules of Procedure, the Standing Committee adopted the Recommendation set out below:

[710] Vgl. EuGH, EuZW 1995, S. 60 ff. -„TV 10 SA"-

[711] Recommendation (97) 1 Concerning the use of virtual advertising notably during the broadcast of sports events, adopted by the Standing Committee on Transfrontier Television at its 12th meeting; abgedruckt bei Hartstein u.a., Rundfunkstaatsvertrag, § 7 Rn. 60.

The Standing Committee believes that the broadcaster, who is exclusiveley responsible for the content of the signal produced and/or broadcast, should retain ultimate control over this content. Given its responsibility towards the viewers, the broadcaster must ensure that virtual advertising messages comply with the rules of the Convention, and in particular that virtual advertising, in its presentation and content, meets the requirements steeming from Articles 7, 11 and 13 of the Convention. In this respect, the Standing Committee notes the appropriateness of self-regulation and welcomes the code of conduct on virtual advertising adopted in 1996 by the European Broadcast Union and the Association of Commercial Television in Europe. Furthermore, without prejudice to any other indications which might be necessary in the future, it should be stressed at this stage that:
- the presence of virtual advertising messages during the broadcast of sports events should be indicated to the viewers, by appropriate means, at the beginning and the end of the programme concerned
- in no case should virtual advertising messages transform the perception or the understanding of the event, or be detrimental to its visibility."

Die Empfehlung bezieht sich auf den Verhaltenskodex der European Broadcast Union und der Association of Commercial Television in Europe aus dem Jahr 1996. Mit dem Hinweis darauf, daß durch diese Empfehlung keine Präjudizien für künftig erforderliche Regelungen geschaffen werden sollen, wird der Einsatz virtueller Werbung an bestimmte Voraussetzungen geknüpft. Verlangt wird zum einen ein aufklärender Hinweis für die Zuschauer vor und nach der Sendung. Zum anderen darf die virtuelle Werbung die Wahrnehmung und die Verständlichkeit einer Sendung nicht beeinträchtigen und für die Sicht nicht abträglich sein.

c. Die Vereinbarkeit von § 7 Abs. 6 S. 2 und § 7 Abs. 4 RStV mit dem FsÜ

(1) Virtuelle Werbung

Hinsichtlich der Frage der Vereinbarkeit von § 7 Abs. 6 S. 2 RStV mit den Vorgaben des FsÜ ist zunächst das Fehlen einer speziellen vertraglichen Regelung festzustellen. Somit muß sich die neue rundfunkstaatsvertragliche Regelung am Trennungsgebot des FsÜ messen lassen. Wie der RStV und die Fernseh-RL verlangt das FsÜ die Erkennbarkeit der Werbung als solche und ihre eindeutige Trennung von anderen Programmteilen (Art. 13 Abs. 1 FsÜ).

Im Bereich der Fernseh-RL ist die Regelung zur virtuellen Werbung als Verstoß gegen das dort verankerte Trennungsgebot anzusehen, weil sie die von der Richtlinie gesetzten Mindeststandards unterschreitet[712]. Vom Wortlaut des FsÜ ausgehend müßte das Ergebnis an dieser Stelle identisch sein. Ein Anhaltspunkt für eine abweichende Auslegung des FsÜ ist allerdings die Empfehlung des Standing Committee, die sich ausführlich zum Thema virtuelle Werbung äußert. Obwohl es sich hierbei nur um eine Empfehlung, also nicht um einen verbindlichen Rechtsakt handelt, läßt sich daraus entnehmen, daß virtuelle Werbung von den Vertragsparteien nicht als unvereinbar mit den Werberegeln des FsÜ angesehen wird.

[712] Siehe 4. Kapitel Ziff. I.1.b.

Es stellt sich also die Frage, welche rechtliche Wirkung die Empfehlung hat. Der in der Empfehlung zum Ausdruck gebrachte Wille der Vertragsparteien könnte als sogenannte authentische Auslegung des FsÜ zu berücksichtigen sein. Darunter wird nach der h.M. eine Auslegung verstanden, die sich in einer entsprechenden übereinstimmenden Erklärung der Vertragsparteien widerspiegelt[713]. Eine solche übereinstimmende Erklärung liegt hier vor, denn jede Vertragspartei hat das Recht, eine Delegation mit jeweils einer Stimme in den Ausschuß zu entsenden (Art. 20 Abs. 2 FsÜ). Der Empfehlung liegt somit die gemeinsame Rechtsauffassung der Vertragsstaaten zugrunde. Das gilt selbst dann, wenn nicht alle Delegierten dieser Empfehlung zugestimmt haben sollten, weil das FsÜ eine Befugnis des Ausschusses zur Abgabe von Empfehlungen zur Anwendung der Werberegeln ausdrücklich vorsieht[714]. Virtuelle Werbung ist daher nach dem FsÜ nicht grundsätzlich unzulässig.

Es kommt nun darauf an, ob § 7 Abs. 6 S. 2 RStV in seiner konkreten Ausformung mit dem Inhalt der Empfehlung in Einklang steht. Die Empfehlung zur virtuellen Werbung unterscheidet sich von § 7 Abs. 6 S. 2 RStV besonders im Hinblick auf das Merkmal der „am Ort der Übertragung vorhandenen Werbung". Nach der Empfehlung hängt die Zulässigkeit virtueller Werbung nicht von diesem Kriterium ab, sondern allein von dem Einfluß virtueller Werbung auf die Wahrnehmung, Verständlichkeit oder Sichtbarkeit des übertragenen Ereignisses („*in no case should virtual advertising messages transform the perception or the understanding of the event, or be detrimental to ist visibility*"). Die Empfehlung ähnelt somit dem Referentenentwurf einer Regelung für die virtuelle Werbung im RStV, bei dem noch das Kriterium der Verfälschung des Gesamteindrucks ausschlaggebend sein sollte[715]. Sowohl die Empfehlung als auch § 7 Abs. 6 S. 2 RStV verlangen dagegen eine Kennzeichnung vor und nach der Sendung. Während nach deutschem Recht jeder Einsatz virtueller Werbung außerhalb vorhandener Werbeflächen unzulässig ist, dürfte nicht jegliche Form der (zusätzlichen) virtuellen Werbung der Verständlichkeit, Wahrnehmbarkeit oder Sichtbarkeit des Ereignisses abträglich sein. § 7 Abs. 6 S. 2 RStV ist somit aufgrund der Beschränkung der virtuellen Werbung auf den Austausch real vorhandener Werbeflächen strenger als die Empfehlung.

Art. 28 FsÜ erlaubt den Vertragsstaaten, strengere oder ausführlichere Bestimmungen für die ihrem Hoheitsbereich unterliegenden Rundfunkveranstalter vorzuschreiben. Da die rundfunkstaatsvertragliche Vorschrift im Vergleich zur Empfehlung die strengere Variante ist, ist sie in Verbindung mit der Empfehlung des Standing Committee eine zulässige Abweichung von den Bestimmungen des FsÜ.

---

713 Ipsen, Völkerrecht, 4. Auflage, S. 115, Rn. 2.

714 Zum Aspekt der Mehrheitsentscheidung siehe Ipsen, Völkerrecht, 4. Auflage, S. 115, Rn. 3.

715 Siehe dazu 3. Kapitel Ziff. I.2.a.

(2) Split-Screening

Auch im Hinblick auf Split-Screening fehlt eine spezielle vertragliche Regelung im FsÜ, so daß die Vereinbarkeit von § 7 Abs. 4 RStV von der Auslegung des Trennungsgebotes des FsÜ abhängt. Die Teilung des Bildschirms in optischer Hinsicht stellt weder im deutschen noch im Gemeinschaftsrecht eine Verletzung des Trennungsgrundsatzes dar. Es gibt keine Anhaltspunkte, das Trennungsgebot des FsÜ abweichend auszulegen. Die liberale Haltung des Standing Committee zur virtuellen Werbung bestärkt vielmehr die Ansicht, daß der Trennungsgrundsatz im Hinblick auf Split-Screening ebenfalls großzügig auszulegen ist, so daß nicht davon ausgegangen werden kann, daß das Trennungsgebot des FsÜ eine zeitliche Trennung von Werbung und Programm fordert. Auch die Regelung in § 7 Abs. 4 RStV kollidiert daher nicht mit den Werberegeln des Europäischen Übereinkommens über das grenzüberschreitende Fernsehen.

2. Die Europäische Konvention der Menschenrechte (EMRK)

a. Bedeutung der EMRK

Die Europäische Menschenrechtskonvention ist im Jahr 1950 von den Mitgliedstaaten des Europarates verabschiedet worden. Sie ist ein wichtiges völkerrechtliches Instrument zur Durchsetzung der Menschenrechte und zeichnet sich durch die Möglichkeit der Individualbeschwerde beim Europäischen Gerichtshof für Menschenrechte (EGMR) aus. Nach dem 11. Protokoll zur EMRK ist nur noch der ständige Gerichtshof für Menschenrechte (und nicht mehr die Kommission für Menschenrechte als vorgeschaltete Instanz) für die Entscheidungen über Menschenrechtsbeschwerden zuständig[716]. Obwohl die EG selbst nicht Vertragsstaat der EMRK ist, wird ihr Grundrechtskatalog vom EuGH bei der Rechtsfindung der in der EG geltenden Grundrechte neben den allgemeinen Rechtsgrundsätzen und dem gemeinsamen Gehalt der nationalen Verfassungsordnungen herangezogen[717]. Somit spielt die EMRK eine doppelte Rolle: zum einen gewährt sie dem einzelnen die Möglichkeit, gegen ungerechtfertigte Eingriffe unmittelbar vorzugehen, zum andern haben die Organe der EG die Grundrechte der EMRK bei der Rechtssetzung zu beachten. In der Bundesrepublik hat die EMRK den Rang eines einfachen Bundesgesetzes[718].

b. Fernsehwerbung im Schutzbereich von Art. 10 EMRK

Die Zulässigkeit der deutschen Regelungen zur virtuellen Werbung und zum Split-Screening mißt sich an ihrer Vereinbarkeit mit der Meinungs-, Informations- und Rundfunkfreiheit.

---

[716] Unterzeichnet am 11.5.1994, abgedr. in EuGRZ 1994, 323 ff.; vgl. Callies, AfP 2000, S. 248 ff. (249).
[717] Bleckmann, Europarecht, 6. Aufl., Rn. 102.
[718] Astheimer, Rundfunkfreiheit – ein europäisches Grundrecht, S. 31.

Art. 10 EMRK garantiert das Recht auf freie Meinungsbildung, Meinungsäußerung und Information[719]. Die Pressefreiheit wird nicht ausdrücklich erwähnt, ist jedoch als Bestandteil der Meinungsäußerungsfreiheit ebenfalls erfaßt[720]. Die Gewährleistung der Rundfunkfreiheit, ergibt sich indirekt aus Art. 10 Abs. 1 S. 3 EMRK, wonach die Vertragsstaaten für Unternehmen von Rundfunk, Fernsehen und Film Genehmigungsverfahren einführen können. Die Entscheidungen zur Rundfunkfreiheit betrafen bisher vor allem staatliche Rundfunkmonopole[721].

Nach der Rechtsprechung des EGMR fällt Werbung in den Schutzbereich der Meinungsäußerungsfreiheit nach Art. 10 Abs. 1 S. 1 EMRK[722]. Ob die reine Wirtschaftswerbung strengeren Einschränkungen als der Ausdruck politischer Ideen unterworfen werden kann, ist umstritten. Die Kommission für Menschenrechte[723] ist der Auffassung, daß wirtschaftliche Werbeäußerungen zwar von Art. 10 EMRK geschützt sind, aber stärkeren Einschränkungen unterliegen als politische Meinungsäußerungen[724]. Dagegen wendet sich *Friauf*, der zurecht darauf hinweist, daß der Schutz der Meinungsäußerung gerade nicht von deren Inhalt abhängig gemacht werden darf[725]. Der EGMR hat in dem Fall „markt intern" bestätigt, daß auch Wirtschaftswerbung von dem Schutz des Art. 10 EMRK umfaßt ist[726]. In dem Fall „Groppera" hat der EMGM zudem betont, daß der Inhalt der Werbeprogramme unerheblich für den Schutz durch Art. 10 EMRK sei[727].

Die *Rundfunk*werbung genießt gleichzeitig den Schutz der Rundfunkfreiheit nach Art. 10 Abs. 1 S. 3 EMRK, da es nicht auf den Inhalt der jeweiligen Sendung ankommt[728]. Anders als im deutschen Verfassungsrecht wird in der Dogmatik zur Rundfunkfreiheit nach Art. 10 EMRK nicht zwischen Ausgestaltungs- und Eingriffsgesetzen unterschieden[729]. In einem älteren Fall wurde eine Verbot politischer Werbung im Rundfunk von der Kommission für konventionsgemäß erachtet[730]. Die Kommission vertrat die Auffassung, daß Art. 10 Abs. 1 S. 3 EMRK die Grundlage für eine solche Beschränkung sein könne. Heute besteht dagegen Einigkeit, daß Werbebeschränkungen sich an Art. 10 Abs. 2 EMRK messen lassen

---

[719] Frowein/Peukert-Frowein, EMRK, 2. Aufl., Art. 10 Rn. 3 ff.; Villinger, EMRK, 2. Aufl., Art. 10, Rn. 604.

[720] Frowein/Peukert-Frowein, EMRK, 2. Aufl., Art. 10 Rn. 15.

[721] Frowein/Peukert-Frowein, EMRK, 2. Aufl., Art. 10 Rn. 18.

[722] EGMR, EuGRZ 1985, S. 170 ff. -„Barthold"-, EGMR, EuGRZ 1996, S. 302 ff. -„Markt intern"-, EGMR, HRLJ 1994, S. 184 ff. -„Casado Cola"-, Friauf in: Europafernsehen und Werbung, S. 34.

[723] Die Kommission für Menschenrechte wurde inzwischen durch das 11. Zusatzprotokoll zur EMRK, abgedruckt in EuGRZ 1994, S. 323 ff, abgeschafft. Seit dem ist nur der ständige Gerichtshof für Menschenrechte für die Entscheidung über Menschenrechtsbeschwerden zuständig.

[724] Vgl. Frowein, in: Frowein/Peukert, EMRK-Kommentar, 2. Aufl. 1996, Art. 10, Rn. 9; Callies, AfP 2000, S. 248 ff. (249).

[725] Friauf in: Europafernsehen und Werbung, S. 35.

[726] EuGRZ 1996, S. 302 ff.

[727] EuGRZ 1990, S. 255 ff. (256).

[728] Vgl. Villinger, EMRK, 2. Aufl., Art. 10, Rn. 626; Engel, Privater Rundfunk vor der EMRK, S. 404; Probst, Art. 10 EMRK, S. 41.

[729] Astheimer, RuF 1991, S. 120 f. (120).

[730] Frowein/Peukert-Frowein, EMRK, 2. Aufl., Art. 10 Rn. 20.

müssen[731]. Ein Verbot kommerzieller Werbung im lokalen Rundfunk hat die Kommission unter Hinweis auf die Einschränkungsmöglichkeiten des Art. 10 Abs. 2 EMRK als konventionsgemäß erachtet[732].

c. Die Vereinbarkeit von § 7 Abs. 6 S. 2 und § 7 Abs. 4 RStV mit der EMRK

(1) Virtuelle Werbung

Da die Rundfunkwerbung von Art. 10 Abs. 1 EMRK geschützt ist, können den Rundfunkveranstaltern nur unter den Voraussetzungen des Art. 10 Abs. 2 EMRK, insbesondere zum Schutz der Rechte anderer, Werbebeschränkungen auferlegt werden[733]. Zwar ist fraglich, ob in der Regelung zur virtuellen Werbung überhaupt ein *Eingriff* in Art. 10 Abs. 1 EMRK gesehen werden kann, da diese Regelung die deutschen Rundfunkveranstalter in erster Linie begünstigt, indem eine zuvor unzulässige Werbeform erlaubt wird. Andererseits darf virtuelle Werbung nur in bestimmten Umfang und mit einer Kennzeichnung ausgestrahlt werden und muß im Zusammenhang mit dem Trennungs- und Kennzeichnungsgebot gesehen werden. Das Trennungsgebot könnte eine bestimmte, im Gesetz vorgesehene Einschränkung zum Schutz der Rechte anderer darstellen. Unter den Schutz der Rechte anderer fällt der Schutz der Zuschauer vor einer Verwechslung von Werbung und Programmelementen und damit einer Irreführung[734].

Das Trennungsgebot ist zur Erreichung dieses Ziels mit Hilfe der Kennzeichnungspflicht geeignet. Die Kennzeichnungspflicht ist als mildestes denkbares Mittel zur Vermeidung einer Irreführung (in der Dogmatik der EMRK gesprochen) auch notwendig. Dasselbe gilt für das Schleichwerbeverbot[735]. Soweit die Regelung in § 7 Abs. 6 S. 2 RStV einschränkende Elemente enthält, sind diese, wie das Trennungsgebot und das Schleichwerbeverbot notwendig, um einen angemessenen Schutz der Zuschauer zu erreichen[736].

(2) Split-Screening

Die Regelung zum geteilten Bildschirm ist eine klarstellende Regelung zum Trennungsgebot und bringt insofern keinen weiteren Eingriff mit sich als das Trennungsgebot und die Werbezeitbeschränkungen und ist daher mit Art. 10 Abs. 2 EMRK vereinbar.

---

[731] Vgl. Frowein/Peukert-Frowein, EMRK, 2. Aufl., Art. 10 Rn. 20; Probst, Art. 10 EMRK, S. 42; Friauf in: Europafernsehen und Werbung, S. 44; Astheimer, RuF 1991, S. 120 f. (121).

[732] EKMR, EuGRZ 1994, S. 554 ff.

[733] Vgl. zur Einschränkung zum Schutz der Rechte anderer Astheimer, RuF 1991, S. 120 f. (121).

[734] Engel, Privater Rundfunk vor der EMRK, S. 412; Probst, Art. 10 EMRK, S. 68; EGMR, EuGRZ 1985, S. 170 ff. (Barthold).

[735] Vgl. Engel, Privater Rundfunk vor der Europäischen Menschenrechtskonvention, S. 412.

[736] Hinsichtlich der Bedenken an der Geeignetheit des Kriteriums der „am Ort der Übertragung ohnehin bestehende Werbung“ kann auf die Ausführungen im 3. Kapitel zur verfassungsrechtlichen Zulässigkeit verwiesen werden, vgl. 3. Kapitel Ziff. I.2.d. (1) cc.

III. Zusammenfassung

Die EG-Fernsehrichtlinie als Instrument der Rundfunkregulierung in der Europäischen Gemeinschaft enthält keine Aussagen zur virtuellen Werbung oder zum Split-Screening. Dagegen enthält sie mit dem RStV nahezu gleichlautende Bestimmungen zur Trennung von Werbung und Programm sowie zur Schleichwerbung. Die Richtlinie ermöglicht unter bestimmten Voraussetzungen Abweichungen von den Mindeststandards im nationalen Recht. Hintergrund der Fernsehrichtlinie ist die Schaffung gleicher Wettbewerbsbedingungen im Binnenmarkt, die durch die Errichtung von Mindeststandards erreicht werden sollen. Daher darf der RStV grundsätzlich keine großzügigeren Werbebeschränkungen enthalten. Die Abweichungsvoraussetzungen sind hinsichtlich der Regelung in § 7 Abs. 4 RStV, nicht aber der Regelung in § 7 Abs. 6 S. 2 RStV gegeben. § 7 Abs. 6 S. 2 RStV ist somit nicht mit der Fernsehrichtlinie vereinbar. Die Unvereinbarkeit hat die Unanwendbarkeit der nationalen Regelung zur Folge. Die Regelung zum Split-Screening in § 7 Abs. 4 RStV weicht dagegen inhaltlich nicht von den Richtlinienbestimmungen ab. Sie ist als ausführlichere Regelung gem. Art. 3 Abs. 1 RL zulässig und somit mit der Fernseh-RL vereinbar.

Eine Bestimmung des nationalen Rechts, die eine in der Richtlinie nicht vorgesehene Ausnahme von dem Grundsatz der Trennung von Werbung und Programm macht, stellt die ihrer Rechtshoheit unterliegenden Veranstalter gegenüber Veranstaltern aus anderen Mitgliedstaaten besser. Da somit keine Inländerdiskriminierung vorliegt, kommen die § 7 Abs. 6 S. 2 und § 7 Abs. 4 RStV nicht mit den Grundfreiheiten in Konflikt.

Die Kollision des § 7 Abs. 6 S. 2 RStV mit dem Trennungsgebot der Fernsehrichtlinie zeigt das Bedürfnis nach einer Harmonisierung der Bestimmungen zur virtuellen Werbung auf. Ein nationaler Alleingang ist wenig sinnvoll, da gerade die virtuelle Werbung besonders für die grenzüberschreitende werbliche Kommunikation geeignet ist. Eine wirksame Liberalisierung kann nur auf europäischer Ebene stattfinden[737].

Das Europäische Übereinkommen für das grenzüberschreitende Fernsehen enthält ebenfalls keine Bestimmungen zur virtuellen Werbung oder zum Split-Screening. Trennungsgebot und Schleichwerbeverbot sind dagegen ebenfalls ausdrücklich geregelt. Das nach dem FsÜ eingerichtete Standing Committee hat eine Empfehlung hinsichtlich des Umgangs mit virtueller Werbung verabschiedet, wonach virtuelle Werbung grundsätzlich zulässig ist. Virtuelle Werbung kollidiert daher nicht mit dem Trennungsgebot des FsÜ. Die Empfehlung ist im Vergleich mit § 7 Abs. 6 S. 2 RStV großzügiger, so daß § 7 Abs. 6 S. 2 RStV als die strengere Regelung nach dem FsÜ zulässig ist. § 7 Abs. 6 S. 2 und § 7 Abs. 4 RStV sind mit der in Art. 10 Abs. 1 der EMRK garantierten Rundfunkfreiheit als Regelungen zum Schutz der Zuschauer vor irreführender Werbung vereinbar.

---

[737] Vgl. Kopp K&R 1998, S. 512 ff. (517); Schaar, ZUM 1998, S. 896 ff. (869).

5. Kapitel: Wettbewerbsrechtliche Aspekte von virtueller Werbung und Split-Screening

In den vorangegangenen Kapiteln wurden die rundfunk- und europarechtlichen Aspekte von virtueller Werbung und Split-Screening behandelt. Im folgenden Kapitel sollen die wettbewerbsrechtlichen Probleme im Zusammenhang mit virtueller Werbung und Split-Screening beleuchtet werden. Dabei geht es um die Frage, ob diese Werbeformen und die neuen rundfunkstaatsvertraglichen Regelungen in § 7 Abs. 6 S. 2 und § 7 Abs. 4 RStV mit den wettbewerbsrechtlichen Anforderungen an die Werbetätigkeit in Einklang stehen. Hier kommt in erster Linie ein Verstoß gegen § 1 UWG unter den Gesichtspunkten der Tarnung von Werbemaßnahmen, der Belästigung und des Vorsprungs durch Rechtsbruch in Betracht.

I. Wettbewerbsrechtliche Schranken für virtuelle Werbung und Split-Screening

1. Verhältnis des Wettbewerbsrechts zum Rundfunkstaatsvertrag

In der Praxis des Rundfunkwerberechts spielt das Wettbewerbsrecht eine nicht unbedeutende Rolle, weil die Rundfunkveranstalter die Werbemethoden ihrer jeweiligen Konkurrenten stets argwöhnisch beobachten, so daß eine Vielzahl der Auseinandersetzungen über die Zulässigkeit von Werbeformen nicht in verwaltungsrechtlichen, sondern in wettbewerbsrechtlichen Verfahren geführt werden[738]. Zu beobachten ist, daß vor allem die privaten Rundfunkveranstalter gegen bestimmte Werbemethoden der öffentlich-rechtlichen Rundfunkanstalten vorgehen, während Streitigkeiten unter Privatsendern die Ausnahme sind[739].

Das Wettbewerbsrecht stellt bestimmte Anforderungen an jegliche Form der Werbung, unabhängig von ihrer Verbreitungsart. Teilweise überschneiden sich rundfunkrechtliche und wettbewerbsrechtliche Anforderungen an die Werbung, teilweise weichen sie voneinander ab. Bei unterschiedlich strengen Regelungen stellt sich die Frage nach dem Verhältnis zwischen diesen Rechtsmaterien. Der RStV ist als Staatsvertrag der Länder dem Landesrecht zuzuordnen, das UWG dagegen dem Bundesrecht[740].

Nach der Kollisionsregel des Art. 31 GG geht das Bundesrecht dem Landesrecht vor. Dies gilt allerdings nur, soweit das Bundesrecht eine abschließende Regelung enthält[741]. Das UWG verbietet zwar bestimmte Verhaltensweisen, regelt die im Geschäftsverkehr unzulässigen Handlungen jedoch nicht erschöpfend[742]. Eine

---

[738] Die Landesmedienanstalten bevorzugen in der Regel informelle Lösungswege, weshalb es nur in Einzelfällen zu verwaltungsgerichtlichen Verfahren kommt, vgl. Engels, RuF 1997, S. 214 ff. (225).

[739] Vgl. Engels, RuF 1997, S. 214 ff. (225).

[740] Dem Bund steht nach Art. 74 Nr. 11 GG die (konkurrierende) Gesetzgebungskompetenz für das Wettbewerbsrecht zu.

[741] Maunz in: Maunz/Dürig/Herzog, GG-Kommentar, Art. 31 Rn. 13.

[742] Köhler, Rundfunkwerberecht, S. 53; Herlemann, Hörfunk- und Fernsehwerbung in den Mitgliedstaaten der Europäischen Gemeinschaft, S. 53.

rundfunkrechtliche Norm, die strenger als die wettbewerbsrechtlichen Vorschriften ist (z.B. das Kennzeichnungsgebot für Werbung), hat daher neben dem UWG Bestand und kann trotz des Vorrangs des Bundesrechts angewendet werden[743]. Ist dagegen das Wettbewerbsrecht strenger, verdrängt dieses nach Art. 31 GG die mildere landesrechtliche Regelung[744]. Den Rundfunkveranstaltern soll aufgrund milderer landesrechtlicher Regelungen kein Wettbewerbsvorteil verschafft werden[745]. Das heißt, eine *strengere* wettbewerbsrechtliche Regelung käme trotz Vorhandenseins einer rundfunkspezifischen Regelung zur Anwendung.

2. Allgemeine Voraussetzungen wettbewerbsrechtlicher Ansprüche

a. Probleme der Anwendbarkeit des UWG im Rundfunkbereich

Da das Wettbewerbsrecht dem Privatrecht zuzuordnen ist, wird vielfach die Frage diskutiert, ob die öffentlich-rechtlichen Rundfunkanstalten dem Wettbewerbsrecht überhaupt unterworfen sind. Auf private Rundfunkveranstalter als juristische Personen des Privatrechts und Teilnehmer am Wirtschaftsleben ist das Wettbewerbsrecht ohne weiteres anwendbar[746]. Die Prüfung der Anwendbarkeit des Wettbewerbsrechts auf die öffentlich-rechtlichen Rundfunkanstalten ist letztlich gleichbedeutend mit der Frage nach dem Rechtsweg für wettbewerbsrechtliche Streitigkeiten der öffentlich-rechtlichen Rundfunkanstalten[747]. Die Zivilgerichte haben UWG-Klagen mit Beteiligung der öffentlich-rechtlichen Rundfunkanstalten stets als bürgerliche Streitigkeiten und damit den Zivilrechtsweg als eröffnet angesehen[748]. Die herrschende Meinung in der Literatur ist ebenfalls der Ansicht, daß die öffentlich-rechtlichen Rundfunkanstalten den UWG-Vorschriften unterliegen, da sie zumindest im Hinblick auf ihre Werbetätigkeit am allgemeinen Wirtschaftsleben teilnehmen[749].

b. Handeln im geschäftlichen Verkehr

Die beiden Generalklauseln §§ 1, 3 UWG setzen ein Handeln *im geschäftlichen Verkehr* voraus[750]. Dieses Kriterium wird von der Rechtsprechung weit ausgelegt und umfaßt somit jede der Förderung eines Geschäftszwecks dienende Tätigkeit,

[743] Köhler, Rundfunkwerberecht, S. 53; Herlemann, Hörfunk- und Fernsehwerbung in den Mitgliedstaaten der Europäischen Gemeinschaft, S. 17.
[744] Köhler, Rundfunkwerberecht, S. 53.
[745] Herlemann, Hörfunk- und Fernsehwerbung in den Mitgliedstaaten der Europäischen Gemeinschaft, S. 17; Sack, WRP 1990, S. 791 ff. (804).
[746] Vgl. Scherer, Product Placement, S. 36.
[747] Vgl. Bork, Werbung im Programm, S. 40.
[748] Vgl. Bork, Werbung im Programm, S. 36; so schon OLG München, NJW 1958, S. 1298 ff. (1299) zu einer wettbewerbsrechtlichen Klage des Bundesverbandes der deutschen Zeitungsverleger gegen den Bayerischen Rundfunk; vgl. auch OLG Frankfurt, ZUM 1993, S. 92 ff -„Ereignis-Sponsorwerbung“-; BGH, ZUM 1990, S. 291 ff. -„Wer erschoß Boro“-.
[749] Zu den Einzelheiten siehe Scherer, Product Placement, S. 38; Bork, Werbung im Programm, S. 40; Köhler, Rundfunkwerberecht, S. 170; Dörfler, Product Placement, S. 75; Wellan, Die Auswirkungen der Harmonisierung durch die Fernsehrichtlinie, S. 16.
[750] Scherer, Product Placement, S. 46.

die nicht rein hoheitlicher oder privater Natur ist[751]. Im geschäftlichen Verkehr handelt somit jede Person, die bei der Teilnahme am Erwerbsleben mit der Außenwelt in geschäftlichen Kontakt tritt[752].

Die Rundfunkanstalten treten im Hinblick auf die Vermarktung von Werbezeiten, die der Erzielung von Einnahmen dient, als Anbieter und Nachfrager am Werbemarkt auf[753]. Die Ausstrahlung von Werbung im Fernsehen spricht darüber hinaus die Zuschauer als potentielle Kunden an und hat daher ebenfalls wettbewerbsrechtliche Relevanz[754]. Die Handlungen der Rundfunkveranstalter im Zusammenhang mit der Vermarktung von Werbezeiten und der Ausstrahlung von Werbesendungen sind daher dem geschäftlichen Verkehr zuzurechnen[755]. Das gilt nach dem oben Gesagten auch für die öffentlich-rechtlichen Rundfunkanstalten.

c. Handeln zu Zwecken des Wettbewerbs

(1) Objektive Förderungswirkung

Die in Frage stehende Handlung muß geeignet sein, die Marktchancen zugunsten einer Person und zum Nachteil einer anderen Person zu fördern[756]. Dabei ist unerheblich, ob es dabei um die Förderung eigener oder fremder wirtschaftlicher Interessen geht[757]. Werbung im Fernsehen ist generell objektiv geeignet, den Wettbewerb der Hersteller und somit *fremden* Wettbewerb zu fördern[758]. Gleichzeitig fördern bestimmte Werbemaßnahmen den Wettbewerb der Rundfunkveranstalter auf dem Werbemarkt und damit den *eigenen* Wettbewerb[759].

(2) Bestehen eines Wettbewerbsverhältnisses

Das Wettbewerbsrecht schützt vor stilwidrigem oder irreführendem Verhalten eines *Konkurrenten*. Die beanstandete Handlung muß wettbewerbsbezogen sein[760]. Voraussetzung dafür ist, daß zwischen dem geförderten und dem benachteiligten Unternehmen ein konkretes *Wettbewerbsverhältnis* besteht[761]. Maßgeblich für die Annahme eines Wettbewerbsverhältnisses ist, ob sich Waren oder Dienstleistungen gegenüber stehen, die einander nach der Verkehrsauffassung im

---

[751] Baumbach/Hefermehl, Wettbewerbsrecht, 22. Aufl., Einl. UWG Rn. 208; Scherer, Product Placement, S. 46.
[752] Scherer, Product Placement, S. 46.
[753] Köhler, Rundfunkwerberecht, S. 177.
[754] Bork, Werbung im Programm, S. 43.
[755] Wellan, Die Auswirkungen der Harmonisierung durch die Fernsehrichtlinie, S. 16; Dörfler, Product Placement, S. 76; Bork, Werbung im Programm, S. 43; Köhler, Rundfunkwerberecht, S. 177.
[756] Scherer, Product Placement, S. 49.
[757] Baumbach/Hefermehl, Wettbewerbsrecht, 22. Aufl., Einl. UWG, Rn. 215.
[758] Bork, Werbung im Programm, S. 45.
[759] Bork, Werbung im Programm, S. 47.
[760] Scherer, Product Placement, S. 48.
[761] Baumbach/Hefermehl, Wettbewerbsrecht, 22. Aufl., Einl. UWG, Rn. 216.

Absatz behindern können[762]. Ein mittelbares Wettbewerbsverhältnis zwischen Gewerbetreibenden verschiedener Wirtschaftsstufen ist ausreichend[763].

Die Rundfunkveranstalter konkurrieren auf dem Zuschauer- und Werbemarkt und stehen daher in einem konkreten Wettbewerbsverhältnis zueinander[764]. Auch zwischen Rundfunkveranstaltern und anderen Medien kann ein Wettbewerbsverhältnis angenommen werden. Die Rechtsprechung nimmt z.B. zwischen Rundfunk und Presse als Nachrichtenübermittler und als Träger von Werbemitteln ein Wettbewerbsverhältnis an, ebenso zwischen Film und Fernsehen in Bezug auf Unterhaltung und Information der Zuschauer oder zwischen einem gewerblichen Veranstalter von künstlerischen Leistungen und einer Rundfunkanstalt[765]. Zwischen den Fernsehveranstaltern und den werbetreibenden Unternehmen besteht im Hinblick auf die Ausstrahlung von Werbung ein mittelbares Wettbewerbsverhältnis[766].

(3) Die subjektive Förderungseignung

Schließlich setzt die wettbewerbsrechtliche Inanspruchnahme eines Fernsehveranstalters subjektiv dessen *Absicht* voraus, den eigenen oder fremden Wettbewerb zu fördern[767]. Diese Absicht muß zwar nicht das alleinige Handlungsmotiv sein, es darf aber nicht völlig hinter anderen Beweggründen zurücktreten[768]. Bei einer *objektiv* wettbewerbsfördernden Handlung wird nach der h.M. das Vorliegen dieser Absicht grundsätzlich vermutet[769]. Bei Werbespots im Fernsehen liegt die Wettbewerbsförderungsabsicht auf der Hand. Schwieriger ist die Feststellung der Wettbewerbsförderungsabsicht bei Werbeformen, die mit dem Programm eng verknüpft sind. Bestimmte (objektiv) werbewirksame Darstellungen können aus redaktionellen oder dramaturgischen Gründen notwendig sein (beispielsweise ein Bericht über ein Unternehmen mit einer innovativen Idee oder die Einbindung bestimmter Markenprodukte in Spielfilme).

Aufgrund der den Rundfunkveranstaltern zustehenden verfassungsrechtlichen Programmgestaltungsfreiheit darf nicht ohne weiteres von einer objektiven Werbewirkung auf das Vorliegen einer Werbe*absicht* geschlossen werden[770]. Vielmehr muß diese in jedem Einzelfall nachgewiesen werden. Ein Entgelt oder eine sonstige Gegenleistung, die Intensität der Werbewirkung oder eine fehlende redaktionelle oder dramaturgische Begründbarkeit der Werbewirkung können die

---

[762] Scherer, Product Placement, S. 46.
[763] Scherer, Product Placement, S. 50.
[764] Bork, Werbung im Programm, S. 45; Dörfler, Product Placement, S. 80.
[765] Nachweise bei Baumbach/Hefermehl, Wettbewerbsrecht, 22. Aufl., Einl. UWG Rn. 222.
[766] Wellan, Die Auswirkungen der Harmonisierung durch die Fernsehrichtlinie, S. 17.
[767] Baumbach/Hefermehl, Wettbewerbsrecht, 22. Aufl., Einl. UWG Rn. 232.
[768] Scherer, Product Placement, S. 50.
[769] Baumbach/Hefermehl, Wettbewerbsrecht, 22. Aufl., Einl. UWG Rn. 235; Henning-Bodewig, GRUR Int. 1991, S. 858 ff. (862).
[770] Wellan, Die Auswirkungen der Harmonisierung durch die Fernsehrichtlinie, S. 18; Bork, Werbung im Programm, S. 50; BGH GRUR 1968, S. 314 ff. (316), -„fix und clever"-

Wettbewerbsabsicht des Rundfunkveranstalters indizieren[771]. Bei der Split-Screen-Werbung sowie bei virtueller Werbung, die auf Veranlassung eines Rundfunkveranstalters eingesetzt wird, ist eine Wettbewerbsförderungsabsicht zu bejahen, da die Rundfunkveranstalter zumindest den Wettbewerb des werbetreibenden Unternehmens fördern wollen.

3. Sittenwidrige Wettbewerbshandlungen nach § 1 UWG

a. Fallgruppen der Sittenwidrigkeit

Nach § 1 UWG kann derjenige, der im geschäftlichen Verkehr zu Zwecken des Wettbewerbs sittenwidrig handelt, auf Unterlassung und Schadensersatz in Anspruch genommen werden. Die Generalklausel in § 1 UWG dient als Auffangklausel, ist aber auch neben spezielleren Tatbeständen des UWG, wie § 3 UWG, anwendbar[772].

Die Sittenwidrigkeit einer wettbewerbsrelevanten Handlung bestimmt sich nach dem Anstandsgefühl der redlichen und verständigen Mitbewerber und der übrigen Verkehrskreise[773]. In Literatur und Rechtsprechung sind wegen des umfangreichen Anwendungsbereichs des § 1 UWG Fallgruppen entwickelt worden, mit denen die sittenwidrigen Handlungen kategorisiert werden. In Anlehnung an *Hefermehl* lassen sich fünf Fallgruppen unterscheiden: Kundenfang, Behinderung, Ausbeutung, Vorsprung durch Rechtsbruch und Marktstörung, die jeweils eine Reihe von Untergruppen haben[774].

Bei der wettbewerbsrechtlichen Beurteilung von virtueller Werbung und Split-Screening ist zwischen dem *Inhalt* der Werbung und der *Art ihrer Einfügung* in das übrige Programm zu unterscheiden. Die Zulässigkeit des Inhalts der Werbeaussagen richtet sich – wie bei anderen Werbeformen auch – nach den allgemeinen wettbewerbsrechtlichen Grenzen[775]. Die besondere Problematik der virtuellen Werbung und des Split-Screening liegt in der Vermischung von Werbung und Programm, so daß es darum geht, ob das Wettbewerbsrecht diesen Werbeformen im Hinblick auf die Art der Einfügung Grenzen setzt. Dabei kommt vor allem das wettbewerbsrechtliche Verbot der Tarnung von Werbemaßnahmen, die sittenwidrige Belästigung sowie die Verletzung wettbewerbsbezogener Normen in Betracht[776]. Das Verbot der Tarnung von Werbung sowie die Belästigung gehören zur Fallgruppe des „Kundenfangs“, die Verletzung wettbewerbsbezogener Normen gehört zur Fallgruppe „Vorsprung durch Rechtsbruch“.

---

771 Wellan, Die Auswirkungen der Harmonisierung durch die Fernsehrichtlinie, S. 18; Bork, Werbung im Programm, S. 54 f.

772 Baumbach/Hefermehl, Wettbewerbsrecht, 22. Aufl., § 1 UWG Rn. 1. Auf § 3 UWG wird im Anschluß eingegangen.

773 Reese, Grenzüberschreitende Werbung, S. 190.

774 Baumbach/Hefermehl, Wettbewerbsrecht, 22. Aufl., Einl. UWG Rn. 160. Es handelt sich um ein "offenes System", das vor allem der Übersichtlichkeit dient und bei dem Überschneidungen möglich sind, vgl. Bork, Werbung im Programm, S. 62 f.

775 Siehe dazu Hartstein u.a., Rundfunkstaatsvertrag, § 7 Rn. 80 ff. Dazu gehören z.B. die Regelungen zur vergleichenden Werbung, zu Preisausschreiben oder die Zugabeverordnung.

776 Vgl. Bork, Werbung im Programm, S. 63 (für Werbung im Programm im allgemeinen).

b. Verbot der Tarnung von Werbemaßnahmen

Obwohl das UWG nicht vorrangig ein Verbraucherschutzgesetz ist, schließen die guten Sitten des Wettbewerbs den Schutz der Interessen der Verbraucher mit ein[777]. Verboten sind Wettbewerbshandlungen, die die Gefahr begründen, daß sie eine falsche Vorstellung beim Verbraucher hervorrufen und damit das Publikum täuschen[778]. Dazu zählt auch die sogenannte getarnte Werbung. Das sind Werbemaßnahmen, die nicht mit „offenem Visier" antreten, dem Verbraucher als solche nicht erkennbar sind und denen er deswegen nicht mit der sonst gegenüber Werbung als einseitiger Selbstanpreisung eingenommenen kritischen Haltung begegnet. Der dadurch ermöglichte verstärkte Einfluß auf (Kauf-)Entscheidungen des Verbrauchers wird allgemein als sittenwidrig angesehen[779]. Der Täuschungstatbestand ist erfüllt, wenn ein nicht unbeträchtlicher Teil der Fernsehzuschauer den Werbecharakter einer Werbemaßnahme nicht durchschaut[780]. Nach der neueren Rechtsprechung des BGH kommt es dabei auf den durchschnittlich informierten und „verständigen" Durchschnittsrezipienten an[781].

Das Verbot der getarnten Werbung ist in Presse und Fernsehen vor allem im Hinblick auf redaktionell gestaltete Werbung von Bedeutung. Für den Bereich der Presse hat die Rechtsprechung die Sittenwidrigkeit redaktionell gestalteter Werbung anerkannt, wenn solche Beiträge nicht ohne weiteres als Werbung erkennbar sind[782]. Auch im Bereich des Fernsehens hat der BGH bestimmte Formen der Werbung als sittenwidrige Tarnung angesehen, wobei ein sehr strenger Maßstab angelegt wird.

In der „Boro"-Entscheidung des BGH aus dem Jahr 1990[783] war Gegenstand des Verfahrens der werbliche Hinweis auf ein Buch, der im Anschluß an ein Kriminal-Fernsehspiel mit dem Titel „Wer erschoß Boro?" im ZDF ausgestrahlt wurde. Die Lektüre dieses Buches sollte den Leser an die Lösung des Falles heranführen. Im ZDF wurde weiterhin angekündigt, daß unter den Einsendern einer richtigen Lösung Geldpreise verlost würden. Der Buchverlag hatte die Produktion dieses Fernsehspiels finanziell im Rahmen einer Kooperationsvereinbarung („Medienverbund") mit dem ZDF unterstützt. Der BGH fand den Werbecharakter des Hinweises zwar deutlich, den Zuschauern sei jedoch nicht erkennbar gewesen, daß das ZDF in Wettbewerbsförderungsabsicht zugunsten eines anderen Unternehmens gehandelt habe. Darin sah der BGH eine wettbewerbsrechtlich unzulässige Verbrauchertäuschung. Selbst, wenn der Werbecharakter einer Pro-

---

777 Bork, Werbung im Programm, S. 63.

778 Baumbach/Hefermehl, Wettbewerbsrecht, 22. Aufl., § 1 UWG Rn. 5; Bork, Werbung im Programm, S. 63; Wellan, Die Auswirkungen der Harmonisierung durch die Fernsehrichtlinie, S. 19.

779 Ständige Rechtsprechung, z.B. BGH, GRUR 1994, S. 819 ff. –„Produktinformation II"-; BGHZ 81 (247 ff.) -„Getarnte Werbung I"-; Henning-Bodewig, GRUR Int. 1987, S. 538 ff. (859).

780 Bork, Werbung im Programm, S. 65.

781 BGH WRP 2000, S. 517 ff. (520)-„Orient-Teppichmuster"-.

782 BGH, ZUM 1990, S. 291 ff.-„Wer erschoß Boro"-.

783 BGH, ZUM 1990, S. 291 ff.-„Wer erschoß Boro"-; vgl. Henning-Bodewig, GRUR Int. 1987, S. 538 ff.

duktpräsentation offensichtlich ist, kann also nach dem BGH eine verbotene Tarnung vorliegen, wenn die Wettbewerbsförderungsabsicht des Rundfunkveranstalters für eigene oder auch fremde Zwecke nicht ersichtlich wird.

In der Entscheidung zur Kinovorführung des Films „Feuer, Eis und Dynamit" ging es um die wettbewerbsrechtliche Zulässigkeit einer Einbindung von Marken und Werbesymbolen in die Filmhandlung[784]. Die Marken und Produkte mehrerer Unternehmen, die sich an den Produktionskosten dieses Films beteiligt hatten, wurden in objektiv werbewirksamer Weise in die Handlung integriert. Der BGH sah darin eine getarnte Werbung, da die Werbeabsicht durch die Einkleidung in die Handlung verschleiert gewesen sei.

Die sehr strenge Anwendung des Tarnungsverbots wird deutlich anhand der Entscheidung des VG Berlin zu *Fernseh*ausstrahlung desselben Films. Die Landesmedienanstalt hatte die Ausstrahlung des Films als unzulässige Schleichwerbung beanstandet. Das VG sah jedoch den Tatbestand der Schleichwerbung als nicht erfüllt an, da die Darstellung nicht irreführend gewesen sei. Jedem Zuschauer sei vielmehr aufgrund der offenen Art der Markeneinbindung erkennbar gewesen, daß er einer Werbemaßnahme ausgesetzt sei. Irreführend sei eine beiläufige Plazierung von Marken, wenn der Werbecharakter nicht zwingend zutage trete[785].

An dieser Unterscheidung zwischen wettbewerbsrechtlicher und rundfunkrechtlicher Beurteilung wird deutlich, daß das Tarnungsverbot und das Trennungsgebot (bzw. Schleichwerbeverbot) durchaus unterschiedlich ausgelegt werden und dieselbe Werbemaßnahme einmal als irreführend und einmal als nicht irreführend, weil eindeutig erkennbar, beurteilt wird. Vor diesem Hintergrund stellt sich die Frage, ob virtuelle Werbung und Split-Screening als getarnte Werbung und somit als wettbewerbswidrig anzusehen sind.

Bei der herkömmlichen Bandenwerbung wird eine verbotene Tarnung von Werbemaßnahmen durch die Rundfunkveranstalter verneint, weil die Rundfunkveranstalter selbst ohne Wettbewerbsabsicht handeln[786]. Bei virtueller Werbung handelt der Rundfunkveranstalter dagegen mit Wettbewerbsabsicht, da er mit der Werbung zumindest den Wettbewerb des werbetreibenden Unternehmens fördern will.

Den Werbe*zweck* kann dem Zuschauer ohne weiteres erkennen. Wenn der Zuschauer allerdings nicht über die Besonderheiten der virtuellen Werbung informiert ist, wird er davon ausgehen, daß der Rundfunkveranstalter an dieser Form der Werbung nicht beteiligt ist und daher kein Interesse an der Übertragung der entsprechenden Werbebotschaften hat[787]. Der Zuschauer täuscht sich in diesem Fall zwar nicht über den Charakter, wohl aber über die Wettbewerbsabsicht des

---

784 BGH, ZUM 1996, S. 146 ff. (150) -„Feuer, Eis und Dynamit I"-.

785 VG Berlin, ZUM 1999, S. 742 ff. (748).

786 Volpers u.a., Trennung von Werbung und Programm, S. 158. Nur wenn diese Art der Werbung öfter, deutlicher oder größer ins Bild gerückt wird, als dies redaktionell erforderlich ist, ließe dies auf eine Wettbewerbsabsicht des Rundfunkveranstalters schließen, Bork, Werbung im Programm, S. 68.

787 Vgl. Bork, Werbung im Programm, S. 68 f. für die herkömmliche Bandenwerbung.

Rundfunkveranstalters[788]. Das genügt nach der BGH-Rechtsprechung für die Annahme einer „getarnten“ Werbung.

Nach der Neuregelung in § 7 Abs. 6 S. 2 RStV ist auf virtuelle Werbung am Anfang und Ende einer Sendung hinzuweisen, ohne daß die Form des Hinweises genauer vorgegeben wäre[789]. Soweit dieser Hinweis die Zuschauer ausreichend über die Besonderheiten der virtuellen Werbung (und damit indirekt auch über die Wettbewerbsabsicht des Rundfunkveranstalters) aufklärt, ist eine verbotene Tarnung von Werbung zu verneinen. Sollte es dagegen an einem Hinweis, der diese Anforderungen erfüllt, fehlen, läge eine Täuschung vor. Da § 7 Abs. 6 S. 2 RStV eine Kennzeichnung vorschreibt, kommt die Neuregelung nicht mit dem wettbewerbsrechtlichen Tarnungsverbot in Konflikt.

Beim Split-Screening hängt es vom Einzelfall ab, ob der Zuschauer einem Irrtum zu unterliegen droht. Im Normalfall, also Split-Screening im Werbeblock, wie von RTL praktiziert, dürfte kein Irrtum über den Werbecharakter oder die Werbeabsicht des Rundfunkveranstalters eintreten. Dasselbe gilt für die Laufbandwerbung. Soweit die werbliche Information im Laufband als solche gekennzeichnet wird, ist keine Irreführung gegeben. Da die Neuregelung in § 7 Abs. 4 RStV ausdrücklich eine Kennzeichnung vorschreibt, stellt Split-Screening unter den Voraussetzungen des § 7 Abs. 4 RStV keinen Verstoß gegen das Verbot der getarnten Werbung dar.

c. Belästigende Werbung

(1) Tatsächliche Belästigung durch virtuelle Werbung und Split-Screening

Ob virtuelle Werbung und Split-Screening von Rezipienten (in tatsächlicher Hinsicht) überhaupt als belästigend oder aufdringlich empfunden wird, ist mangels aussagekräftiger Zuschauerbefragungen nicht bekannt, so daß darüber nur Vermutungen angestellt werden können.

Virtuelle Werbung, die sich auf den Ersatz der an einem Veranstaltungsort befindlichen Werbeflächen beschränkt, würde dem Zuschauer in einem Umfang Werbung aufnötigen, an den er durch die herkömmliche Sportwerbung gewöhnt ist. Virtuelle Werbung in diesem Umfang wäre also nicht mehr oder weniger belästigend als herkömmliche Sportwerbung. Diese wiederum ist schon aufgrund ihrer jahrelangen Durchsetzung nicht als sittenwidrige Belästigung anzusehen. Virtuelle Werbung, die sich an die Vorgaben des § 7 Abs. 6 S. 2 RStV hält, dürfte daher vom Zuschauer nicht als belästigend empfunden werden. Anders stellt sich dies für virtuelle Werbung außerhalb der Vorgaben des RStV dar. Virtuelle Werbung auf dem Spielfeld oder virtuell eingeblendete bewegliche Elemente könnten als belästigend empfunden werden, da sie vom eigentlichen Geschehen ablenken.

---

[788] Vgl. Bork, Werbung im Programm, S. 68.

[789] Zur Gestaltung des Hinweises siehe 3. Kapitel Ziff. I.2. (3).

Beim Split-Screening im Programm wird dem Zuschauer eine werbliche Information aufgedrängt, indem seine Aufmerksamkeit für die von ihm gewählte Sendung genutzt wird.

Der Bildschirmausschnitt, in dem diese Sendung läuft, wird verkleinert oder überlagert und die Aufmerksamkeit des Zuschauers wird abgelenkt. Insofern ist es naheliegend, daß diese Form der Werbung zumindest von einem nicht unerheblichen Teil der Zuschauer als belästigend empfunden wird.

Anders dürfte es sich dagegen in der anderen Variante des Split-Screening verhalten, bei der der Werbeblock mit einem Fenster ausgestattet wird, in dem das normale Programm weiter verfolgt werden kann. Diese Form des Split-Screening dürfte kaum als Belästigung empfunden werden, weil der Werbeblock ohnehin geschaltet worden wäre und das eingesetzte Programmfenster die Aufmerksamkeit, die der Zuschauer den Werbespots mehr oder minder freiwillig widmet, nicht störend beeinträchtigen, sondern wohl eher als eine Art zusätzlicher Leistung angesehen werden dürfte.

(2) Voraussetzungen einer sittenwidrigen Belästigung

Im Wettbewerbsrecht ist unbestritten, daß eine von der Werbung ausgehende Belästigung bis zu einem gewissen Grade unvermeidbar ist und daher hingenommen werden muß[790]. Allerdings ist eine übermäßige Belästigung sittenwidrig, wenn sie dem Kundenfang dient. Kennzeichnend für die unter dem Stichwort Belästigung zusammengefaßten Fälle sind Situationen, in denen der Verbraucher dem Werbenden nachgibt, weil er der Belästigung zu entgehen trachtet (so in den Fällen des „Anreißens") oder weil der Werbende in die Privatsphäre des Verbrauchers eindringt, innerhalb derer er nicht mit Werbung rechnen muß[791].

Voraussetzung einer sittenwidrigen Belästigung ist eine Zwangssituation, die durch die Art der Ansprache oder durch die Verletzung der Privatsphäre entsteht. Sanktioniert wird das Ausnutzen einer Situation, in der die Abwehrbereitschaft des Verbrauchers herabgesetzt ist und damit die freie Entschließung des Umworbenen ausgeschlossen oder erschwert ist[792]. Das Wettbewerbsrecht soll nicht vor Belästigungen als solchen schützen, sondern vor Verhaltensweisen, die dem Handelnden einen Wettbewerbsvorteil verschaffen, indem er die durch ihn verursachte Belästigung zu seinem Vorteil ausnutzt[793]. Daher darf die Sittenwidrigkeit nicht auf alle Fälle der als unzumutbar empfundenen Belästigung ausgedehnt

[790] Baumbach/Hefermehl, Wettbewerbsrecht, 22. Aufl., § 1 UWG, Rn. 57; Dörfler, Product Placement, S. 116; Sevecke, Wettbewerbsrecht und Kommunikationsrechte, S. 55.

[791] Fikentscher/Möllers, NJW 1998, S. 1337 ff. (1342); Henning-Bodewig, WRP 1992, S. 533 ff. (535).

[792] Vgl. Nordemann, Wettbewerbsrecht, 8. Aufl., Rn. 167 und 173; Henning-Bodewig, WRP 1992, S. 533 ff. (535).

[793] Nordemann, Wettbewerbsrecht, 8. Aufl., Rn. 173.

werden, sondern ist auf die Fälle der Beeinträchtigung der Entschließungsfreiheit zu begrenzen[794].

(3) Belästigende Werbung in der Rechtsprechung

Zur Belästigung durch Werbung sind eine Reihe von Entscheidungen ergangen, die sich auf unerbetene Werbung in den verschiedenen Kommunikationsmitteln beziehen[795].

Einigkeit besteht im Hinblick auf die unerbetene *Telefonwerbung*: da sich hier für den Angerufenen gegenüber den oft speziell geschulten Anrufern eine überraschende Situation ergibt und er das Gespräch nicht sofort beenden kann, ohne unhöflich zu wirken, wird eine Zwangslage angenommen, die zur Unzulässigkeit derartiger Werbung führt[796]. Der BGH hat dies allerdings auf den privaten Bereich beschränkt, was in der Literatur auf Kritik gestoßen ist, da auch die Entschließungsfreiheit eines Gewerbetreibenden beeinträchtigt werden kann[797]. Im Zusammenhang mit Fernsehwerbung kommt es auf diese Einschränkung nicht an, da das Fernsehen im Gegensatz zu Telefon oder Fax in der Regel nur im privaten Bereich genutzt wird.

Das LG Berlin hatte sich jüngst mit einem privaten Telefonanbieter zu befassen, der dem Teilnehmer *kostenloses Telefonieren* anbot, wenn in die Gespräche alle 1,5 bis 3 Minuten 20-sekündige Werbespots eingeblendet werden dürften. Das LG sah darin eine sittenwidrige Form der Belästigung des Angerufenen durch ein unzulässiges Eindringen der Werbung in die Privatsphäre. Im Fernsehen, der Zeitung und Plakaten sei die Werbung zwar ebensowenig zu umgehen, als privates Refugium solle das Telefon davon allerdings unberührt bleiben[798].

Die unerbetene Werbung über *Telex*, *Teletex* oder *Telefax* wird ebenfalls allgemein als unzulässig angesehen, weil sie zwar nicht in erster Linie die Entschließungsfreiheit, aber die Nutzungsfreiheit der jeweiligen Kommunikationsmittel beeinträchtigt[799]. In einer Entscheidung aus dem Jahr 1988 hat sich der BGH mit

---

[794] Wünneberg, Schockierende Werbung, S. 78 f.; Sevecke, Wettbewerbsrecht und Kommunikationsrechte, S. 56.

[795] KG NJW-RR 1986, S. 122 (Telex); LG Hamburg NJW-RR 1986, S. 124 (Teletex); BGHZ 103, S. 202 (Bildschirmtext); LG Hamburg NJW 1989, S. 487 (Telefax); LG Berlin MMR 1998, S. 491 (e-mail), LG Berlin MMR 1999, S. 43 (e-mail); LG Braunschweig MMR 2000, S. 50 (e-mail).

[796] BGH, GRUR 1970, S. 523 ff. (524)-„Telefonwerbung I"-; BGH, GRUR 1989, S. 753 ff. -„Telefonwerbung II"-; BGH, BB 1990, S. 301 f. –„Telefonwerbung III"-; BGH, GRUR 1991, S. 764 ff. –„Telefonwerbung IV"-; BGH, GRUR 1995, S. 220 ff. –„Telefonwerbung V"-; Baumbach/Hefermehl, Wettbewerbsrecht, 22. Aufl., § 1 UWG, Rn. 67; Fikentscher/Möllers, NJW 1998, S. 1337 ff. (1341).

[797] Nordemann, Wettbewerbsrecht, 8. Aufl., Rn.185; Fikentscher/Möllers, NJW 1998, S. 1337 ff. (1339).

[798] LG Berlin, CR 1999, S. 623.

[799] BGH, GRUR 1995, S. 20 ff. -„Telefax-Werbung"-; KG, NJW-RR 1986, S. 122 ff. -„Teletex-Werbung"; LG Hamburg, NJW-RR 1986, S. 124 f. -„Teletex-Werbung"-; Fikentscher/Möllers, NJW 1998, S. 1337 ff. (1339).

unaufgeforderten Werbemitteilungen im *Bildschirmtext* befaßt und auch diese grundsätzlich für unzulässig gehalten[800].

Unterschiedlich wird dagegen die unerbetene Werbung per *e-mail* bewertet: während das LG Berlin auch hierin eine sittenwidrige Belästigung gesehen hat[801], sieht das LG Braunschweig unter Hinweis auf die EG-Fernabsatzrichtlinie 97/7/EG keinen Wettbewerbsverstoß, solange die Werbung schon in der Betreffzeile als solche gekennzeichnet ist und der Angesprochene sich mit einer kurzen Rückantwort weitere Werbemitteilungen verbitten kann[802]. Die wohl herrschende Meinung hält unaufgeforderte e-mail-Werbung allerdings für unzulässig[803].

In der Literatur wird auch die wettbewerbsrechtliche Zulässigkeit von Werbung in sogenannten *Push-Diensten im Internet* diskutiert[804]. Diese Form der aufgedrängten Werbung wird nicht als wettbewerbswidrig angesehen, weil der Abonnent von Push-Diensten nicht erwarten könne, daß ihm der Service völlig werbefrei angeboten werden könne. Die Grenzen der zumutbaren Belästigung seien nicht überschritten[805]. Im übrigen stehe es dem Abonnenten frei, das Abonnement zu kündigen[806].

(4) Grundrechtlicher Schutz vor unerwünschter Werbung

Nach den oben aufgeführten Beispielen ist also festzustellen, daß sich der Schutz vor unerwünschter Werbung nur auf Fälle bezieht, in denen die unerbetene Werbung in die Privatsphäre eindringt oder die Nutzungsmöglichkeiten eines Kommunikationsmittels beeinträchtigt wird. Im Rahmen der Beurteilung einer Handlung am Maßstab der Generalklausel des § 1 UWG müssen auch die Grundrechte der Beteiligten berücksichtigt werden[807]. Es stellt sich die Frage, ob sich

---

800 BGH, GRUR 1988, S. 614 ff. -„Btx-Werbung“- Diese Entscheidung bezog sich auf Werbung im sogenannten Mitteilungsdienst, der im Gegensatz zum Angebotsdienst nicht an die Allgemeinheit gerichtet ist, sondern die Möglichkeit der individuellen Kommunikation bot, die der heutigen e-mail-Kommunikation ähnelt. Der BGH hat angedeutet, daß die Bedenken an der Zulässigkeit dieser Werbung ausgeräumt werden könnten, wenn die Werbemitteilungen als solche gekennzeichnet werden müßten und so vom Empfänger ungelesen aussortiert werden könnten, was zum Zeitpunkt der Entscheidung allerdings nicht der Fall war.

801 LG Berlin MMR 1998, S. 491; LG Berlin MMR 1999, S. 43, letztere Entscheidung bezieht sich allerdings auf einen Eingriff in den eingerichteten und ausgeübten Gewerbebetrieb, da kein Wettbewerbsverhältnis zwischen den Parteien bestand.

802 LG Braunschweig MMR 2000, S. 50; vgl. Sieber/Klimek, K&R 1999, S. 305 ff. (305).

803 LG Traunstein, MMR 1998, S. 109 f.; LG Berlin, MMR 1998, S. 491 (bezieht sich auf § 823 Abs. 1 BGB); Baumbach/Hefermehl, Wettbewerbsrecht, 22. Aufl., § 1 UWG Rn. 70a; Sieber/Klimek, K&R 1999, S. 305 ff. (396) m.w.N. in Fn. 16 u.17.

804 Vgl. Sieber/Klimek, K&R 1999, S. 305 ff.; Leupold, ZUM 1998, S. 99 ff. (104 f.). Unter Push-Diensten sind Angebote zu verstehen, bei denen Daten von einem Server zu einem Internet-Nutzer gesendet werden. Dieses Verfahren wird von Presseverlagen genutzt, um dem Abonennten eine Nachrichtenauswahl zu liefern, die diesem bei jedem Einloggen ins Internet auf die Festplatte gespielt werden und dann abgerufen werden können. Diese meist kostenlosen Angebote werden durch Werbung finanziert, die der Abonnent neben den redaktionellen Beiträgen automatisch mit abruft.

805 Leupold, ZUM 1998, S. 99 ff. (105).

806 Sieber/Klimek, K&R 1999, S. 305 ff. (307).

807 Zur Drittwirkung der Grundrechte im Rahmen der zivilrechtlichen Generalklauseln siehe Dürig in: Maunz/Dürig/Herzog, GG, Art. 1 III, Rn. 132.

aus den grundrechtlichen Positionen ein umfassenderer Abwehranspruch gegen unerwünschte Werbung herleiten läßt.

Art. 5 Abs. 1 GG schützt zwar die passive Meinungsfreiheit in dem Sinne, daß niemand eine Meinung vertreten oder äußern muß. Er schützt aber nicht davor, daß andere ihre Meinung, zu der auch werbliche Äußerungen gezählt werden, kommunizieren[808]. Der potentielle Empfänger hat das Recht, wegzuhören, sich zu entfernen oder sich auf andere Weise der Kommunikation zu entziehen. Im übrigen muß Kommunikation, auch wenn sie belästigend wirkt und unerwünscht ist, grundsätzlich hingenommen werden[809].

Ein umfassender Schutz vor unerwünschter Kommunikation als „schlichte" Grundrechtsausübung wird auch von Art. 2 Abs. 1 GG nicht gewährt[810]. Im Einzelfall können sich grundrechtliche Abwehrrechte ergeben, wie z.B. bei einer Einschränkung der räumlichen Bewegungsfreiheit und bei der Verletzung von Persönlichkeitsrechten. Letzterer bezieht sich vor allem auf den Schutz der Privatsphäre, woraus sich Abwehrrechte bei Eingriffen in die Privatsphäre ergeben, wie dies z.B. bei der Telefonwerbung der Fall ist[811]. Außerhalb dieser Sphäre muß sich der Einzelne mit seiner Umwelt auseinandersetzen und kann keinen Schutz vor unerwünschter Kommunikation in Anspruch nehmen[812].

Ob ein „Verbraucherpersönlichkeitsrecht", das auch im öffentlichen Bereich vor besonders belästigender Kommunikation schützen soll, existiert, kann dahingestellt werden[813]. Darunter versteht man die Rechte, die sich aus dem allgemeinen Persönlichkeitsrecht in bezug auf Werbung und Wettbewerb ergeben[814]. Da auch ein solches Verbraucherpersönlichkeitsrecht auf dem allgemeinen Persönlichkeitsrecht beruht, setzt ein Abwehranspruch einen Eingriff in die Privatsphäre voraus. Das Fernsehprogramm ist jedoch, auch wenn es im privaten Bereich genutzt wird, nicht der Privatsphäre des Einzelnen zuzurechnen, da es sich um ein an die Allgemeinheit gerichtetes Angebot handelt, das aufgrund des Programmauftrages gerade auch der öffentlichen Kommunikation dienen soll.

Die im Rahmen des § 1 UWG zu berücksichtigenden Grundrechte gewähren dem einzelnen keinen umfassenderen Schutz vor unerwünschter Werbung[815].

---

808 Grigoleit/Kersten, DVBl. 1996, S. 596 ff. (603). Zum Schutz der werblichen Äußerung durch die Meinungsfreiheit siehe. 2. Kapitel Ziff. IV.2.a.

809 Grigoleit/Kersten, DVBl. 1996, S. 596 ff. (603).

810 Grigoleit/Kersten, DVBl. 1996, S. 596 ff. (603).

811 Grigoleit/Kersten, DVBl. 1996, S. 596 ff. (604).

812 So im Ergebnis auch Fikentscher/Möllers, NJW 1998, S. 1337 ff.

813 Nach *Henning-Bodewig* soll eine sittenwidrige Belästigung auch dann vorliegen können, wenn zwar keine Kaufzwang-Lage entsteht, aber die Gefühle der Verbraucher (z.B. durch sog. schockierende oder pietätlose Werbung) verletzt werden, Henning-Bodewig, GRUR 1993, S. 950 ff. (952); ablehnend Sevecke, Wettbewerbsrecht und Kommunikationsrechte, S. 56 f. sowie Sosnitza, GRUR 1993, S. 540 ff. (544).

814 Henning-Bodewig, GRUR 1993, S. 950 ff. (952, Fn. 16a).

815 Überzeugender Nachwies bei Grigoleit/Kersten, DVBl. 1996, S. 596 ff. (602 ff.).

(5) Sittenwidrige Belästigung durch virtuelle Werbung und Split-Screening

Im Gegensatz zum Telefon, Fax oder e-mail handelt es sich beim Fernsehen nicht um ein Individualkommunikationsmittel. Das Fernsehen ist ein allgemein zugängliches Medium, das sich unter anderem durch die Möglichkeit der Programmauswahl auszeichnet. Zudem sind diese Medien, soweit sie nicht vollständig werbefinanziert sind, zumindest auf die Einnahmen aus der Werbung angewiesen, so daß der Rezipient dort mit Werbung rechnet[816]. Der Rezipient hat überdies die Möglichkeit, die Werbung durch Um- oder Ausschalten zu umgehen. Im Gegensatz zur Telefonwerbung fehlt es bei der Fernsehwerbung überdies an einer persönlichen Ansprache.

Am ehesten ließe sich belästigende Werbung im Fernsehen mit derjenigen in den sog. Push-Diensten vergleichen, für die eine sittenwidrige Belästigung durch aufdringliche Werbung von der Literatur zutreffend abgelehnt wird[817]. Denn jedenfalls beim privaten Fernsehen nimmt der Rezipient ein kostenloses, an die Allgemeinheit gerichtetes Angebot wahr, das sich vollständig durch Werbung finanziert. Die Rechtsprechung zu Unzulässigkeit unaufgeforderter Telefon-/Telefax- oder e-mail-Werbung kann daher nicht auf die Frage der Zulässigkeit von virtueller Werbung und Split-Screening im Fernsehen übertragen werden.

Auch die BGH-Entscheidung zur Btx-Werbung kann nicht herangezogen werden, da sie sich auf den individuellen Mitteilungsdienst bezieht und dieser wie das Telefon oder e-mail als privates Kommunikationsmittel und nicht als an die Allgemeinheit gerichteter Angebotsdienst angesehen werden muß. Beim Rezipienten von virtueller Werbung oder Split-Screening wird weder ein auf eigene Kosten eingerichtetes individuelles Kommunikationsmittel blockiert, noch werden ihm zusätzliche Kosten aufgebürdet, um die Werbung zu sichten und auszusortieren, wie beispielsweise beim e-mail durch die Übertragungskosten.

Weder virtuelle Werbung noch Split-Screening sind daher wettbewerbsrechtlich unter dem Aspekt des *Eingriffs in die Privatsphäre* noch unter dem Aspekt der *Blockade von individuellen Kommunikationsmitteln* wettbewerbswidrig. Es stellt sich allerdings die Frage, ob Werbung im Fernsehen eine sittenwidrige Belästigung darstellt, weil der Fernsehzuschauer, soweit er Interesse an einer ganz bestimmten Sendung hat, der Werbung nicht ausweichen kann. Im Gegensatz zur Zeitungswerbung kann virtuelle Werbung oder Split-Screen-Werbung nicht überblättert werden, da Werbung und redaktionelles Programm zeitgleich übermittelt werden.

Das Problem der Belästigung durch Fernsehwerbung wird in der Literatur vor allem im Hinblick auf das Product Placement behandelt[818]. Nach Ansicht von *Bork* ist Werbung im Programm als sittenwidrige Belästigung anzusehen, wenn ihre Intensität das Maß des Zumutbaren überschreitet, so daß es auf den jeweiligen Einzelfall ankommt. Übermäßige Schleichwerbung würde vom Zuschauer

[816] Vgl. auch Fikentscher/Möllers, NJW 1998, S. 1337 ff. (1342).
[817] Vgl. Sieber/Klimek, K&R 1999, S. 305 ff. (307); Leupold, ZUM 1998, S. 99 ff. (104 f.)
[818] Vgl. Dörfler, Product Placement, S. 166 ff.; Bork, Werbung im Programm, S. 97.

als störend empfunden. Es spiele keine Rolle, daß die Werbemaßnahme vielleicht nur wenige Sekunden dauere. Vielmehr käme es darauf an, daß der Zuschauer dieser Art der Werbung nicht ausweichen könne, wenn er sich durch das Fernsehprogramm informieren oder unterhalten lassen wolle[819].

Dörfler sieht dagegen die Belästigung durch Product Placement wegen des kurzen zeitlichen Produkteinsatzes als geringfügig an und führt die freie Programmwahl des Zuschauers ins Feld. Zudem erwarte der Zuschauer gar kein werbefreies Programm, und auf ein Programm mit guter Qualität habe der Zuschauer keinen Anspruch[820].

M.E. hängt die Frage der sittenwidrigen Belästigung nicht von der Dauer oder dem Ausmaß einer Werbeeinblendung ab. Es kommt auch nicht allein darauf an, ob der Rezipient die Werbung *tatsächlich* als belästigend empfindet, sondern in erster Linie darauf, ob der Zuschauer dadurch einer unlauteren Beeinflussung ausgesetzt wird, die ihn in eine Situation des *Kaufzwanges* bringt. Mit dem Kriterium der belästigenden Werbung sollen, wie oben ausgeführt, die Werbemethoden unterbunden werden, die die fehlende Abwehrbereitschaft des Rezipienten ausnutzen und eine freie Entschließung des Umworbenen ausschließen oder erschweren. Im Gegensatz zum Product Placement ist bei virtueller Werbung sowie beim Split-Screening die Werbung als solche stets erkennbar und muß darüber hinaus gekennzeichnet bzw. angekündigt werden. Es tritt daher keine Situation ein, bei der sich der Zuschauer nicht bewußt wäre, daß er als potentieller Käufer angesprochen werden soll. Somit sind diese Werbeformen nicht mit dem Product Placement gleichzusetzen. Es ist auch nicht davon auszugehen, daß die Zuschauer sich in ihrer Entscheidungsfreiheit durch diese, wenn auch neuen, Formen der Werbung in einer Art beeinträchtigen ließen, die eine unlautere Handlung der Sender begründen würde. Eine Kaufzwangsituation wird unter dem Eindruck virtueller Werbung und Split-Screenings, soweit die gesetzlichen Grenzen eingehalten werden, in aller Regel nicht eintreten.

In der öffentlichen Diskussion über Werbung im Fernsehen wird oft das „Fernbedinungs-Argument" angeführt. Damit ist gemeint, daß derjenige, der sich ungewollter Werbung im Fernsehen nicht aussetzen will, sich diese Freiheit verschaffen kann, in dem er das Programm wechselt oder einfach ausschaltet. Jedenfalls für Werbeblöcke ist dies auch anerkannt. Auch Werbeblöcke sind „lästig" und stellen dennoch keine sittenwidrige Beeinträchtigung der Entschließungsfreiheit dar[821]. Im Unterschied zu Werbeblöcken können virtuelle Werbung und Split-Screening *im Programm* allerdings nicht einfach durch „Zapping" umgangen werden. Wenn der Zuschauer an einer bestimmten Sendung interessiert ist, ist er gezwungen, die Werbung zu sehen. Das Split-Screening *im Werbeblock* ist dagegen den Werbespots gleichzusetzen, da hier der überwiegende Teil des Bildschirms und der Ton für die Werbung verwendet wird und der gleichzeitig laufende Programmteil nur eine sehr untergeordnete Funktion hat. Virtueller Wer-

---

[819] Bork, Werbung im Programm, S. 98.
[820] Dörfler, Product Placement, S. 117 f.
[821] Fikentscher/Möllers, NJW 1998, S. 1337 ff. (1342).

bung und Split-Screening im Programm kann der Zuschauer aber nicht einfach aus dem Weg gehen, wenn er nicht einen Teil der eigentlichen Sendung verpassen will.

Andererseits steht ihm natürlich frei, das Programm zu wechseln. Wenn die Zuschauer auf lästige Werbung mit Um- oder Anschalten reagieren, müßten die Sender die betroffenen Werbeformen zurückschrauben[822]. Zu viel oder störende Werbung hätte somit einen selbstregulierenden Effekt. Angesichts der Vielfalt der Programme scheinen viele Sendungen, Unterhaltungs- aber sogar Informationssendungen austauschbar zu sein, so daß man sagen könnte, daß dem Zuschauer kein besonderer Nachteil entstünde, wenn er bei störender Werbung das Programm wechselt. Tatsächlich hat der Zuschauer keinen Anspruch auf ein qualitativ hochwertiges Programm[823].

Nicht alle Sendungen sind jedoch austauschbar, sogar Vorabendserien haben ein Stammpublikum, das nicht einfach von „Gute Zeiten" zu „Marienhof" wechseln würde. Besonders deutlich wird dies bei Live-Übertragungen von Sportveranstaltungen, die der größte Anwendungsbereich für virtuelle Werbung und Split-Screening sind. Ein Zuschauer, der ein ganz bestimmtes Ereignis (live) verfolgen möchte, muß sich wohl oder übel der Werbung aussetzen, die in die Übertragung hineingemischt wird, da das Ereignis nur auf einem Kanal ausgestrahlt wird. Somit kann das Argument, der Zuschauer könne sich durch die Fernbedienung unerbetener Werbung entziehen, letztlich nicht fruchten.

Virtuelle Werbung und Split-Screening (im Programm) werden dem Zuschauer also aufgedrängt, was m.E. trotz allem nicht dazu führt, daß diese Werbeformen als unlautere Belästigung angesehen werden können, weil es nach wie vor an einer unlauteren Einwirkung auf die Entschließungsfreiheit des Zuschauers fehlt. Allein die Tatsache, daß er gezwungenermaßen die Werbung wahrnehmen muß, stellt keinen Eingriff in seine Privatsphäre dar und löst keinen Kaufzwang aus.

d. Vorsprung durch Rechtsbruch

Wettbewerbshandlungen, die durch eine Gesetzesverletzung einen ungerechtfertigten Wettbewerbsvorsprung bewirken, sind sittenwidrig im Sinne des § 1 UWG[824]. Die Verletzung sogenannter sittlich fundierter, einem überragend wichtigem Gemeinschaftsgut dienender oder unmittelbar wettbewerbsregelnder Normen stellt nach der herrschenden Meinung in Literatur und Rechtsprechung *per se* einen Wettbewerbsverstoß dar[825]. Bei einem Verstoß gegen sogenannte wertneutrale Ordnungsvorschriften ist der Tatbestand des § 1 UWG nur erfüllt, wenn der Handelnde sich zusätzlich *bewußt* und *planvoll* über die Norm hinwegsetzt, um sich einen Vorsprung gegenüber seinen Konkurrenten zu verschaffen[826].

---

822 Vgl. Sieber/Klimek, K&R 1999, S. 305 ff. (307).
823 Vgl. Dörfler, Product Placement, S. 118.
824 Baumbach/Hefermehl, Wettbewerbsrecht, 22. Aufl., § 1 UWG Rn. 608.
825 Bork, Werbung im Programm, S. 79.
826 Bork, Werbung im Programm, S. 79.

Jeder Verstoß gegen rundfunkrechtliche Werberegelungen stellt gleichzeitig ein wettbewerbswidriges Handeln dar, da diese Vorschriften zum einen das „überragend wichtige Gemeinschaftsgut" der Rundfunkfreiheit schützen, zum anderen der Gleichheit der Wettbewerbsbedingungen dienen und damit unmittelbar wettbewerbsregelnd sind[827]. Obwohl es in der Literatur Stimmen gibt, die die Kriterien der h.M. zur Abgrenzung der wettbewerbsrechtlich relevanten Gesetzesverstöße ablehnen, besteht Einigkeit darüber, daß die Verletzung rundfunkrechtlicher Normen einen Sittenverstoß darstellt[828].

Nach dem geltenden RStV ist virtuelle Werbung unter den Voraussetzungen des § 7 Abs. 6 S. 2 RStV und Split-Screening nach § 7 Abs. 4 RStV erlaubt. Soweit sich ein Rundfunkveranstalter in den vorgegebenen Grenzen bewegt, ist der Einsatz von virtueller Werbung und Split-Screening also kein Gesetzesverstoß und damit auch keine wettbewerbswidrige Handlung. Ein Sittenverstoß liegt dagegen vor, wenn diese Werbeformen außerhalb des gesetzlichen Rahmens eingesetzt werden, wenn also z.B. keine Kennzeichnung erfolgt oder virtuelle Werbung an Stellen geschaltet wird, an denen keine reale Werbung vorhanden ist.

4. Verbot der irreführenden Werbung nach § 3 UWG

§ 3 UWG verbietet die irreführende Werbung im geschäftlichen Verkehr. Nach dieser Vorschrift dürfen keine irreführenden Angaben über "geschäftliche Verhältnisse, insbesondere über die Beschaffenheit, den Ursprung, die Herstellungsart oder die Preisbemessung einzelner Waren oder gewerblicher Leistungen oder des gesamten Angebots, über Preislisten, über die Art des Bezugs oder die Bezugsquelle von Waren, über den Besitz von Auszeichnungen, über den Anlaß oder den Zweck des Verkaufs oder über die Menge der Vorräte" gemacht werden. Rechtsfolge eines Verstoßes gegen diese Vorschrift ist ein Unterlassungsanspruch des Konkurrenten.

Bei redaktionell gestalteten Anzeigen in der Presse wird in Rechtsprechung und Literatur mitunter auf § 1 *und* § 3 UWG abgestellt[829]. Eine redaktionell gestaltete Werbeanzeige beinhalte die irreführende Angabe, es handele sich um eine objektive Information und nicht um eine subjektive Werbeaussage[830]. Ob der Anwendungsbereich des § 3 UWG auch die Fälle betrifft, in denen es nicht um den Inhalt einer Werbeaussage, sondern um die Frage deren Erkennbarkeit als solche gilt, ist umstritten.

Es wird vertreten, daß § 3 UWG im Interesse des Verbraucherschutzes weit auszulegen sei. Irreführende Angaben über geschäftliche Verhältnisse könnten daher auch solche Maßnahmen sein, die über den Werbecharakter als solchen und nicht durch die inhaltliche Angabe täuschten[831]. Dagegen wird eingewandt, daß

---

[827] BGH, ZUM 1990, S. 291 ff. (293) -„Wer erschoß Boro"-; BGH, ZUM 1993, S. 92 ff-„Ereignissponsoring"-; Baumbach/Hefermehl, Wettbewerbsrecht, 22. Aufl., § 1 UWG, Rn. 40; Wellan, Die Auswirkungen der Harmonisierung durch die Fernsehrichtlinie, S. 31.
[828] Vgl. Bork, Werbung im Programm, S. 80.
[829] Vgl. Henning-Bodewig, GRUR Int. 1987, S. 538 ff. (546); OLG Köln BB 1971, S. 1118 ff.
[830] Bork, Werbung im Programm, S. 98.
[831] Bork, Werbung im Programm, S. 99.

§ 3 UWG an verifizierbare oder falsifizierbare Angaben über ein Unternehmen, ein Produkt oder den Preis anknüpfe, sich also mit dem Inhalt der Werbung und nicht mit dem Werbecharakter als solchem befasse[832]. Da der Wortlaut des § 3 UWG insoweit eindeutig ist, verdient diese Auffassung Zustimmung[833]. Nach dem in dieser Vorschrift zum Ausdruck kommenden Grundsatz der Wahrheit der Werbung soll der Wettbewerb von bestimmten täuschenden Angaben frei gehalten werden[834]. Der Schutz vor werblichen Äußerungen, die der Verbraucher als solche nicht erkennt, ist dagegen nicht vom Tatbestand umfaßt. Für eine dahingehende erweiternde Auslegung des § 3 UWG besteht jedoch kein Bedarf, da die dann unter § 3 UWG zu subsumierenden Fälle stets auch ein nach § 1 UWG unlauteres Verhalten darstellen würden.

II. Wettbewerbsrechtliche Probleme grenzüberschreitender Fernsehwerbung

1. Anwendbarkeit des Wettbewerbsrechts auf grenzüberschreitenden Rundfunk

a. Grenzüberschreitende Programme

In den letzten Jahren sind verstärkt ausländische Programme in Deutschland zu empfangen. Es ist naheliegend, daß diese Programme Werbeformen enthalten können, die nach den Werberegelungen des Rundfunkstaatsvertrages nicht zulässig sind[835]. Es stellt sich die Frage, ob auch ausländische Rundfunkveranstalter wettbewerbsrechtlich in Anspruch genommen werden könnten, wenn sie virtuelle Werbung ausstrahlen, ohne die Vorgaben des RStV zu beachten. Dabei geht sind die Auswirkungen der Harmonisierung durch die EG-Fernsehrichtlinie sowie des Europäischen Übereinkommens über das grenzüberschreitende Fernsehen zu berücksichtigen.

Durch die Kabel- und Satellitentechnik können im Inland eine Reihe ausländischer Programme empfangen werden. Grenzüberschreitender Rundfunk bezeichnet Programme, die von einem Staat aus gesendet und (auch) in einem anderen Staat empfangen werden können. Dabei ist zwischen einer beabsichtigten und einer aus technischen Gründen unvermeidbaren, also unbeabsichtigten Grenzüberschreitung, zu unterscheiden.

Bei der terrestrischen Übertragung von Rundfunksendungen erfolgt die Verbreitung über elektromagnetische Schwingungen, die nicht präzise auf ein Staatsgebiet zu begrenzen sind[836]. Daher kann es zu Überstrahlungen in Nachbarländer kommen, die sich zumeist auf einen Teil des Staatsgebietes des Nachbarlandes beschränken. Es handelt sich in diesen Fällen um einen unbeabsichtigten „Over-

---

[832] Henning-Bodewig, GRUR Int. 1987, S. 538 ff. (546).
[833] So auch Wellan, Die Auswirkungen der Harmonisierung durch die Fernsehrichtlinie, S. 35.
[834] Baumbach/Hefermehl, Wettbewerbsrecht, 22. Aufl., vor §§ 3-8 UWG, Rn. 5; vgl. auch BGH, ZUM 1996, S. 146 ff. (149) -„Feuer, Eis & Dynamit I"-.
[835] Vgl. Schricker, GRUR Int. 1982, S. 720 ff. (720).
[836] Vgl. Köhler, Rundfunkwerberecht, S. 215.

Spill" von Rundfunkwellen[837]. Die Verbreitung von Rundfunkprogrammen über Satellit mit der Möglichkeit des Direktempfangs führt zu einer ähnlichen Situation. Die an den Satelliten übermittelten Signale werden von diesem an einen bestimmten Teil der Erdoberfläche abgestrahlt. Die Besitzer von Parabolantennen können die Programme dann direkt empfangen. Auch hier kann das Gebiet der Bestrahlung nicht an den Ländergrenzen festgemacht werden[838]. Technisch bedingt können Satellitenprogramme jeweils auch in den angrenzenden Ländern empfangen werden (es liegt dann ebenfalls ein unbeabsichtigter Over-Spill vor)[839].

Die Bestrahlung eines Gebietes mit einem ausländischen Satellitenprogramm kann aber auch beabsichtigt sein. Schließlich können ausländische Programme in das Breitbandkabelnetz eingespeist werden, indem die Weiterverbreitung von inländischen Kabelnetzbetreibern durchgeführt wird. Die im Inland empfangbaren ausländischen Programme können auf den ausländischen Markt ausgerichtet sein oder aber sich auch oder ausschließlich an die inländischen Zuschauer richten[840]. Dies wird inbesondere an der Sprache deutlich: wird das ausländische Programm synchronisiert oder werden spezielle Sendungen in inländischer Sprache ausgestrahlt, läßt dies auf eine Ausrichtung auf den inländischen Markt schließen[841]. Das gilt auch für die Zielrichtung der Werbesendungen[842]. Andere Programme sind auf mehrere Empfangsländer zugeschnitten, wie z.B. der Kanal *Eurosport.* Man spricht in diesen Fällen von Multi-State-Rundfunk[843]. Die Austrahlung in mehreren Ländern ist in diesem Fall gewollt und wird in der Programmgestaltung und der Sprache entsprechend berücksichtigt.

b. Auswirkungen des Marktortprinzips auf grenzüberschreitende Werbung

(1) Wettbewerbsrechtliches Kollisionsrecht

Die Anwendbarkeit des Wettbewerbsrechts auf grenzüberschreitenden Rundfunk ist nach den kollisionsrechtlichen Regeln des Internationalen Privatrechts zu beantworten[844]. Nach der von der Rechtsprechung unter Zustimmung der h.M. im Schrifttum entwickelten wettbewerbsspezifischen Bestimmung des *Begehungsortes* erfolgt die kollisionsrechtliche Anknüpfung nach dem sogenannten

[837] Vgl. Köhler, Rundfunkwerberecht, S. 221.

[838] Vgl. Köhler, Rundfunkwerberecht, S. 216.

[839] Der technisch bedingte Over-Spill kann natürlich auch bewußt eingesetzt werden, um die Bevölkerung eines bestimmten Gebiets mit einem bestimmten Programm zu versorgen. So hat beispielsweise in den achtziger Jahren RTL von Luxemburg aus gezielt nach Deutschland ausgestrahlt.

[840] In dem Fall „De Agostini" (EuGH, GRUR Int. 1997, S. 913 ff.), ging es z.B. um ein Programm, das von Großbritannien über Satellit nach Skandinavien ausgestrahlt wurde.

[841] So sendet z.B. der englische Kanal *Superchannel* Werbespots in deutscher Sprache.

[842] So in dem Fall des EuGH „Bond van Adverteerders" aus dem Jahr 1988, in dem es um ein deutsches Werbeprogramm ging, das in niederländischer Sprache in das niederländische Kabelnetz eingespeist wurde, EuGH, NJW 1989, S. 2189 ff. -„Bond von Adverterders"-.

[843] Vgl. Köhler, Rundfunkwerberecht, S. 220.

[844] Baumbach/Hefermehl, Wettbewerbsrecht, 22. Aufl., Einl. UWG Rn. 173.

Marktortprinzip[845]. Danach ist das Recht anwendbar, in dessen Geltungsbereich die wettbewerbsrechtlichen Interessen der Wettbewerber aufeinander stoßen[846].

Das ist der Ort, an dem das Rundfunkprogramm empfangen werden kann, weil die Werbung dort auf den von ihr umworbenen Empfänger trifft[847]. Die inländischen Mitbewerber um die Kunden haben ein wettbewerbsrechtlich geschütztes Interesse daran, daß sich die Konkurrenten nach den gleichen wettbewerbsrechtlichen Regeln richten[848]. Auch soweit das UWG den Interessen der Verbraucher dient, treffen die geschützten Interessen erstmals am Empfangsort aufeinander, da dort die Beeinflussung des Verbrauchers stattfindet. Grenzüberschreitende Rundfunkwerbung ist daher nach dem Recht des Empfangsortes zu beurteilen[849].

Die Programme ausländischer Rundfunkveranstalter, die mit ihren Werbesendungen auf die Konsumenten in Deutschland zielen, unterliegen nach dem Marktortprinzip also dem deutschen Wettbewerbsrecht[850]. Das gilt sowohl für Fälle, in denen ein Inländer gegen einen Ausländer um Werbung, die im Inland empfangen werden kann, streitet, als auch für den Streit zweier Ausländer wegen im Inland empfangbarer Werbung[851]. Soweit es dagegen um Werbung geht, die (nur) im Ausland empfangen werden konnte, ist ausländisches Recht anzuwenden[852].

Auf Multi-State-Rundfunksendungen ist unabhängig von der Art ihrer Verbreitung das Recht aller Empfangsländer anwendbar. Zwar kann die Ausstrahlung jeweils nur für das eigene Hoheitsgebiet untersagt werden. Da die Ausstrahlung eine nicht teilbare Leistung ist, führt dies aber faktisch zu einer Unterbindung der gesamten Ausstrahlung[853]. Hinsichtlich der Ausstrahlung eines Mulit-State-Programms in Deutschland ist deutsches Wettbewerbsrecht anwendbar[854].

(2) Anwendung des Marktortprinzips

Die Fälle des unvermeidbaren Over-Spills werden der Anwendbarkeit des deutschen Wettbewerbsrechts entzogen, soweit die Auswirkungen im Inland gering-

---

[845] BGH, GRUR 1988, S. 453 ff. -„Ein Champagner unter den Mineralwässern"-; Emmerich, Recht des unlauteren Wettbewerbs, 5. Aufl., S. 33; Baumbach/Hefermehl, Wettbewerbsrecht, 22. Aufl., Einl. UWG Rn. 184; Kotthoff, Werbung ausländischer Unternehmen im Inland, S. 16 f. m.w.N. in Fn. 7.

[846] Kotthoff, Werbung ausländischer Unternehmen im Inland, S. 17; Reese, Grenzüberschreitende Werbung, S. 11.

[847] Vgl. Schricker, GRUR Int. 1982, S. 720 ff. (721).

[848] Köhler, Rundfunkwerberecht, S. 241.

[849] Köhler, Rundfunkwerberecht, S. 242. Unter engen Voraussetzungen kann deutsches Wettbewerbsrecht auch nach dem Prinzip des gemeinsamen Heimatrechts angewendet werden, wenn zwei Inländer im Ausland im Wettbewerb miteinander stehen; siehe dazu im einzelnen Köhler, Rundfunkwerberecht, S. 235.

[850] Vgl. Sack, AfP 1991, S. 705 ff. (714).

[851] Vgl. Köhler, Rundfunkwerberecht, S. 245 f.

[852] Vgl. Köhler, Rundfunkwerberecht, S. 245 f.

[853] Sack AfP 1991, S. 705 ff. (715).

[854] So auch Kotthoff, Werbung ausländischer Unternehmen im Inland, S. 35 ff.

fügig sind und keine gezielte Mitversorgung des inländische Marktes erfolgt[855]. Nach dem Marktortprinzip wäre eigentlich deutsches Wettbewerbsrecht anwendbar. Solange die Werbesendungen dieser Programme nicht auf die inländischen Zuschauer zugeschnitten sind, wird aufgrund mangelnder Erheblichkeit eine Ausdehnung des deutschen Wettbewerbsrechts abgelehnt[856]. Ob an dem Sachverhalt wegen der geringen Auswirkungen im Inland kein Interesse an der Anwendung der innerstaatlichen Rechtsordnung besteht, kann in Einzelfällen unterschiedlich zu bewerten sein[857]. In aller Regel findet das Wettbewerbsrecht auf diese Sachverhalte keine Anwendung.

Auf eine gezielte, beabsichtigte und flächendeckende Bestrahlung mit einem Satellitenprogramm ist deutsches Wettbewerbsrecht anwendbar. Da die inländischen Zuschauer gezielt mit dem Programm versorgt und als Verbraucher und potentielle Käufer der beworbenen Waren angesprochen werden, befindet sich der Marktort in diesen Fällen im Inland.

Die Einspeisung eines ausländischen Fernsehprogramms in das inländische Kabelnetz läßt auf eine Ausrichtung des Programms (auch) auf die inländischen Zuschauer schließen. Insofern bereitet die Feststellung des Marktortes in Deutschland keine Schwierigkeiten. Deutsches Wettbewerbsrecht ist also auf ausländische Programme im deutschen Kabelnetz anwendbar.

c. Auswirkungen des Sendestaatsprinzips auf grenzüberschreitende Werbung

(1) Spannungsverhältnis zwischen Marktort- und Sendestaatsprinzip

Das Wettbewerbsrecht knüpft bei internationalen Sachverhalten an den Ort des Empfangs eines Rundfunkprogramms an, was bedeutet, daß die wettbewerbsrechtlichen Regeln des Empfangslandes eingehalten werden müssen. Im Anwendungsbereich der EG-Fernsehrichtlinie richtet sich die rechtliche Zulässigkeit von Sendungen dagegen nach dem Sendestaatsprinzip, so daß die Sendungen grundsätzlich nur dem Recht des Staates entsprechen müssen, von dem aus sie gesendet werden. Sowohl das Wettbewerbsrecht als auch die Fernsehrichtlinie beinhalten Regelungen zur Werbung, so daß sich die Frage stellt, wie das Spannungsverhältnis zwischen dem wettbewerbsrechtlichen Marktortprinzip und dem Sendestaatsprinzip zu lösen ist.

Fernsehsendungen, die von einem Mitgliedstaat in einen anderen übertragen werden, sollen nach den Grundsätzen der Richtlinie grundsätzlich keinen Hindernissen durch Kontrollen im Empfangsstaat ausgesetzt sein. Wenn das (natio-

---

[855] Vgl. Wellan, Die Auswirkungen der Harmonisierung durch die Fernsehrichtlinie, S. 72; Kotthoff, Werbung ausländischer Unternehmen im Inland, S. 36; Schricker, GRUR Int. 1982, S. 720 ff. (724).

[856] Vgl. Köhler, Rundfunkwerberecht, S. 248; Wellan, Die Auswirkungen der Harmonisierung durch die Fernsehrichtlinie, S. 100; Herlemann, Hörfunk- und Fernsehwerbung in den Mitgliedstaaten der Europäischen Gemeinschaft, S. 60.

[857] Vgl. Köhler, Rundfunkwerberecht, S. 254, der Abgrenzungskriterien entwickelt, wie die Sprache, die Art und Länge der Werbung und die Zahl der potentiellen Empfänger.

nale) Wettbewerbsrecht uneingeschränkt auf solche Sendungen anwendbar wäre, könnten Fernsehveranstalter, deren Sendungen zwar dem Mindeststandard der Fernsehrichtlinie, nicht aber den wettbewerbsrechtlichen Bestimmungen entsprechen, über eine wettbewerbsrechtliche Unterlassungsklage an der Ausstrahlung der Sendungen gehindert werden[858]. Über das Wettbewerbsrecht würde somit eine Kontrolle der Sendungen ermöglicht, die von der Fernsehrichtlinie ausdrücklich nicht erwünscht ist.

(2) Anwendung des Wettbewerbsrechts in harmonisierten Bereichen

Rechtsprechung und Literatur kommen in dieser Frage zu dem übereinstimmenden Ergebnis, daß das Wettbewerbsrecht, soweit es um die durch die Richtlinie harmonisierten Bereiche geht, nur eingeschränkt anwendbar ist. Um die Wirksamkeit der Richtlinie nicht über den Umweg des Wettbewerbsrechts zu stören, kann das UWG daher dort keine Anwendung finden, wo es strengere Regeln als die Richtlinie enthält, da sonst die durch die Richtlinie bezweckte freie Sendetätigkeit unzulässig eingeschränkt würde[859].

In der „De Agostini"-Entscheidung hatte der EuGH über die Anwendung nationaler Lauterkeitsvorschriften auf Fernsehwerbung zu entscheiden[860]. Für die nicht harmonisierten Bereiche hat er die Anwendung des Lauterkeitsrechts bejaht, da die Anwendung dieser Normen nicht prinzipiell der Verbreitung von Fernsehprogrammen entgegensteht. Aus der Begründung läßt sich der Umkehrschluß ableiten, daß das Lauterkeitsrecht in den harmonisierten Bereichen der Fernsehrichtlinie nicht anwendbar ist.

Nicht ausdrücklich geäußert hat sich der EuGH zu der Frage, ob das Wettbewerbsrecht anwendbar bleibt, wenn seine Regelungen weniger oder gleich streng wie die der Fernsehrichtlinie sind. *Wellan* weist darauf hin, daß die wettbewerbsrechtliche Unterlassungsklage in den harmonisierten Bereichen eingesetzt werden kann, um die Einhaltung der Richtlinienbestimmungen durchzusetzen[861]. Ein wettbewerbsrechtliches Vorgehen wäre daher nach § 1 UWG i.V.m. der Fernsehrichtlinie möglich, wenn gegen deren Werbebestimmungen verstoßen wird. Dem ist zuzustimmen, da sonst der Individualrechtsschutz für den gesamten Bereich der harmonisierten Fernsehwerbung verschlossen bleiben würde.

Dieses Ergebnis gilt sowohl für ausländische Sendungen, die gezielt auf das Inland gerichtet sind und terrestrisch oder über Satellit direkt empfangen werden

---

[858] Vgl. Wellan, Die Auswirkungen der Harmonisierung durch die Fernsehrichtlinie, S. 81.

[859] Wellan, Die Auswirkungen der Harmonisierung durch die Fernsehrichtlinie, S. 84 f.; Herlemann, Hörfunk- und Fernsehwerbung in den Mitgliedstaaten der Europäischen Gemeinschaft, S. 228; Sack, AfP 1991, S. 705 ff. (715); Kotthoff, Werbung ausländischer Unternehmen im Inland, S. 34 f.; EuGH, GRUR Int. 1997, S. 913 ff. -„De Agostini"-.

[860] EuGH, GRUR Int. 1997, S. 913 ff. -„De Agostini"-.

[861] Wellan, Die Auswirkungen der Harmonisierung durch die Fernsehrichtlinie, S. 107; so auch Hartstein u.a., Rundfunkstaatsvertrag, § 7 Rn. 9.

können als auch für ausländische Sendungen, die mit Hilfe inländischer Kabelnetzbetreiber ins inländische Kabelnetz eingespeist werden[862].

(3) Anwendung des Wettbewerbsrechts in nicht harmonisierten Bereichen

In den *nicht* harmonisierten Bereichen kann das UWG dagegen uneingeschränkt angewendet werden[863]. In der Entscheidung des EuGH vom 9.7.1997 heißt es dazu:

> *„Die Richtlinie [...] schließt jedoch die Anwendung anderer Vorschriften als derjenigen, die gerade die Ausstrahlung und Verbreitung von Programmen betreffen, nicht völlig und von vorneherein aus. So steht die Richtlinie der Anwendung einer nationalen Regelung grundsätzlich nicht entgegen, die* ***allgemein dem Verbraucherschutz*** *dient, dabei aber keine zweite Kontrolle der Fernsehsendungen zusätzlich zu der vom Sendestaat durchzuführenden Kontrolle einführt. Daher stellt es keine nach der Richtlinie verbotene Beschränkung dar, wenn gegenüber Fernsehsendungen aus anderen Mitgliedstaaten eine Regelung eines Mitgliedstaates wie die in dem Ausgangsverfahren streitige angewendet wird, die mit dem Ziel des Verbraucherschutzes ein System von Verboten und Anordnungen gegenüber dem Werbetreibenden unter Androhung von Geldbußen vorsieht. [...] Somit verwehrt es die Richtlinie einem Mitgliedstaat nicht, gemäß einer allgemeinen Regelung zum Schutz der Verbraucher gegen irreführende Werbung Maßnahmen gegenüber einem Werbetreibenden wegen einer von einem anderen Mitgliedstaat aus ausgestrahlten Fernsehwerbung zu treffen, sofern diese Maßnahmen nicht die Weiterverbreitung im eigentlichen Sinne von Fernsehsendungen aus diesem anderen Mitgliedstaat im Hoheitsgebeit des erstgenannten Mitgliedstaates verhindern."(Hervorhebung d.Verf.)*

Die Anwendung des Wettbewerbsrechts auf Fernsehwerbung stellt eine Beschränkung des freien Dienstleistungsverkehrs dar, die jedoch aufgrund des Verbraucherschutzes und der Lauterkeit des Handelsverkehrs als zwingende Erfordernisse des Allgemeinwohls zulässig ist[864].

2. Haftung für grenzüberschreitende virtuelle Werbung und Split-Screening

a. Fernsehveranstalter mit Sitz in EG-Mitgliedstaaten

Virtuelle Werbung und Split-Screening sind nach deutschem Wettbewerbsrecht nur dann sitten- und wettbewerbswidrig, wenn die Grenzen der rundfunkstaatsvertraglichen Regelungen nicht eingehalten werden. Das wäre beispielsweise der Fall, wenn virtuelle Werbung ohne entsprechenden Hinweis gesendet wird oder Split-Screening in Sendungen geschaltet wird, die davon ausgenommen sind.

Wenn in einem ausländischen Fernsehprogramm virtuelle Werbung und Split-Screening in – nach deutschem Recht – unzulässiger Form gesendet wird, und diese Sendung in Deutschland zu empfangen ist, stellt sich die Frage nach der wettbewerbsrechtlichen Haftung der ausländischen Rundfunkveranstalter.

---

[862] Wellan, Die Auswirkungen der Harmonisierung durch die Fernsehrichtlinie, S. 107, 111.

[863] Herlemann, Hörfunk- und Fernsehwerbung in den Mitgliedstaaten der Europäischen Gemeinschaft, S. 228; Sack, AfP 1991, S. 705 ff. (715). Zum Umfang der durch die Fernsehrichtlinie nicht geregelten Fragen vgl. Wellan, Die Auswirkungen der Harmonisierung durch die Fernsehrichtlinie, S. 156 f.

[864] Vgl. EuGH, GRUR Int. 1997, S. 913 ff. (917) -„De Agostini"-.

Für den Anwendungsbereich der Fernsehrichtlinie ist oben festgestellt worden, daß das Wettbewerbsrecht auf Sendungen, die von einem EG-Mitgliedstaat in einen anderen gesendet werden, nur eingeschränkt anwendbar ist. In den durch die Richtlinie harmonisierten Bereichen ist das UWG nur anwendbar, wenn es keine strengeren Regelungen als die Richtlinie enthält. Das bedeutet, daß ein deutscher Rundfunkveranstalter eine wettbewerbsrechtliche Klage gegen einen ausländischen Rundfunkveranstalter erheben könnte, wenn dieser die Bestimmungen der Richtlinie nicht einhält.

Davon ausgehend muß nun für die Frage der wettbewerbsrechtlichen Haftung für virtuelle Werbung und Split-Screening zunächst geprüft werden, ob dieser Bereich durch die Fernsehrichtlinie harmonisiert ist. Harmonisierte Bereiche sind solche, deren Regelungsgegenstand durch die Richtlinie abgedeckt ist. Unschädlich ist es, wenn der RStV dazu eine konkretisierende Norm enthält[865].

Virtuelle Werbung und Split-Screening gehören zum Fernsehwerberecht, das durch die Richtlinie detailliert geregelt ist. Eine eigenständige Regelung zu diesen Werbeformen enthält die Richtlinie nicht. Beide Werbeformen lassen sich aber dem Grundprinzip der Trennung von Werbung und Programm und dem Verbot der Schleichwerbung zuordnen. Die Regelung zum Split-Screening gilt als eine Konkretisierung zum Trenungsgebot, die Regelung zur virtuellen Werbung als Ausnahme zum Schleichwerbeverbot. Sowohl das Trennungsprinzip als auch das Schleichwerbeverbot sind in Art. 10 der Richtlinie enthalten. Somit handelt es sich um einen durch die Richtlinie harmonisierten Bereich. Das Wettbewerbsrecht ist daher nur insoweit anwendbar, als es keine strengeren Regelungen als die Richtlinie enthält. Das wird im folgenden für die beiden Werbeformen getrennt geprüft.

Das deutsche Wettbewerbsrecht verbietet virtuelle Werbung, soweit die Grenzen des § 7 Abs. 6 S. 2 RStV nicht eingehalten werden. Im übrigen ist virtuelle Werbung zulässig. Die EG-Fernsehrichtlinie enthält keine Vorschrift zur virtuellen Werbung. Da virtuelle Werbung gegen das Trennungsgebot der Richtlinie verstößt, ist die Regelung der Richtlinie also strenger als das deutsche Wettbewerbsrecht[866]. Somit wäre eine Klage eines deutschen Rundfunkveranstalters gegen einen ausländischen Rundfunkveranstalter wegen virtueller Werbung grundsätzlich zulässig. Dieses Ergebnis mutet kurios an, wenn man bedenkt, daß der deutsche Rundfunkveranstalter virtuelle Werbung in bestimmten Umfang nach dem RStV senden darf. Diese Ungereimtheit hängt mit der nach den Ergebnissen des 4. Kapitels unzulässigen deutschen Regelung zusammen. Auch ein deutscher Rundfunkveranstalter kann sich gegenüber EG-Konkurrenten nach der hier vertretenen Ansicht wegen der Unanwendbarkeit der Vorschrift nicht auf § 7 Abs. 6 S. 2 RStV berufen.

Sittenwidrigkeit wegen der Verletzung gesetzlicher Vorschriften tritt beim Split-Screening ebenfalls nur dann ein, wenn die Voraussetzungen des § 7 Abs. 4

[865] Vgl. Wellan, Die Auswirkungen der Harmonisierung durch die Fernsehrichtlinie, S. 156.
[866] Dazu siehe 4. Kapitel Ziff. I.1.b. (2).

RStV nicht beachtet werden. Das ist der Fall, wenn die Werbung nicht gekennzeichnet wird, nicht auf die Werbezeit angerechnet wird oder in Kindersendungen oder Gottesdiensten Split-Screening geschaltet würde. Die Fernsehrichtlinie äußert sich zum Split-Screening nicht. Das Trennungsgebot ist allerdings dahingehend auszulegen, daß Split-Screening grundsätzlich zulässig ist[867]. Über die in § 7 Abs. 4 RStV enthaltenen Beschränkungen findet sich in der Richtlinie keine ausdrückliche Aussage. Die Richtlinie ist somit entweder genauso streng oder sogar milder als das Wettbewerbsrecht. Die Anwendung des Wettbewerbsrechts ist somit gehemmt.

b. Fernsehveranstalter mit Sitz im Anwendungsbereich des FsÜ

Es stellt sich die Frage, ob deutsche Rundfunkveranstalter wettbewerbsrechtlich gegen unzulässige Formen virtueller oder Split-Screen-Werbung vorgehen können, wenn die Sendungen aus anderen europäischen Staaten, die nicht Mitglied der EG sind, stammen. Das ist insbesondere im Verhältnis zur Schweiz und den osteuropäischen Staaten interessant, die Vertragsstaaten des Europäischen Übereinkommens über das grenzüberschreitende Fernsehen (FsÜ), nicht aber Mitgliedstaaten der EG sind.

Grundsätzlich gilt auch im Anwendungsbereich des FsÜ das Sendestaatsprinzip, so daß die Anwendbarkeit des UWG gesperrt sein könnte. Allerdings gilt für den Bereich der Fernsehwerbung eine Besonderheit: nach Art. 16 FsÜ dürfen Werbesendungen, die sich „eigens und häufig" an Zuschauer in einem andern Vertragsstaat richten, die dort geltenden Regelungen für die Werbung nicht umgehen.

Art. 16 beschränkt sich dabei vom Wortlaut her nicht auf die rundfunkrechtlichen Vorschriften, so daß auch die wettbewerbsrechtlichen Vorschriften des Empfangsstaates davon umfaßt sind und nicht umgangen werden dürfen. Es handelt sich somit um Sendungen, die sich eigens und häufig an deutsche Zuschauer richten. Das bedeutet, daß die Anwendbarkeit des Wettbewerbsrechts auf Sendungen aus Vertragsstaaten des FsÜ nicht gesperrt ist, soweit sich das Programm gezielt an deutsche Zuschauer richtet. Das deutsche Wettbewerbsrecht ist kollisionsrechtlich ohnehin nach dem Marktortprinzip nur auf die Sendungen anwendbar, die gezielt ins Inland übertragen werden.

Gezielt nach Deutschland einstrahlende Werbesendungen sind also am deutschen Wettbewerbsrecht zu messen. Virtuelle Werbung darf nach der Empfehlung zum FsÜ in bestimmtem Umfang ausgestrahlt werden, wobei die Empfehlung eine weniger strenge Regelung vorsieht, als es nach § 7 Abs. 6 S. 2 RStV der Fall ist[868]. Sendungen aus Vertragsstaaten, in dem virtuelle Werbung auf der Grundlage und im selben Umfang der Empfehlung zum FsÜ erlaubt ist, könnten also virtuelle Werbung enthalten, die nach deutschem Rundfunk- und Wettbewerbsrecht unzulässig ist.

---

[867] Dazu siehe 4. Kapitel Ziff. I.b. (1) aa.
[868] Siehe 4. Kapitel Ziff. II.1.b. (2).

Wegen des Umgehungsverbotes in Art. 16 FsÜ müßten die ausländischen Rundfunkveranstalter, die gezielt Programme nach Deutschland ausstrahlen, die Regelung des § 7 Abs. 6 S. 2 RStV einhalten, wenn sie sich keinem wettbewerbsrechtlichen Unterlassungsanspruch aussetzen wollen. Da die Werberegeln nach Art. 16 FsÜ anwendbar sind, würde eine Nichterfüllung der Voraussetzungen des § 7 Abs. 6 S. 2 RStV einen Verstoß gegen gesetzliche, wettbewerbsbezogene Normen und damit einen Vorsprung wegen Rechtsbruchs darstellen.

Entsprechendes gilt für das Split-Screening. Die dem FsÜ unterliegenden Vertragsstaaten, die nicht gleichzeitig EG-Mitgliedstaaten sind, müssen die Regelung des § 7 Abs. 4 RStV einhalten, d.h., mindestens eine Kennzeichnung der Werbung vornehmen, soweit sich die Werbesendungen eigens und häufig an die Zuschauer in einem anderen Vertragsstaat richten. Werden die Werbevorschriften nicht eingehalten, liegt ein Wettbewerbsverstoß vor, der in Deutschland verfolgt werden könnte.

III. Zusammenfassung

Das UWG ist auf die Handlungen der Rundfunkveranstalter im Zusammenhang mit der Werbetätigkeit anwendbar. Werbung im Fernsehen muß daher auch den allgemein für Werbung geltenden wettbewerbsrechtlichen Anforderungen nach § 1 UWG entsprechen.

Der Einsatz virtueller Werbung und Split-Screening ist unter dem Gesichtspunkt des wettbewerbsrechtlichen Verbots der Tarnung von Werbung nicht als sittenwidrig im Sinne von § 1 UWG anzusehen, wenn die Vorschriften zur Kennzeichnung eingehalten werden. Weder virtuelle Werbung noch Split-Screening sind unter dem Aspekt der belästigenden Werbung als sittenwidrig anzusehen, da es an einem Eingriff in die Privatsphäre der Rezipienten mangelt.

Wenn allerdings virtuelle Werbung oder Split-Screening ausgestrahlt werden, ohne daß die rundfunkstaatsvertraglichen Vorschriften eingehalten werden, liegt ein Wettbewerbsverstoß gem. § 1 UWG wegen Vorsprungs durch Rechtsbruch vor. Rundfunkveranstalter können also wettbewerbsrechtlich gegen virtuelle Werbung nur vorgehen, wenn die Ankündigung am Anfang und am Ende einer Sendung fehlt oder wenn zusätzliche virtuelle Werbeflächen geschaffen werden. Split-Screening ist rundfunkrechtlich und damit auch wettbewerbsrechtlich unzulässig, wenn es nicht ausreichend deutlich vom übrigen Programm getrennt und gekennzeichnet ist.

Festzuhalten ist, daß die gesetzlich zugelassenen Formen der virtuellen Werbung und des Split-Screenings nicht mit den wettbewerbsrechtlichen Anforderungen nach § 1 UWG an die Werbung kollidieren.

Das Verbot der irreführenden Werbung nach § 3 UWG ist nicht einschlägig, da es sich auf den Inhalt und nicht auf die Art der Einfügung von Werbung bezieht.

Bei der Frage der Anwendbarkeit des Wettbewerbsrechts auf ausländische Rundfunksendungen stellt sich das Problem des Verhältnisses des wettbewerbsrechtlichen Kollisionsrecht zu den Regelungen der EG-Fernsehrichtlinie und dem FsÜ. Kollisionsrechtlich ist das Wettbewerbsrecht nach dem Marktortprinzip grundsätzlich auf alle Sendungen anzuwenden, die im Inland empfangen werden können, mit Ausnahme des sogenannten unbeabsichtigten Over-Spills.

Die Harmonisierung der Fernsehwerbung in der EG-Richtlinie führt aber zu einer nur eingeschränkten Anwendbarkeit des Wettbewerbsrechts auf Sendungen aus dem EG-Ausland. Wegen des Sendestaatsprinzips kann ein deutscher Rundfunkveranstalter gegen einen EG-Konkurrenten nicht wettbewerbsrechtlich vorgehen, um nationale Vorschriften durchzusetzen, die strenger als die Vorschriften der EG-Fernsehrichtlinie sind.

Für Sendungen aus Vertragsstaaten des FsÜ gilt die Umgehungsklausel nach Art. 16 FsÜ, wonach bei *gezielter* Übertragung von Werbesendungen in andere Vertragsstaaten, die Werberegelungen dieses Staates nicht umgangen werden dürfen. Daher ist das Wettbewerbsrecht auf solche Sendungen anwendbar. Ein deutscher Rundfunkveranstalter könnte unter diesen Umständen beispielsweise gegen einen ausländischen Rundfunkveranstalter, der eine Sendung mit nicht gekennzeichneter virtueller Werbung ausstrahlt, wettbewerbsrechtlich vorgehen.

Schlußbetrachtung

Virtuelle Werbung und Split-Screening als neue Erscheinungen am Werbemarkt haben den Rundfunkgesetzgeber aufgrund ihrer besonderen Form der Verknüpfung mit dem Programm vor eine neue Herausforderung gestellt. Im Zuge der Novellierung des Rundfunkwerberechts im 4. RStV sind Regelungen für beide Werbeformen geschaffen worden. Ziel dieser Arbeit war, die rechtlichen Probleme dieser Neuregelungen herauszuarbeiten. Es ist festzustellen, daß die ohnehin ausführlichen Werberegeln des RStV durch die Novellierung noch detaillierter geworden sind, so daß der den Werberichtlinien zugedachten Funktion der Konkretisierung der grundlegenden Vorschriften zur Rundfunkwerbung kaum noch Bedeutung zukommt. Diese beschränken sich im wesentlichen auf die Wiederholung und Erläuterung des Gesetzeswortlauts. Die Regelungen zur virtuellen Werbung und zum Split-Screening verdeutlichen die Tendenz des Rundfunkgesetzgebers, sich zwar im Bereich der Werbung der Lösung von Einzelfragen zu widmen und die Praxis regulierend zu begleiten, nicht aber die Regulierung konzeptionell zu verändern. Obwohl das politische Ziel der Reform des RStV eine Liberalisierung des Rundfunkwerberechts war, ist eine solche nur punktuell eingetreten.

Virtuelle Werbung und Split-Screening greifen den schon durch andere Sonderwerbeformen strapazierten Trennungsgrundsatz massiv an. Hierin liegt das zentrale Problem beider Werbeformen. Mit den Neuregelungen in § 7 Abs. 4 und § 7 Abs. 6 S. 2 RStV sind weitere Ausnahmen zu diesem grundlegenden Prinzip geschaffen worden. Die Bedeutung und die praktischen Auswirkungen der neuen Vorschriften würden allerdings überbewertet, sähe man dadurch die Substanz des Trennungsgebotes gänzlich beseitigt. Trotzdem muß sich der Rundfunkgesetzgeber fragen, wie er diesem Problem in Zukunft begegnen will. Die Fülle und der Detailreichtum der rundfunkrechtlichen Werberegelungen zeigt schon jetzt, daß sich die ständig wandelnden Werbeformen nicht mit immer neuen Spezialregelungen im Zaum halten lassen, zumal die Praxis dem Gesetzgeber in diesem Bereich immer ein Stück voraus sein wird.

Im Hinblick auf virtuelle Werbung ist festzustellen, daß der Gesetzgeber das Problem und den Regelungsbedarf zwar erkannt, aber eine halbherzige und kurzsichtige Regelung geschaffen hat, indem die Zulässigkeit an das praktisch schwer handhabbare Kriterium des Vorhandensein realer Werbung am Ort der Übertragung gekoppelt wird. Zu kritisieren ist auch die fehlende Vorgabe für den Aufklärungshinweis auf den Einsatz virtueller Werbung am Anfang und am Ende einer Sendung. Zu einer ausreichenden, auch den wettbewerbsrechtlichen Anforderungen genügenden Information der Zuschauer muß die Eigenart dieser Werbeform aus dem Aufklärungshinweis ausdrücklich hervorgehen. Die in gesetzessystematischer Hinsicht verfehlte Einordnung der Regelung zur virtuellen Werbung als Ausnahme zum Schleichwerbeverbot statt zum Trennungsgebot hat keine praktischen Konsequenzen, da sowohl Verstöße gegen das Trennungsgebot als auch gegen das Schleichwerbeverbot bußgeldpflichtig sind.

In verfassungsrechtlicher Hinsicht sind keine durchgreifenden Bedenken zu erheben. Die Vorschrift in § 7 Abs. 6 S. 2 RStV kommt allerdings mit dem auch in der EG-Fernsehrichtlinie enthaltenen Trennungsgebot in Konflikt, da die höherrangige EG-Fernsehrichtlinie als Mindeststandard nur strengere, aber keine großzügigeren Abweichungen der nationalen Rechtsordnungen von den Richtlinienbestimmungen zuläßt. Als Ausnahme zum Trennungsgebot ist § 7 Abs. 6 S. 2 RStV mit der Fernsehrichtlinie nicht vereinbar und somit unanwendbar.

Eine weiteres Problem liegt in dem unterschiedlichen Umgang mit virtueller Werbung in anderen Ländern. Virtuelle Werbung hat international besondere Bedeutung für die Übertragung wichtiger Sportereignisse und damit für grenzüberschreitende Rundfunkübertragungen. Aufgrund des Sendestaatsprinzips der EG-Fernsehrichtlinie können weder die Landesmedienanstalten als Aufsichtsinstanz noch die deutschen Rundfunkveranstalter als Konkurrenten gegen Sendungen aus dem EG-Ausland vorgehen, selbst, wenn diese virtuelle Werbung in einer Form enthalten, die nach dem Rundfunkstaatsvertrag unzulässig ist.

Eine internationale Lösung, die zumindest für die Länder der Europäischen Gemeinschaft und möglichst auch die Länder des Europarates eine einheitliche Behandlung gewährleistet, ist daher anstrebenswert. Mit der Empfehlung des Standing Committee des Europarates zum Umgang mit virtueller Werbung ist der ersten Schritt in diese Richtung getan. Es wäre sogar zu bedenken, ob nicht Regelungen wie der *code of conduct* der European Broadcasting Union (EBU) oder der Fédération Internationale de Football Association (FIFA) eine sinnvollere Alternative zu einer detaillierten rundfunkrechtlichen Lösung darstellen würden. Dies könnte erreicht werden, indem der RStV bzw. die EG-Fernsehrichtlinie virtuelle Werbung grundsätzlich im Rahmen solcher Übereinkünfte zuläßt.

Die Regelung zum Split-Screening ist den Rundfunkveranstaltern, die an dieser Werbeform interessiert sind, nur einen kleinen Schritt entgegen gekommen. Als Hemmschuh wird sich die zwingende Anrechnung auf die Werbezeit auswirken. Für die Rundfunkveranstalter stellt sich die Möglichkeit des Split-Sreening als deutlich weniger attraktiv dar, wenn die Zeit der teilweisen Nutzung des Bildschirms auf die Gesamtwerbezeit angerechnet und somit der Spotwerbung gleichgesetzt wird. Sachgerecht wäre beispielsweise eine nach der Größe der Werbefläche anteilige Anrechnung auf die Werbezeit.

Split-Screening ist nur sinnvoll, wenn die Werbung und das Programm sich dazu eignen, gleichzeitig wahrgenommen zu werden. Dies ist bei einem stummen Laufband oder bei einem normalen Werbeblock mit einem kleinen stummen Bildausschnitt mit Programminhalten der Fall. Durch die räumliche Reduzierung der Werbespots beim Einsatz von Split-Screening erhält jeder Bildschirmausschnitt nur die geteilte Zuschaueraufmerksamkeit. Der dadurch eintretende Verlust an Werbewirkung und die zusätzlich gewonnene Aufmerksamkeit, die durch die Gleichzeitigkeit mit dem Programm erreicht wird, könnten sich gegeneinander aufheben. Vor allem im Bereich der Sportübertragung ist das Split-Screening im Werbeblock jedoch eine interessante Variante, weil in den Veranstaltungspausen - bei manchen Sportarten auch während der Veranstaltung - ohnehin Werbung geschaltet würde und das Split-Sreening hier zu einer größeren Anziehungskraft der Werbung führt.

Der möglicherweise als lästig empfundenen Teilung des Bildschirms beim Split-Screening können die Zuschauer nur selbst durch Abkehr vom betreffenden Programm aus dem Wege gehen. Da die Grenzen der Sittenwidrigkeit nicht erreicht sind, scheidet ein wettbewerbsrechtliches Vorgehen aus. Virtuelle Werbung und Split-Screening und die entsprechenden Regelungen kommen ebensowenig mit dem wettbewerbsrechtlichen Verbot der Tarnung von Werbung in Konflikt, solange die gesetzlichen Grenzen der § 7 Abs. 6 S. 2 und § 7 Abs. 4 RStV eingehalten werden. Verstöße gegen die rundfunkrechtlichen Bestimmungen können wettbewerbsrechtliche Ansprüche unter dem Gesichtspunkt des Vorsprungs durch Rechtsbruch auslösen.

Widersprüchlich erscheint es schließlich, Split-Screening voll auf die Werbezeit anzurechnen, virtuelle Werbung dagegen nicht. Dies wird in der amtlichen Begründung zum RStV damit gerechtfertigt, daß virtuelle Werbung nur die ohnehin sichtbare Werbung ersetzt. Andererseits ist virtuelle Werbung wie jede andere Werbeform eine Finanzierungsquelle der Rundfunkprogramme und sollte grundsätzlich ebenso behandelt werden. Dies gilt besonders, da der Gesetzgeber an den Werbezeitbegrenzungen festhält und die Rundfunkwerbung nicht einer Selbstregulierung durch den Markt überläßt. Sender, die sich Rechte an internationalen Sportereignissen sichern konnten, werden durch die Regelung bevorzugt, weil sie virtuelle Werbung einsetzen können, ohne auf einen Teil der Spotwerbung verzichten zu müssen.

Es ist dargestellt worden, daß vor allem die privaten Rundfunkveranstalter mit den neuen Regelungen nicht vollauf zufrieden sind. Die neuen Vorschriften in § 7 Abs. 6 S. 2 und § 7 Abs. 4 RStV werden vor allem im Hinblick auf die Anrechnung des Split-Screening auf die Werbezeit und auf die Begrenzung der virtuellen Werbung auf die real vorhandenen Werbeflächen kritisiert. Die Rundfunkveranstalter werden sich aber mit den neuen Regelungen arrangieren müssen, solange eine konzeptionelle Änderung der Werberegeln nicht in Sicht ist. Es sind allerdings bereits Ansätze zu erkennen, daß die Rundfunkveranstalter versuchen könnten, sich auch über die neuen Regelungen hinwegzusetzen. Hier wird sich zeigen müssen, ob die Aufsichtsinstanzen einen effektiven Kontrollmechanismus entwickeln können, mit dem die Durchsetzung der neuen Werberegeln gewährleistet werden kann. Angesichts der umständlichen Überwachung der Programme dürfte dies für die Landesmedienanstalten schwierig werden. Im Rahmen der Verhandlungen für den 5. RStV ist die Diskussion um die virtuelle Werbung und das Split-Screening entgegen der teilweise geäußerten Erwartungen nicht neu aufgeflammt. Im Vorfeld hatten Interessenverbände und Rundfunkveranstalter Forderungen erhoben, so z. B. die Organisation Werbungtreibende im Markenverband nach einer anteiligen Anrechnung der Split-Screen-Werbung oder die saarländische und die Hamburger Landesmedienanstalten nach einem Verbot von Split-Screening in Nachrichtensendungen, Sendungen zum politischen Zeitgeschehen sowie Sendungen mit religiösem Inhalt. Eine Lösung sollte langfristig auf europäischer Ebene anvisiert werden.

Literaturverzeichnis

Amsinck, Michael: Der Sportrechtemarkt in Deutschland, MP 1997, S. 62 ff.

Arbeitsgemeinschaft der öffentlich-rechtlichen Rundfunkanstalten der Bundesrepublik Deutschland (Hrsg.): ARD-Jahrbuch 1997, Hamburg 1997

Arbeitsgemeinschaft der öffentlich-rechtlichen Rundfunkanstalten der Bundesrepublik Deutschland (Hrsg.): ARD-Jahrbuch 1997, Hamburg 1998

Arbeitskreis Werbefernsehen der Deutschen Wirtschaft (Hrsg.): Europafernsehen und Werbung - Chancen für die deutsche und europäische Medienpolitik, Baden-Baden 1987 (zit: *Bearbeiter* in: Europafernsehen und Werbung)

Astheimer, Sabine: Anmerkungen zu den Urteilen des Europäischen Gerichtshofs für Menschenrechte ‚Groppera Radio AG u.a. gegen Schweiz' – und ‚Autronic gegen Schweiz', RuF 1991, S. 120 f.

Astheimer, Sabine: Rundfunkfreiheit – ein europäisches Grundrecht – eine Untersuchung zu Art. 10 EMRK, Baden-Baden, 1990

Badura, Peter: Rundfunkfreiheit und Finanzautonomie - Rechtsgutachten erstattet im Auftrag der Arbeitsgemeinschaft der öffentlich-rechtlichen Rundfunkanstalten der Bundesrepublik Deutschland (ARD), Frankfurt a.M. 1986

Baumbach, Adolf/Hefermehl, Wolfgang: Wettbewerbsrecht, 22. Auflage, München 2001

Beckert, Bernd/Kubicek, Herbert: Multimedia möglich machen: vom Pilotprojekt zur Markteinführung, MP 1999, S. 128 ff.

Berger, Frithjof: Novellierung der Fernsehrichtlinie ohne Novellierung des Fernsehübereinkommens?, ZUM 1996, S. 119 ff.

Bleckmann, Albert/Pieper, Ulrich/Erberich, Ingo: Zur Zulässigkeit von Spartenprogrammen durch öffentlich-rechtliche Rundfunkanstalten, AfP 1997, S. 417 ff.

Bleckmann, Albert: Europarecht - Das Recht der Europäischen Union und der Europäischen Gemeinschaften, 6. Auflage, Köln, Berlin, Bonn, München 1997

Bork, Reinhard: Der Sponsorhinweis beim Ereignissponsoring – eine wettbewerbsrechtliche Zwischenbilanz, ZUM 1988, S. 322 ff.

Bork, Reinhard: Eigenwerbung im Fernsehen, ZUM 1990, S. 11 ff.

Bork, Reinhard: Werbung im Programm – zur wettbewerbsrechtlichen Haftung der Fernsehanbieter für unzulässige Werbung im Fernsehprogramm, München 1988

Bork, Rheinhard: Product Placement und Wettbewerbsrecht – zu den Grenzen "medialer" Fernsehwerbung, GRUR 1988, S. 264 ff.

Bosman, Wieland: Rundfunkfreiheit und Programmgrundsätze, Frankfurt a.M. 1985

Bosman, Wieland: Rundfunkrechtliche Aspekte der Trennung von Werbung und Programm, ZUM 1990, 545

Bremer, Eckard/Esser, Michael/Hoffmann, Martin: Der Rundfunk in der Verfassungs- und Wirtschaftsordnung in Deutschland, Baden-Baden 1992 (zit.: Bremer u.a., Rundfunk in der Verfassungs- und Wirtschaftsordnung)

Bruhn, Manfred/Mehlinger, Rudolf: Rechtliche Gestaltung des Sponsoring, München 1995

Bullinger, Martin: Elektronische Medien als Marktplatz der Meinungen, AöR 108 (1983), S. 162 ff.

Bülow, Lorenz: Product Placement und Freiheit der Kunst, WRP 1991, S. 9 ff.

Bülow, Lorenz: Themensponsoring im Fernsehen, CR 1999, S. 105 ff.

Bumke, Ulrike: Die öffentliche Aufgabe der Landesmedienanstalten - verfassungs- und organisationsrechtliche Überlegungen zur Rechtsstellung einer verselbständigten Verwaltungseinheit, München 1995, (zit.: Bumke, Landesmedienanstalten)

Callies, Christian: Werbung, Moral und Europäische Menschenrechtskonvention, AfP 2000, S. 248 ff.

Castendyk, Oliver: Ausstrahlung von Teleshoppingsendungen außerhalb von Teleshoppingsendern, MMR 2000, S. 82 ff.

Charissé, Peter: "Bruttoprinzip" mit "Netto"-Option, K&R 2000, S. 85 ff.

Degenhardt, Christoph: Rechtliche Aspekte des Teleshopping, ZUM 1995, S. 353 ff.

Dengler, Klaus-Michael: Wirtschaftswerbung als Finanzierungsinstrument des privaten Rundfunks, München 1993, (zit.: Dengler, Wirtschaftswerbung)

Dörfler, Gabriele: Product Placement im Fernsehen – unlautere Werbung oder denkbare Finanzierung im dualen Rundfunksystem?, Frankfurt a.M., Berlin, Bern, New York, Paris, Wien 1993, (zit.: Dörfler, Product Placement)

Dörr, Dieter/Eckl, Judith: Die Entwicklung des Medienrechts, NJW 1999, S. 1925 ff.

Dörr, Dieter: Das Nettoprinzip für die Unterbrechung von Spiel- und Fernsehfilmen durch Werbung und das europäische Medienrecht, ZUM 1994, S. 342 ff.

Dörr, Dieter: Die Entwicklung des Medienrechts, NJW 1997, S. 1341 ff.

Drettmann, Fritz: Wirtschaftswerbung und Meinungsfreiheit, Frankfurt a.M. 1984

Eicke, Ulrich: Meinungsfreiheit für die Werbung?, WRP 1988, S. 645 ff.

Emmerich, Volker: Das Recht des unlauteren Wettbewerbs, 5. Aufl., München 1998

Engel, Christoph: Anmerkung zum Urteil Leclerc-Siplec, JZ 1995, S. 938 ff.

Engel, Christoph: Privater Rundfunk vor der Europäischen Menschenrechtskonvention, Baden-Baden 1993

Engel-Flechsig, Stefan/Maennel, Frithjof A./Tettenborn, Alexander: Das neue Informations- und Kommunikationsdienstegesetz, NJW 1997, S. 2981 ff.

Engels, Stefan/Giebel, Torsten: Das neue Fernsehwerberecht, ZUM 2000, S. 265 ff.

Engels, Stefan: Der Trennungsgrundsatz in der dualen Rundfunkordnung, RuF 1997, S. 214 ff.

Engels, Stefan: Rechtliche Regulierung der Fernsehwerbung unter Aspekten des Kinder- und Jugendschutzes, Baden-Baden 1997, (zit.: Engels, Fernsehwerbung für Kinder)

Engler, Jörg: Kooperationen im Rundfunk - Eine rundfunkrechtliche Betrachtung der Zusammenarbeit der öffentlich-rechtlichen Rundfunkanstalten mit privaten Dritten, Baden-Baden, Hamburg, 1995

Felten, Jean- Baptiste: Medienpräsenz als zentrales Element im Sportsponsoring, SpuRt 1997, S. 18 ff.

Fezer, Karl-Heinz: Imagewerbung mit gesellschaftskritischen Themen im Schutzbereich der Meinungs- und Pressefreiheit - BVerfG hebt BGH-Urteile zur Benetton-Werbung auf, NJW 2001, S. 580 ff.

Fikentscher, Wolfgang/Möllers, Thomas M. J.: Die (negative) Informationsfreiheit als Grenze von Werbung und Kunstdarbietung, NJW 1998, S. 1337 ff.

Flechsig, Norbert P.: Presse- und Rundfunkfreiheit - von der vierten Gewalt zum fünften Rad im Lichte zunehmender Kommerzialisierung?, CR 1999, S. 327 ff.

Freys, Alexander: Anmerkungen zur Split-Screen-Entscheidung des VG Berlin vom 17. Dezember 1998, ZUM 1999, S 168 ff.

Friccius, Enno: Sponsoring, ZUM 1996, S. 1019 ff.

Fritzweiler, Jochen/Pfister, Bernhard/Summerer, Thomas: Praxishandbuch Sportrecht, München, 1998, (zit.: Fritzweiler/Pfister/Summerer, Sportrecht)

Fromm, Friedrich Karl/Nordemann, Wilhelm: Urheberrecht - Kommentar zum Urheberrechtsgesetz und zum Urheberrechtswahrnehmungsgesetz, 9. Auflage, Stuttgart, Berlin, Köln, 1998, (zit.: Fromm/Nordemann, Urheberrecht, 9. Aufl.)

Frowein, Jochen Abr./Peukert, Wolfgang: Europäische Menschenrechtskonvention - EMRK-Kommentar, 2. Auflage, Kehl, Strasburg, Arlington, 1996, (zit: Frowein/Peukert-*Bearbeiter*, EMRK, 2. Aufl.)

Fuhr, Ernst W.: ZDF-Staatsvertrag, 2. Auflage, Mainz 1985

Geiger, Rudolf: Grundgesetz und Völkerrecht, 2. Auflage, München 1994

Geiger, Willi: Verfassungsrechtliche Grundlagen der neuen Rundfunkordnung, AfP 1984, 136 ff.

Gerhards, Maria/Grajczyk, Andreas/Klingler, Walter: Programmangebote und Spartennutzung im Fernsehen 1998, MP 1999, S. 390 ff.

Gersdorf, Hubertus: Der verfassungsrechtliche Rundfunkbegriff im Lichter der Digitalisierung der Telekommunikation, Berlin 1995, (zit.: Gersdorf, Digitalisierung der Telekommunikation)

Gleich, Uli: Werbung im Internet - Gestaltung und Wahrnehmung, MP 1998, S. 367

Greffenius, Gunter/Fikentscher, Adrian: Werbeformen bei Sportübertragungen im Fernsehen und ihre wettbewerbsrechtliche Zulässigkeit, ZUM 1992, S. 526 ff.

Greissinger, Christian: Die EuGH-Rechtsprechung zur Fernsehrichtlinie, CR 1999, S. 112 ff.

Grigoleit, Klaus Joachim/Kersten, Jens: Grundrechtlicher Schutz und grundrechtliche Schranken kommerzieller Kommunikation, DVBl. 1996, S. 596 ff.

Gummig, Christian: Rechtsfragen der Werbung im Internet, ZUM 1996, S. 573 ff.

Hackbarth, Christina: Titelsponsoring im Fernsehen, ZUM 1998, S. 974 ff.

Hartel, Ulrich: Werbung im Kinofilm, ZUM 1996, S. 129 ff.

ders., Hartel, Werbung im Fernsehfilm - Anmerkung zum Urteil des VG Berlin vom 15. April 1999, ZUM 1999, S. 742 ff.

Hartstein, Reinhard/Ring, Wolf-Dieter/Kreile, Johannes/Dörr, Dieter/Stettner, Rupert: Rundfunkstaatsvertrag-Kommentar, Loseblatt, München, Stand Mai 2001, (zit: Hartstein u.a., Rundfunkstaatsvertrag)

Hartstein, Reinhard: Fragen der aktuellen medienpolitischen und medienrechtlichen Situation, BayVBl 1985, 106 ff.

Heffler, Michael: Der Werbemarkt 1998, Media Perspektiven 1999, S. 228 ff.

Helberger, Natali: Die Konkretisierung des Sendestaatsprinzips in der Rechtsprechung des EuGH, ZUM 1998, S. 50 ff.

Henning-Bodewig, Frauke: Die Tarnung von Werbung, GRUR Int. 1991, S. 858 ff.

Henning-Bodewig, Frauke: Die Trennung von Werbung und Programm im deutschen und europäischen Rundfunk- und Wettbewerbsrecht, GRUR Int. 1987, S. 538 ff.

Henning-Bodewig, Frauke: „Werbung mit der Realität“ oder wettbewerbswidrige Schockwerbung“?, GRUR 1993, S. 950 ff.

Henning-Bodewig, Frauke: Neuere Entwicklungen im Sponsoring, ZUM 1997, S. 633 ff.

Henning-Bodewig, Frauke: Product-Placement und Sponsoring, GRUR 1988, S. 867 ff.

Henning-Bodewig, Frauke: Schockierende Werbung, WRP 1992, S. 533 ff.

Henning-Bodewig, Frauke: Sponsoring, AfP 1991, S. 487 ff.

Herkströter, Dirk: Neue elektronische Werbeformen: Glaubwürdigkeit des Programms gefährdet?, MP 1998, S. 106 ff.

Herkströter, Dirk: Werbebestimmungen für den privaten Rundfunk nach dem Rundfunkstaatsvertrag vom 31.8.1991, ZUM 1992, S. 395 ff.

Herkströter, Dirk: Rundfunkrecht spricht gegen Werbeoption, Horizont vom 18.2.1999, S. 47

Herlemann, Gabriele: Die Regelung der Hörfunk- und Fernsehwerbung in den Mitgliedstaaten der Europäischen Gemeinschaft, München 1989

Herrmann, Günter: Rundfunkrecht - Fernsehen und Hörfunk mit neuen Medien, München 1994
(zit.: Herrmann, Rundfunkrecht)

Hesse, Albrecht: Der Vierte Rundfunkänderungsstaatsvertrag aus der Sicht des öffentlich-rechtlichen Rundfunks, ZUM 2000, S. 183 ff.

Hesse, Albrecht: Rundfunkrecht, 2. Auflage, München 1999, (zit.: Hesse, Rundfunkrecht)

Hessische Landesanstalt für privaten Rundfunk: Digital oder Original? - Virtuelle Werbung bei Sportübertragungen im Fernsehen - Dokumentation des 11. Hessischen Gesprächsforums Medien der Hessischen Landesanstalt für privaten Rundfunk, München 1999.

Hochstein, Rainer: Teledienste, Mediendienste und Rundfunkbegriff - Anmerkungen zur praktischen Abgrenzung multimedialer Erscheinungsformen, NJW 1997, S. 2977

Hoffmann, Guido: Möglichkeiten der Finanzierung öffentlich-rechtlichen Rundfunks in der Bundesrepublik Deutschland, St. Ingbert 1996 (zit.: Hoffmann, Möglichkeiten der Finanzierung)

Hoffmann-Riem, Wolfgang: Der Rundfunkbegriff in der Differenzierung kommunikativer Dienste, AfP 1996, S. 9 ff.

Hoffmann-Riem, Wolfgang: Kommunikationsfreiheit für Werbung, Anmerkung zu den Benetton-Entscheidungen des BGH, ZUM 1996, S. 1 ff.

Hofsümmer, Karl-Heinz/Horn, Imme: Werbung in Deutschland - akzeptiert und anerkannt, MP 1999, S. 446 ff.

Holznagel, Bernd/Daufeld, Dirk: Zugangssicherung bei digitaler Fernsehübertragung, CR 1998, S. 151 ff.

Holznagel, Bernd/Vesting, Thomas: Sparten- und Zielgruppenprogramme im öffentlich-rechtlichen Rundfunk, insbesondere im Hörfunk, Baden-Baden 1999

Holznagel, Bernd: Multimedia zwischen Regulierung und Freiheit, ZUM 1999, S. 425 ff.

Holznagel, Bernd: Rundfunkrecht in Europa - Auf dem Weg zu einem Gemeinrecht europäischer Rundfunkordnungen, Tübingen 1996, (zit.: Holznagel, Rundfunkrecht in Europa)

Institut für Europäisches Medienrecht (Hrsg.): Europäisches Medienrecht und seine gemeinschaftsrechtliche Regelung, München, Berlin 1998 (zit.: *Bearbeiter* in: Europäisches Medienrecht)

Institut für Europäisches Medienrecht -EMR (Hrsg.): Europäisches Medien- und Telekommunikationsrecht, Baden-Baden 1998

Ipsen, Knut: Völkerrecht, 4. Auflage, München 1999

Jarass, Hans D.: Fernsehwerbung im deutschen und europäischen Recht, ZUM 1997, S. 769 ff.

Jarass, Hans D.: Rundfunkbegriffe im Zeitalter der Rundfunkfreiheit, des Rundfunkstaatsvertrages und des Mediendienstestaatsvertrages, AfP 1998, S. 133 ff.

Jessen, Tanja Carolina: Rechtsfragen der Vermarktung von Sportereignissen im deutschen und im englischen Recht, Aachen 1997, (zit.: Jessen, Vermarktung von Sportereignissen)

Knothe, Matthias: Konvergenz der Medien aus nationaler Sicht, K&R 1998, S. 95 ff.

Köhler, Markus Rolf: Rechtsfragen des inländischen und grenzüberschreitenden Rundfunkwerberechts, Frankfurt a.M., Bern, New York, Paris 1991 (zit.: Köhler, Rundfunkwerberecht)

Kopp, Reinhold: Werbefreiheit - Stiefkind der europäischen Deregulierung, K&R 1998, S. 513 ff.

Kotthoff, Jost: Werbung ausländischer Unternehmen im Inland, Baden-Baden 1995

Krause-Ablaß, Günther B.: Die Neutralitätspflicht der Rundfunkanstalten, RuF 1962, S. 113 ff.

Kreile, Johannes/Neuenhahn, Stefan: Online-Angebote öffentlich-rechtlicher Rundfunkanstalten, K&R 1998, S. 41 ff.

Kreile, Johannes: Die Neuregelung der Werbung im 4. Rundfunkänderungsstaatsvertrag, ZUM 2000, S. 194 ff.

Kröner, Lars: Titelmerchandising durch öffentlich-rechtliche Rundfunkanstalten, Münster 1995, (zit.: Kröner, Titelmerchandising)

Kuch, Hansjörg: Der Staatsvertrag über Mediendienste, ZUM 1997, S. 225 ff.

Kunig, Philip: Die Pressefreiheit, Jura 1995, S. 589

Ladeur, Karl-Heinz: Neue Werbeformen und der Grundsatz der Trennung von Werbung und Programm - Virtuelle Werbung, Split-screen und Vernetzung von Medien als Herausforderung der Rundfunkregulierung, ZUM 1999, S. 672 ff.

Ladeur, Karl-Heinz: Virtuelle Werbung in Sportübertragungen (1), SpuRt 2000, S. 45 ff.

Ladeur, Karl-Heinz: Virtuelle Werbung in Sportübertragungen (2), SpuRt 2000, S. 101 ff.

Lange, Kurt Werner: Sponsoring und Europarecht, EWS 1998, S. 189 ff.

Lecheler, Helmut: Einführung in das Medienrecht, Jura 1998, S. 225 ff.

Leisner, Walter: Werbefernsehen und öffentliches Recht - Ein Beitrag zur Problematik der öffentlichen Aufgabe sowie zu Grundlagen und Grenzen fiskalischer Staatstätigkeit, Berlin 1967

Lercara, Angelo/Scheuer, Alexander: Im Prinzip "brutto"? - Zur Auslegung des Begriffs der "programmierten Sendezeit" nach der Fernsehrichtlinie, ZUM 1999, S. 719 ff.

Lerche, Peter/Ulmer, Peter: Kurzberichterstattung im Fernsehen - Rechtsgutachten zu Fragen der Informationsbeschaffung für die Kurzberichterstattung von Sendeunternehmen über Veranstaltungen und sonstige Ereignisse von öffentlichem Interesse, Baden-Baden 1989

Lerche, Peter: Rechtsprobleme des Werbefernsehens, Frankfurt a.M., Berlin 1965

Leupold, Andreas: „Push" und „Narrowcasting" im Lichte des Medien- und Urheberrechts, ZUM 1998, S. 99 ff.

Libertus, Michael: Verfassungsrechtliche Probleme einer Bestands- und Entwicklungsgarantie für den öffentlich-rechtlichen Rundfunk, ZUM 1992, S. 224 ff.

Loewenheim, Ulrich: Suggestivwerbung, unlauterer Wettbewerb, Wettbewerbsfreiheit und Verbraucherschutz, GRUR 1975, S. 99 ff.

Mangoldt, Herrmann von/Klein, Friedrich/Starck, Christian: Das Bonner Grundgesetz, Kommentar, Band 1, 4. Auflage, München 1999, (zit.: v. Mangoldt/Klein/Starck, Bonner Grundgesetz)

Maunz, Thoedor/Dürig, Günther/Herzog, Roman/u.a. Grundgesetz - Kommentar, Loseblatt, Stand Juli 2001, München 1999

Meyer-Harport, Dirk: Neue Werbeformen im Fernsehen - Eine Untersuchung besonderer Werbeformen anhand deutschen und europäischen Medienrechts, Frankfurt a.M., Berlin, Bern, New York, Paris, Wien, 2000

Münch, Ingo von/Kunig, Philip (Hrsg.): Grundgesetz - Kommentar, Band 1, 5. Auflage, München 2000, (zit: v. Münch/Kunig - *Bearbeiter*, GG)

Neft, Hans: Rundfunkwerbung und Rundfunkfreiheit - Inhaltliche Bindungen der Rundfunkwerbung durch Anforderungen des Art. 5 I 2 Grundgesetz, München 1994
(zit.: Neft, Rundfunkwerbung)

Nordemann, Wilhelm/Nordemann, Axel/Nordemann, Jan: Wettbewerbs- und Markenrecht, 8. Auflage, Baden-Baden 1996, (zit.: Nordemann, Wettbewerbsrecht, 8. Aufl.)

o. V.: Links der Sport und rechts die Werbung, Berliner Morgenpost vom 8.3.2000

o. V.: 41 Meter bis zum Tor, Berliner Zeitung vom 14.6.2000

o. V.: Jetzt nachbessern, Berliner Zeitung vom 18.11.1999

o. V.: Privatsender dürfen neuen Werbeparagraphen mißachten, epd medien Nr. 10 vom 9.2.2000

o. V.: Werbung während Spielfilmen und Fußballspielen zu erwarten, epd medien Nr. 24 vom 25.3.2000

o. V.: Länder erlauben geteilten Bildschirm, epd medien Nr. 29 vom 21.4.1999

o. V.: In Frankfurt startet das interaktive Bertelsmann-TV, epd medien Nr. 30 vom 15.4. 2000

o. V.: Länder verbieten Videotext-Werbung bei ARD und ZDF, epd medien Nr. 41 vom 24.5.2000

o. V.: Nachrichtensender plazieren Werbung und Information nebeneinander, epd medien Nr. 61 vom 8.8.1998

o. V.: LPR prüft neue Werbeformen bei Sportübertragungen, epd medien Nr. 72 vom 15.9.1999

o. V.: Sender streiten noch um Jugendschutz-Hinweis, epd medien Nr. 75 vom 25.9.1999

o. V.: Jeder macht Programm, FAZ vom 24.8.1999

o. V.: OWM fordert anteilige Anrechnung der Split-Screen-Spots, Horizont vom 1.3.2000 *o. V.*: WM-Sponsor Anheuser-Busch plant, Banden unterzuvermieten, Horizont vom 12.11.1997

o. V.: Split-Screening bei der „Harald-Schmidt-Show“, Horizont vom 15.5.2000

o. V.: Streit um virtuelle TV-Werbung, Horizont vom 18.2.1999

o. V.: Ein brauchbares Mittel zur Finanzierung, Horizont vom 18.2.1999

o. V.: Virtuelle Zukunft heftig umstritten, Horizont vom 18.2.1999

o. V.: Der zweite Anlauf des Digital-TV, Horizont vom 26.8.1999

o. V.: HAM stimmt Werberichtlinien trotz Kritik zu, Horizont vom 27.3.2000

o. V.: Formel-1 erstmals mit Split-Screen, Horizont vom 27.9.1999

o. V.: IP teilt Bärbel Schäfer, Horizont vom 31.5.2000

o. V.: Virtuelle Werbung weckt den Pioniergeist, Horizont vom 4.3.1999

o. V.: ARD verbucht steigende Werbeumsätze, Horizont vom 7.1.1999

o. V.: Fernsehwerbung nervt Verbraucher am meisten, Horizont vom 8.3.2000

o. V.: Split-Screening beim Big-Brother-Finale auf RTL 2, Horizont vom 9.6.2000

o. V.: Deutsche Welle erwägt Klage gegen Bund, Süddeutsche Zeitung vom 5.10.1999

o. V.: Lauterer Wettbewerb, Tagesspiegel vom 10.2.2000

o. V.: Design oder Nicht-Sein, Tagesspiegel vom 2.10.1999

Paesler, Holger: Bartering: Zur Zulässigkeit von Kompensationsgeschäften nach dem Rundfunkstaatsvertrag, Trier 1997

Pfeifer, Karl-Nikolaus: Werbeunterbrechungen in Spielfilmen nach deutschem und italienischen Urheberrecht, GRUR Int. 1995, S. 25 ff.

Petersen, Nikolaus: Rundfunkfreiheit und EG-Vertrag - Die Einwirkungen des europäischen Rechts auf die Ausgestaltung der nationalen Rundfunkordnungen, Baden-Baden 1994.

Pieper, Antje Karin/Wiechmann, Peter: Der Rundfunkbegriff - Änderungen durch Einführung des interaktiven Fernsehens?, ZUM 1995, S. 82 ff.

Platho, Rolf: Werbung, nichts als Werbung – und wo bleibt der Trennungsgrundsatz? - Eine Erwiderung auf Ladeur, ZUM 1999, S. 672, ZUM 2000, S. 46 ff.

Preißler, Ulrike: Die Zulässigkeit ideeller Werbung im Fernsehen, Bonn 1994

Probst, Philippe Marc: Art. 10 EMRK - Bedeutung für den Rundfunk in Europa, Baden-Baden 1996

Rauste, Olli: Werbebeschränkungen bei Sportveranstaltungen und europäisches Kartellrecht, SpuRt 1998, S. 7 ff.

Reese, Ulrich: Grenzüberschreitende Werbung - unter besonderer Berücksichtigung der Auswirkungen des Gemeinschaftsrechts auf das deutsche Recht des unlauteren Wettbewerbs, München 1994

Reidt, Olaf: Art. 7 IV des Rundfunkstaatsvertrages - Das Verhältnis von Werbung und Programm in Hörfunk und Fernsehen, AfP 1990, S. 101 ff.

Reidt, Olaf: Rundfunkwerbung im lokalen Rundfunk - Untersuchung auf der Grundlage des Landesrundfunkgesetzes Nordrhein-Westphalen, Baden-Baden 1990

Ricker, Reinhardt: Die Werbefreiheit des privaten Rundfunks in einer veränderten Kommunikationsordnung, AfP 1997, S. 589 ff.

Ricker, Rheinhardt: Digitalisierung und interaktive Medienangebote - Grenzen für ARD und ZDF?, AfP 1998, S. 437 ff.

Ring, Wolf-Dieter: Der Vierte Rundfunkänderungsstaatsvertrag - Rechtsfolgen für die Praxis, ZUM 2000, S. 177 ff.

Ring, Wolf-Dieter (Hrsg.): Medienrecht - Rundfunk, Neue Medien, Presse, Technische Grundlagen, Internationales Recht, Loseblatt, München, Stand September 2001, (zit: Ring, Medienrecht)

Ring, Wolf-Dieter/Wittmann, Heinz/Zölch-Balmer, Franz: Medienrecht - Rundfunk, Neue Medien, Presse, Technische Grundlagen, Internationales Recht, Loseblatt, München, Stand November 1998 (Vorauflage zu Hartstein u.a., Rundfunkstaatsvertrag)

Rosenthal, Michael: Die Kompetenz der Europäischen Gemeinschaft für den Rechtlichen Rahmen der Informationsgesellschaft, Berlin 1998 (zit.: Rosenthal, Informationsgesellschaft.)

Ruck, Silke: Zur Unterscheidung von Ausgestaltungs- und Schrankengesetzen im Bereich der Rundfunkfreiheit, AöR 117 (1992), S. 544 ff.

Sack, Rolf: Neue Werbeformen im Fernsehen - rundfunk- und wettbewerbsrechtliche Grenzen, AfP 1991, S. 704 ff.

Sack, Rolf: Productplacement, ZUM Sonderheft, 1987, S. 103 ff.

Sack, Rolf: Wer erschoß Boro? Anm. zur BGH-Entscheidung, WRP 1990, S. 791 ff.

Salamanca, O. Daniel: Sport als Erfolgsgarant im digitalen Fernsehen?, MP 1997, S. 73 ff.

Schaar, Oliver: Regulierung redaktioneller Fernsehwerbung in Großbritannien, ZUM 1998, S. 869 ff.

Scheja, Katharina, Das Grünbuch zur Konvergenz, CR 1998, S. 358 ff.

Scherer, Beate: "Product Placement" im Fernsehprogramm - Die werbewirksame Einblendung von Markenartikeln als wettbewerbswidriges Handeln der Rundfunkanstalten, Baden-Baden 1990, (zit: Scherer, Product Placement)

Schippan, Martin: Freie Bahn für Teleshoppingkanäle?, NJW 1997, S. 3205 ff.

Schippan, Martin: Rechtsprobleme internationaler Datennetze, ZUM 1996, S. 229.

Schiwy, Peter/Schütz, Walter J. (Hrsg.): Medienrecht - Lexikon für Wissenschaft und Praxis, 3. Auflage, Neuwied, Kriftel, Berlin 1994

Schmittmann, Michael/de Vries, Inge/von Loesch Mariella: Die europäische audiovisuelle Politik - Ein Überblick zum Jahresbeginn, AfP 2000, S. 37 ff.

Schmittmann, Michael/Stolz, Dirk: Blick nach Brüssel, Grünbuch-Konvergenz, AfP 1998, S. 41 ff.

Schmitt-Vockenhausen, Monika: Revision der EG-Fernsehrichtlinie - Ein weiterer Schritt in eine europäische Medienordnung, ZUM 1998, S. 377 ff.

Schricker, Gerhard: Die Durchsetzbarkeit deutscher Werberegelungen bei grenzüberschreitender Werbung, GRUR Int. 1982, S. 720 ff.

Schricker, Gerhard (Hrsg.): Recht der Werbung in Europa, Loseblatt, Baden-Baden 1995

Schricker, Gerhard: Urheberrecht - Kommentar, 2. Auflage, München 1999

Schricker, Gerhard: Werbeverbote in der EG - nationale und gemeinschaftsrechtliche Initiativen, GRUR Int. 1991, S. 185 ff.

Schroeder, Werner: Teleshopping und Rundfunkfreiheit – Zur Anwendbarkeit rundfunkrechtlicher Normen auf Teleshopping-Kanäle, ZUM 1994, S. 471 ff.

Schröter, Christian/Ewald, Karl: Online-Angebote von Rundfunkveranstaltern in Deutschland, MP 1996, S. 478 ff.

Schwarz, Mathias/Eichler, Boris: Der Werbebegriff im Rundfunkstaatsvertrag, AfP 1996, S. 228 ff.

Schwarze, Jürgen (Hrsg.): Werbung und Werbeverbote im Lichte des europäischen Gemeinschaftsrechts, Baden-Baden 1999

Schwarze, Jürgen (Hrsg.): EU-Kommentar, Baden-Baden, 2000

Schweitzer, Michael: Staatsrecht, 6. Auflage, Heidelberg 1997

Seelmann-Eggebert, Sebastian: Die Dogmatik der Rundfunkfreiheit gem. Art. 5 Abs. 1 S. 2 GG aus der Sicht des Bundesverfassungsgericht, ZUM 1992, S. 79 ff.

Sevecke, Torsten: Wettbewerbsrecht und Kommunikationsrechte - Zur rechtlichen Bewertung gesellschaftskritischer Aufmerksamkeitswerbung in der Presse und auf Plakaten am Beispiel der Benetton-Kampagne, Baden-Baden 1997

Sieber, Stefan/Klimek, Oliver Alexander: Werbung in Push-Diensten, K&R 1999, S. 305 ff.

Sosnitza, Olaf: Werbung mit der Realität, GRUR 1993, S. 540 ff.

Stuiber, Hans-Werner: Medien in Deutschland, Band 2, Konstanz 1998

Vesting, Thomas: Prozedurales Rundfunkrecht - Grundlagen - Elemente - Perspektiven, Hamburg 1997

Vieweg, Klaus (Hrsg.): Sponsoring im Sport, Stuttgart, München, Hannover, Berlin, Weimar, Dresden 1996

Villinger, Mark E.: Handbuch der Europäischen Menschenrechtskonvention (EMRK), 2. Auflage, Zürich 1999, (zit.: Villinger, EMRK, 2. Aufl.)

Völkel, Rüdiger: Product Placement aus der Sicht der Werbebranche und seine rechtliche Einordnung, ZUM 1992, S. 55 ff.

Volpers, Helmut: Virtuelle Werbung wird bald Realität, Horizont vom 18.2.1999, S. 46

Volpers, Helmut/Herkstöter, Dirk/Schnier, Detlef: Die Trennung von Werbung und Programm im Fernsehen - Programmliche und werbliche Entwicklungen im digitalen Zeitalter und ihre Rechtsfragen, Opladen 1998

Wagner, Christoph: Rechtsfragen digitalen Kabelfernsehens, Berlin 1996

Wallenberg, Gabriela von: Werbung und Sponsoring im öffentlich-rechtlichen und privaten Rundfunk, ZUM 1994, S. 293 ff.

Weiand, Neil George: Der Sponsoringvertrag, München 1995

Weiand, Neil George: Kultur- und Sportsponsoring im deutschen Recht - unter besonderer Berücksichtigung urheber-, medien- und wettbewerbsrechtlicher Probleme, Berlin 1993

Weiand, Neil George: Rechtliche Aspekte des Sponsoring, NJW 1994, S. 227 ff.

Weisemann, Ulrich/Spieker, Ulrich: Sport, Spiel und Recht, 2. Auflage, München 1997

Wellan, Maria: Die Auswirkungen der Harmonisierung durch die Fernsehrichtlinie auf die Anwendbarkeit des UWG auf grenzüberschreitende, ausländische Fernsehsendungen, München 1996

Wellens, Christoph: Grenzen der Rundfunkfinanzierung : Teleshopping - Zivilöffentlich- und wettbewerbsrechtliche Probleme, Köln 1991, (zit.: Wellens, Teleshopping)

Westerholt, Margot Gräfin von: Übertragung von Sportveranstaltungen im Fernsehen, ZIP 1996, S. 264ff.

Westerloo, Ed van: Sportrechte: Preisskala nach oben offen?, MP 1996, S. 514 ff.

Wünneberg, Ulrike: Schockierende Werbung - Verstoß gegen § 1 UWG?, Frankfurt a.M. 1996

Württembergischer Fußballverband e.V.: Medien Recht und Sport, Stuttgart 1987, (zit: Bearbeiter in: Medien Recht und Sport)

Zippelius, Reinhold: Juristische Methodenlehre, München 1994

Zentralverband der deutschen Werbewirtschaft (Hrsg.): Werbung in Deutschland 1997, Bonn 1997

Christine Freund

Vergleichende Werbung nach der Richtlinie 97/55/EG und der UWG-Novelle

Frankfurt/M., Berlin, Bern, Bruxelles, New York, Oxford, Wien, 2001.
XV, 195 S.
Europäische Hochschulschriften: Reihe 2, Rechtswissenschaft. Bd. 3109
ISBN 3-631-37649-9 · br. € 35.30*

Die identifizierende vergleichende Werbung wurde in den Mitgliedstaaten der EG unterschiedlich beurteilt; in Deutschland galt sie als grundsätzlich unzulässig. Die EG sah sich daher zu einer Harmonisierung durch die Richtlinie 97/55/EG veranlaßt. Nach Ablauf der vorgesehenen Umsetzungsfrist ist in Deutschland am 14.09.2000 die UWG-Novelle in Kraft getreten.
Die vorliegende Arbeit untersucht die Auswirkungen der Richtlinie auf das nationale Recht. Es werden vor allem die einzelnen Bestimmungen der Richtlinie interpretiert und mit der bisherigen deutschen Rechtsprechung zur vergleichenden Werbung verglichen. Darüber hinaus werden die Regelungen der UWG-Novelle auf ihre Vereinbarkeit mit der Richtlinie überprüft. Die Arbeit kann als Kommentar zum neuen Recht benutzt werden.

Aus dem Inhalt: Vergleichende Werbung in der Europäischen Gemeinschaft bis zum Erlaß der Richtlinie 97/55/EG · Entstehung und Umsetzung der Richtlinie 97/55/EG · Wesensgehalt der Richtlinie 97/55/EG · Zulässigkeits- und Verbotskriterien · Verfahrensfragen

FSC
www.fsc.org
MIX
Papier | Fördert
gute Waldnutzung
FSC® C083411

Kolibri 360 GmbH
Ferdinand-Jühlke-Straße 7
99095 Erfurt, Deutschland
produktsicherheit@kolibri360.de

Druck:
CPI Druckdienstleistungen GmbH
im Auftrag der
Kolibri 360 GmbH
Ferdinand-Jühlke-Str. 7
99095 Erfurt